무등신학 無等神學

자기비움과 사회봉사의 영성

THEOLOGY OF NO-RANK

| 박용범 지음 |

쿰란출판사

무등신학

"성공이 아니라 섬김"
(Not success, but service)

엘리자베스 요한나 셰핑

추천의 글

　무등신학에서 '무등'은 중의적이다. 한편으로 무등산이 광주를 대표하는 산인 만큼 무등신학은 광주와 전라권의 역사와 지리로부터 나온 지역적·상황적 신학이다. 다른 한편으로 무등(無等)이 "평등이 크게 이루어져서 평등이란 말조차 사라진 상태"를 뜻하는 만큼, 무등신학은 사람과 사람 사이 그리고 인류와 자연 사이의 반목과 갈등을 넘어선 평화와 상생을 추구하는 실천적 신학이다.

　저자는 지리적으로는 한국과 독일과 미국의 여러 도시에서 생활했고, 분야로는 생물교육학과 환경학을 공부한 신학자이다. 그런 만큼 이 책은 책상 앞에 있는 학자가 만들어낸 연구물이 아니라, 삶의 자리와 지적 관심사를 계속해서 옮겨 다니던 '방랑하는 사람'이 무등산 언저리에 잠시 멈춰서서 바라보는 전라 지역의 신앙인과 삶과 사상에 대한 생생한 증언이요, 무등산의 기운을 받아 현실에 갇힌 시선을 들어 창조 세계의 크고 아름다운 모습을 보라는 초청이기도 하다.

　『무등신학』은 동학농민운동으로부터 일제강점기, 한국전쟁, 5·18민주화운동에 이르기까지 이 지역의 역사를 뼈대 삼아, 남장로회 선교사들과 전라도 교회의 발전에 이바지한 신앙인들, 이 지역 특유의 경건을 형성하고 모범을 보인 영성가들까지 다양한 사람들의 삶의 이야기를 들려준다. 이런 식의 접근이 자칫 호남 그리스도교만의 이야기로 머무르기 쉬울 텐데, 오히려 이 책은 무등산을 배경 삼아 무등의 원리로 현대문명을 진단함으로써 한국 교회와 세계 교회가 함께 고민하며 찾아가야 할 사회생태적 영성과 윤리까지 논의에 포괄한다.

이전 작품 『기독교 사회생태윤리』에서 사회윤리와 생태윤리를 종횡으로 가로지르며 여러 윤리적 문제에 대한 묵직한 화두를 던지고 이에 대한 답변을 찾아갔던 저자답게, 『무등신학』에서는 케노시스(자기비움)와 디아코니아(나눔)라는 그리스도교의 핵심 가르침을 무등과 긴밀히 결합한다. 그런 의미에서 이 작품은 대멸종과 기후위기 시대에 인류가 당면한 문제를 무등신학의 관점에서 진단하고 해결책을 제시한다는 점에서 지역신학의 보편적 지평과 현대적 적실성을 탁월하게 보여준다.

신학이 삶의 자리를 떠나 사변과 추상적 논의에 머무는 것을 안타까워하거나, 신앙의 문법을 통해 현실을 치유할 논리를 발견하기를 원하는 독자라면, 지역성과 상황성에 뿌리를 내림으로써 현대사회의 문제와 전 지구적 도전에 응답하는 『무등신학』에서 오늘을 살아가는 그리스도인으로 어떻게 생각하고 행동할지에 관한 새롭고 소중한 지혜를 발견하게 될 것이다.

2023년 봄
횃불트리니티신학대학원대학교 조직신학 부교수
김진혁

추천의 글

　호남신학대학교에서 기독교윤리학을 가르치는 박용범 교수가 『무등신학』이라는 독특한 제목의 책을 펴냈다. "평등이 크게 이루어져서 평등이란 말조차 사라진 상태" 혹은 "비할 데 없이 높거나 등급을 매길 수 없다"는 뜻의 '무등'(無等)이라는 이름의 산을 품은 광주에서 살며 일하는 자신을 그는 '방랑하는 사람'(sojourner)이라 지칭한다.

　스스로 붙인 이 별칭은 저자의 정체성이다. 성경이 이 세상에 얼마간 머물다 떠나는 나그네이자 길을 걸어가는 인간(homo viator)이라는 이미지를 자주 그리스도인의 정체성으로 묘사한다는 점에서, '방랑하는 사람'의 자기 인식은 지극히 성경적이다.

　한편, '방랑하는 사람'은 외지에서 태어나 자라고 살다가, 광주 전남 지역에서 직장을 잡고 오래도록 거주하면서, 무등산을 둘러싸고 전개된 기독교 역사와 배경이 '무등' 및 '나그네'라는 단어가 품은 뜻과 크게 닮아 있음을 깨달았다. 이 깨달음을 바탕으로, 그는 광주 전남이라는 현장을 '무등', 즉 어떤 등급이나 계급의 구별에 의한 분리, 차별, 배제가 없는 평등한 신학과 신앙을 추구하는 전통이 도도히 살아 숨 쉬며 흐르는 현장이라고 인식했다.

사회생태윤리학자인 그는 자신의 전공을 살려, 무등산을 둘러싸고 뿌리내린 광주 전남의 기독교를 '무등신학'이라는 이름의 '맥락 안에서의 신학'이 등장한 현장으로 인식한다. '방랑하는 사람'이 친절한 가이드가 되어 독특하고 고유한 무등의 정신을 구현한 광주 및 호남 지역 인물들의 삶, 그들을 둘러싼 현장과 배경을 안내하는 이 책은 광주와 호남을 고향으로 여기는 기독교인에게 큰 애향심과 긍지를 가져다주기에 충분하다.

광주 전남과 직접적인 관계가 없는 한국의 다른 기독교인에게는 한 지역의 유산을 건실한 신학으로 승화시킨 모범적인 사례를 관찰하고, 이를 자신들의 지역에도 실험하고 적용하는 본보기를 경험할 수 있는 소중한 기회를 얻게 될 것이다.

2023년 봄
광신대학교 신학과 교회사 교수
이재근

서문

자기비움(케노시스)과 사회봉사(디아코니아)의 영성

최근 오스트리아 어느 의대의 연구에 의해 '산 중독증(mountain addiction)'이라는 병명이 지정되고 그 증상까지 진단한 결과가 처음으로 발표되었다. 기존 등산 연구와 달리 부작용을 경고하는 연구인데, 정상을 올랐을 때의 희열에 지나치게 집착한 나머지 우울, 불안 증세, 거식증, 약물이나 알코올 의존증세까지 보인다는 것이다. 연구진은 산 중독증을 '정상을 최대한 많이 오르려 하는 중독 성향을 보이는 행동'이라고 정의했다. 만일 정상을 오르지 못하게 된다면 그만두려는 성향도 강하다는 것인데, 독일어권 설문참여자 335명 중 88명인 약 25%가 중독 증세를 보였다고 한다.

이 정도는 아니지만 나는 산을 무척 좋아한다. 특히 하산할 때가 좋다. 오를 때는 풍경이 눈에 잘 들어오지 않다가도, 내려올 때는 주변의 식생과 멀리 있는 다른 산들을 보게 된다. 오르면서 발견하지 못했던 꽃과 곤충들을 만나면 그들이 그 자리에서 나를 기다리고 있었던 것처럼 반가울 때가 있다.

한국엔 산으로 분류되는 지형이 4,440개라는 통계가 있다. 참으로 '산의 나라'로, 국토 면적에 비해 다양한 형태의 산이 많아 정상을 모두 정복하려면 일상을 유지하는 게 쉽지 않을 수도 있겠다. 좋은 산이라도 지나친 욕심으로 경쟁의식을 가지고 남과 비교하며 '최대한 많이' 오르려 한다면 우리 시야는 좁아지고 산이 주는 유익을 제대로 누리지 못하게 될 것이다. 이처럼 신앙생활에도 균형 잡힌 모습이 필요하다.

그리스도교 역사의 흐름에는 수도원적인 영성의 자기비움을 의미하는 케노시스(kenosis)와, 참여적인 영성의 섬김, 나눔, 그리고 봉사를 의미하는 디아코니아(diakonia)가 균형을 이루며 전승된 독특한 전통이 존재한다. 예수님의 삶이 깊은 기도를 통해 끊임없이 자신의 정체성과 소명을 확인하는 일과 함께 사회적 약자를 돌보고 치유하는 사역의 병행으로 채워져 있었던 것을 본받아, 그리스도교 공동체는 믿음과 행함의 균형 있는 영성으로 한편으로 치우치지 않는 건강한 형태의 윤리적 삶을 추구해왔다. 이러한 특징은 영지주의 이원론의 집요하고 끈질긴 공격을 받아 신행일치의 통합적 윤리를 구축해 가면서 더욱 견고해졌고, 지상 교회의 존재 이유와 도래할 하나님 나라에 대한 종말론적인 이상을 긴밀히 연결하는 신학적인 이해를 풍성하게 해 주었다.

십자가는 두 측면의 절정을 보여 주는 것으로 육체의 죽음에 의한 전적인 자기비움과 창조세계 전체를 향한 사회봉사적 사랑으로 채우는 우주적 구원을 이룬 것이다. 예수님은 "근본 하나님의 본체시나…오히려 자기를 비워(케노시스) 종의 형체를 가지사 사람들과 같이 되셨고…하나님이 그를 지극히 높여 모든 이름 위에 뛰어난 이름"(빌립보서 2:5-10)으로 디아코니아의 절정인 화해와 회복의 사랑을 몸소 실현하셨다. 이것이야말로 복음의 핵심으로 그리스도의 구원이 선포되는 모든 곳에서 언제나 중요하게 기억되고 실천되어 왔는데, 그 가운데 미국 남장로회 선교사들이 뿌린 씨앗이 싹을 틔우고 꽃을 피워 광주광역시와 전라권을 중심으로 풍성하게 열매를 맺은 독특한 영성 전통이 존재하며 그것이 오늘날 무등신학의 배경이다.

이 책을 읽어주시면 좋겠다고 바라는 독자층이 있다. 그리스도교에 대해 알고 싶지만 한국인으로 어떻게 접근해야 할지 막막한 사람, 교인으로 오래 살아왔지만 막상 세상 사람들과 무엇이 다른가에 고민이 되는 사람, 한국 교회에 회의가 들어 다른 신앙은 없나 혼란스러운 사람, 이 땅에 참으로 예수를 닮은 신앙인은 없나 궁금한 사람, 그리스도교의 신앙과 삶이 어떻게 조화를 이룰 수 있을까 고민하는 사람, 인간 사회의 문제와 생태계의 문제 사이에서 우선순위를 놓고 갈등 중인 사람, 직장이나 학교에서 식사기도를 할까 말까 망설이는 사람, 성서의 가르침과 오늘날 현대 문명이 어떻게 연결될 수 있는지 의구심이 드는 사람, 교회는 가기 싫고 그리스도교에 대해 조금은 궁금한 사람, 광주와 전라권의 독특한 영성을 지성적으로 파악하려는 사람, 여러 종교 가운데 그리스도교의 위상에 대해 알고 싶은 사람, 동학이나 5·18민주화운동이 교회와 무슨 상관이 있는지 혼란스러운 사람, 기후위기를 그리스도교의 관점에서 해석하고 싶은 사람, 그리스도인으로서 어떤 행동이라도 해야겠는데 불안과 무력감이 드는 사람 등이 많이 읽어주시면 좋겠다.

본서는 2022년 「주간기독교」의 '학술편'에 매주 연재한 글을 모아 시대적인 순서와 주제에 맞춰 새롭게 편집한 내용을 담고 있다. 부지런히 글을 쓰지 않고 산에만 다니던 필자를 믿고 지면을 제공해 주신 이연경 기자님과 언론사에 진심으로 감사를 드린다. 일주일에 한 편의 글을 쓰는 것은 마치 정해진 시간에 기도하거나 운동하는 것 이상으로 나를 강도 높게 단련하는 일이었지만 즐겁고 유익한 경험이다. 올해도 계속 맡겨주셔서 '방랑하는 사람의 창조 신앙 가이드' 편을 매주 기고하고 있다. 또 추천사로 격려와 조언을 아끼지 않으신 이재근 교수님과 김진혁 교수님에게 깊은 감사를 표한다. 워낙 글을 잘 쓰는 분들이라 평소에 배움을 얻다가 바쁘신 중에도 이번에 내게 큰 도움을 주셨다. 아울러 '무등신학'이라는 신조어를 낯설게 여기지 않으시고 흔쾌히 출판을 맡아주신 쿰란출판사 대표 이형규 장로님과, 글을 잘 다듬고 책을 예쁘게 만들어주신 오완 부장님, 송지은 대리님을 비롯한 여러 선생님께 감사의 말씀을 전한다.

방랑하는 사람에겐 독일과 미국 그리고 한국의 여러 지역을 옮겨 다니며 척박한 여건에서도 밝고 긍정적으로 함께 살아준 아름다운 두 딸이 있다. 박민지와 박민희가 가난한 목사라서 아빠를 존경한다고 말할 때 행복하고 보람을 느낀다. 마음을 다해 사랑한다. 본서를 나의 가장 친한 벗이면서 사랑하는 아내인 오성실에게 바친다.

2023년 봄
빛고을 양림동산에서
박용범

목차

추천의 글_ 김진혁(햇불트리니티신학대학원대학교 조직신학 부교수) _ 6
_ 이재근(광신대학교 신학과 교회사 교수) _ 8
서문_ 자기비움(케노시스)과 사회봉사(디아코니아)의 영성 _ 10

들어서기 전_ 방랑하는 사람의 무등신학 형성기 _ 18

1. 동학과 그리스도교와의 만남

1) 동학과 그리스도교와의 관련성 _ 27
2) 사회생태적 영성과 윤리 _ 33
3) 동학 전통의 역사적인 배경과 발전과정 _ 39
4) 그리스도교의 성례전적 공유지 전통 _ 45
5) 성례전적 공유지와 동학의 비교종교학적 접근 _ 51
6) 관계 의식, 관계 공동체, 상호연결성 _ 57
7) 보편적인 사회생태적 비전으로서의 창조의식과 영성 _ 63

2. 미국 남장로회 선교사들

8) 서서평, 성공이 아니라 섬김으로 조선의 무등 세상을 열다 _ 70
9) 유화례, 뿌리 깊은 나무가 되어 무등의 열매를 맺다 _ 76

10) 포사이드의 짧지만 강렬한 흔적, 광주의 아버지를 낳다　　- 82
　　11) 걸인들의 친구 카딩턴, 예수 향기 발하다　　- 88

3. 교회의 공적 신앙을 실현한 인물들

　　12) 버림으로 무등 사랑을 실천한 오방 최흥종　　- 96
　　13) 사회적 약자를 우선으로 배려하는 하나님 나라의 삶　　- 102
　　14) 사회윤리와 생태윤리가 만나는 곳　　- 109
　　15) 무등의 청빈과 기도, 노동의 영성을 형성한 강순명　　- 115
　　16) 낮은 땅의 어머니 조아라　　- 121
　　17) 변함없는 사랑으로 무등을 품다　　- 127

4. 지역의 토착 영성가들

　　18) 이세종의 철저한 비움과 낮아짐의 영성　　- 134
　　19) 청빈과 절제, 금욕의 절대적 신앙　　- 140
　　20) 무등영성의 맥을 찾아서　　- 147
　　21) 맨발로 사회적 영성을 실천한 이현필　　- 153
　　22) 헌신짝 사랑으로 평생을 살다　　- 159

5. 동광원과 사회봉사

23) 동광원의 청빈, 순결, 순명 — 166
24) 무등영성의 마르지 않는 샘물 — 172
25) 온전함을 따라 다르게 살기로 하다 — 178
26) 사랑으로 모여서 사랑으로 지내다가 사랑으로 헤어지다 — 184

6. 5·18민주화운동과 교회의 역할

27) 푸름과 붉음이 공존하는 광주의 오월 — 191
28) 우는 자들과 함께 울고 서로 마음을 같이하며 — 197
29) 트라우마와 죄의식의 기억을 넘어 무등 세상을 향해 — 203
30) 한 알의 밀알이 영원한 오월의 꽃으로 피어나다 — 209

7. 시대정신으로서의 정체성

31) 거대 소비문화에 맞서는 신학적인 결단 — 216
32) 과잉된 집착과 소유욕에서 벗어나는 시대정신 — 222
33) 신앙과 삶을 연결하는 창조중심적 영성 — 228
34) 무등신학의 원리인 사회생태윤리 — 234

8. 대멸종과 기후위기시대의 새로운 흐름

- 35) 사회정의와 생태정의를 동시에 구현하는 무등신학　　241
- 36) 창조세계의 청지기에서 돌봄의 역할로의 전환　　247
- 37) 제4차 산업혁명시대에 대응하는 무등신학　　253
- 38) 대멸종의 시대에 응답하는 무등신학　　259
- 39) 인류세 담론의 양면성과 무등신학　　266

방랑하는 사람의 무등산 정상부 등반기　　272
맺는말_ 무등신학이 우리에게 주는 교훈　　280
참고문헌　　289

들어서기 전

방랑하는 사람의 무등신학 형성기

광주광역시로 이사를 와서 살기 시작한 지 어느덧 8년이 되었다. 강의하고 목회하는 학교와 교회가 모두 광주에 있어 이 지역에서 살게 되었는데 시간이 흐를수록 다양한 가능성과 풍부한 역사·문화적 유산이 영감을 불러일으키는 매력적인 곳이다. 특히 광주 자체가 무등산을 포함한 분지 형태의 지형 구조에 형성된 도시이기 때문에 사방 어느 장소에 있어도 조망이 가능한 무등산은 마치 어머니의 품처럼 오랜 세월 묵묵히 광주를 안고 지그시 바라보며 모두에게 언제나 한 번쯤은 찾아오라고 손짓을 보내는 듯하다.

2012년에 국립공원으로 지정된 무등산은 2018년에는 유네스코 세계지질공원으로도 등재되었으며, 해발 1,187m로 대도시 중심에 이처럼 높은 고도의 산을 품고 있는 지역은 우리나라에서는 광주가 유일하다.[1] 그렇지만 광주 시민들이 마치 동네 뒷산처럼 무등산을 친근하

---

1) 대구광역시 경계 안에 일부가 있는 팔공산도 1천 미터가 넘으며 곧 국립공원으로 지정될 예정이다.

게 여기는 것은 도심에서 무척 가까울 뿐만 아니라 여러 학교의 교가와 시에 광주의 상징으로 종종 인용되기 때문이다.

"무등"(無等)은 "평등이 크게 이루어져서 평등이란 말조차 사라진 상태"를 의미한다. 다만, 처음부터 이렇게 불린 것이 아니라 광주의 옛 이름인 듯한 '무들'을 음차하면서 뜻이 좋은 이름을 붙이기 위해 불교 용어인 '무등'을 차용했을 가능성이 있다고 한다. 또 비할 데 없이 높은 산이나 등급을 매길 수 없는 산이라는 뜻이 담겨 있다는 설명도 있다.

역사 기록에 의하면 통일신라 시대에 무진악(武珍岳) 또는 무악(武岳)으로 표기하다가 고려 시대에는 서석산(瑞石山)이란 별칭과 함께 무등산이라 불렸다고 한다. 이는 광주의 옛 이름인 무진주에서 기인한 것으로, 무진주에 있는 산이라고 하여 무진악 또는 무악이라 불렸고, 상서로운 돌[서석, 瑞石]이라 불릴 만큼 고대부터 무속신앙의 관계자들이 자주 찾던 명산으로 유명했다. 이 밖에 신령스러운 산이라 하여 과거에 무당들이 많아서 무당산, 하나의 커다란 무덤과 같이 생겼다고 하여 무덤산, 그리고 조선왕조 이성계가 왕명에 불복한

산이라고 해서 붙여진 무정산 등 다양한 이름을 갖고 있던 산이다.[2]

　명칭의 기원이 어떤 과정을 통해 이루어졌고 무엇이 더 근거 있는 학설인지와 상관없이 광주에 살면서 접하게 된 '무등'이라는 산의 이름은 필자에게 현장의 신학화를 위한 강한 동기를 부여했다. 그 이유는 어떤 등급이나 계급의 구별에 의한 분리나 차별 혹은 배제가 없는 평등한 세상은 갈라디아서 3장 28절에 나타난 바대로 "유대인이나 헬라인이나 종이나 자유인이나 남자나 여자나 다 그리스도 예수 안에서 하나"[3]가 되는 하나님 나라의 진정한 모델이기 때문이다. 그리스도 안에서 변화된 새 사람이 사는 곳, "거기에는 헬라인이나 유대인이나 할례파나 무할례파나 야만인이나 스구디아인이나 종이나 자유인이 차별이 있을 수 없는" 세상이다(골 3:11). 가장 지역적인 것이 가장 보편적이며 글로벌한 것이 될 수 있다는 기대와 함께 이처럼 '무등'이라는 단어는 어느덧 앞으로 펼칠 신학의 정수로 가슴에 자리를 잡은 것이다.

---

2) https://namu.wiki/w/%EB%AC%B4%EB%93%B1%EC%82%B0 2022년 12월 15일 접속함.
3) 별도의 표시가 없으면 개역개정 4판을 사용

지역적으로 광주와 전라권은 신학의 상황화와 현장화를 진행하기에 참으로 좋은 영적 자산을 많이 지닌 곳이다. 조국의 민주화를 위한 열망과 희생의 정신이 서린 5·18민주화운동의 현장인 광주, 평등과 자주, 생명보호와 보국안민의 상징인 동학농민혁명운동의 발원지인 정읍과 고창 등이 가까이 있으며, 미국 남장로회 선교사들의 죽음을 초월한 헌신과 희생의 숨결이 배어있는 선교 유산이 여러 곳에 남아있는 지역이다. 아울러 이세종, 이현필 선생과 같은 행동하는 그리스도교 신앙을 실현한 토착 영성가들의 발자취를 엿볼 수 있는 화순이 광주 바로 인근에 있으며, 문준경 전도사나 손양원 목사와 같은 순교자들의 피와 노고가 신안의 증도를 비롯한 많은 섬 지역과 소록도와 여수 애양원에 깃들여 있다.

또 유진 벨 선교사가 건립한 수피아 여학교 출신으로 여성운동과 사회복지사업을 펼쳐 '광주의 어머니'라고 불린 조아라 장로, 광주 최초의 세례교인(1907년)으로 알려진 오방 최흥종 목사의 무등산을 중심으로 광범위하게 실천한 헌신적인 사랑과 사회봉사의 정신이 녹아있는 특별한 지역이다.

이처럼 다양하고도 풍부한 전통에 따른 신학적 자료들은 지역의 역사적인 특수한 환경과 위치적인 특성에서 형성되어 나온 것인데, 한마디로 특정한 무리나 계층을 나누어 생각하지 않으려는 '무등'을 추구하는 사람들의 사상과 영성 운동이라고 볼 수 있다. 그들이 꿈꾸던 세상은 인종과 종교와 성별과 빈부와 모든 계층을 초월하여 모두가 주체가 되어 주체들의 친교를 실현해가는 안전하고 평화로운 것이었다.

그리고 거기에는 그리스도의 복음과 사랑이 핵심적인 동력으로 작용했다. 이러한 사실은 인종, 성, 빈부, 직업, 계급, 지역 등의 경계와 격차를 넘어 상호성과 연대를 강조하는 맥락 안에서의 신학(theology-in-context) 추구를 가능하게 하며, 장차 민중신학과 견줄 수 있을 만큼의 또 다른 한국의 독창적인 신학으로 정립될 가능성을 열어준다.

필자가 전개하려는 무등신학의 특징을 나타내는 성서의 중심 본문으로는 황금률로도 알려진 산상수훈의 핵심이자 기독교윤리의 기초인 마태복음 7장 12절의 "그러므로 무엇이든지 남에게 대접을 받고자 하는 대로 너희도 남을 대접하라 이것이 율법이요 선지자니라"는 말씀과 사도행전 20장 35절의 "범사에 여러분에게 모본을 보여준 바와 같이 수고하여 약한 사람들을 돕고 또 주 예수께서 친히 말씀하신 바 주는 것이 받는 것보다 복이 있다 하심을 기억하여야 할지니라"는 말씀을 선택할 수 있다.

이러한 성서의 가르침에 근거하여 필자는 무등신학을 "역지사지"(易地思之)의 신학이라고 표현한다. 남성으로서 여성의 입장을, 인간으로서 창조세계의 고통을, 다른 지역 출신이 광주와 전라권의 영성과 정신을 구성신학(constructive theology)의 방법으로 신학화하는 작업을 수행하는 것이 대표적인 신학적인 접근법이기 때문이다. 또 이것은 창조주이신 분이 피조물의 몸으로 이 땅에 오시어 세상의 고통에 친히 동참해 온 창조세계의 진정한 해방과 평화를 이루신 그리스도교 신앙의 핵심과도 연관이 깊다.

구체적으로 이러한 작업이 추구하는 지향점은 테오리아(theoria)와 프락시스(praxis), 주체와 객체의 이분법을 극복하고, 물아일체의 소통과 공감을 지향하는 통섭적이고 대화체의 신학이다. 또 인간사회와 창조세계 전체의 공동선을 수립하는 실제적인 방법으로 산술적인 평등의 추구가 아닌 약자에 대한 우선적인 선택과 배려로 공동체 전체의 형평성(equity)을 도모하고, 생태계의 생명망(web of life) 시스템을 통해 배우는 상호연결과 관계성의 원리를 공동체에 적극적으로 적용하여 실천하는 데 있다. 나아가 무등신학은 진정한 선교적 교회(missional church)의 현장 실천 과정을 확인할 수 있는 하나의 좋은 사례가 될 것이며, 사회학의 연구방법인 민속지학(ethnography)의 방법을 신학과 선교 현장에 구체적으로 어떻게 적용할 것인가에 대한 일종의 시도라고 볼 수 있다.

무엇보다 이는 코로나19 팬데믹에 의해 세계적으로 불거진 기후위기와 눈앞에 다가온 생태계 붕괴의 도전에 적극적으로 대응하는 신학과 윤리학의 새로운 흐름이 될 것으로 전망한다. 신명기 26장 5절에 보면 비록 해당 지역 출신이 아니었음에도 야곱을 가리켜 "방랑하는 아람 사람"으로 표현하면서 삶의 주된 활동현장을 자신의 정체성과 결부하여 설명한 점에서 착안하여, 필자도 무등산이 위치한 지역인 광주나 전라권의 출신이 아니라 한국의 여러 도시와 독일, 그리고 미국의 여러 지역을 옮겨 다니며 사역하는 중에 현재는 광주의 시민으로 활동하고 있기에 '방랑하는 사람'(sojourner)의 정체성으로 무등신학을 전개하려는 것이다.

새로운 신학 작품의 창작과 개념 수립을 시작하는 일은 참으로 가슴이 설레고 신이 나며 떨리는 일이다. 아무도 밟지 않은 미지의 영역을 향해 내딛는 발걸음은 쉽지 않은 일이기 때문에 용기와 결단이 필요하고 특히 동반자가 반드시 있어야 하기에 앞으로 많은 분들의 관심과 조언을 부탁드린다. 다행이라고 해야 할지 우리는 이미 지난 팬데믹을 통해 낯선 경험을 할 때 거기에 적응하면서 새로운 길을 모색하는 일에 상당히 익숙해졌다.

본서의 내용을 통해 발견하는 방랑하는 사람의 무등신학 형성을 위한 신학적 상황화와 구성(theological contextualization and construction)의 여정을 함께 걸어가면서 우리는 다양한 무등(無等, no-rank)의 정신들과 만나게 될 것이다. 부디 한 길을 가는 방랑자가 되어 동행하면서 그들과 만날 때 혼돈과 불안의 시대에 공감대를 형성하고 치유를 경험하게 하며 때로는 도전을 주는 행복하고 유익한 일이 되기를 기대한다.

1.
동학과 그리스도교와의 만남

1) 동학과 그리스도교와의 관련성

 한민족의 자생적인 전통 종교인 동학은 그 명칭에서 알 수 있듯이 서양에서 유입된 일종의 학문으로 이해하여 서학이라고 불리던 그리스도교에 대한 반발에서 그 기원을 찾을 수 있다. 하지만 1919년 3·1운동 당시에 학문으로서의 동학이 종교적인 형태로 변화된 천도교와 그리스도교가 서로 연대했던 점이나 핵심적인 교리와 사상의 여러 측면이 서로 영향을 주고받지 않았다고는 할 수 없을 정도로 매우 유사한 점을 고려해 볼 때 여러 과정을 걸쳐 밀접한 관계를 맺어 왔던 것으로 보인다.

 특히 양 종교의 신관이나 절대적인 존재에 대한 명칭뿐만 아니라 만민 평등과 만물을 향한 사랑을 그 중심적인 내용으로 여기고 있는 것은 무등신학의 형성 과정에서 동학이 깊은 영향을 주었을 것이라고 추측하게 만드는 부분이다. 광주와 전라권을 중심으로 흐르고 있는 토착적인 영성의 전통에 대해 일부 학자들 가운데 이처럼 동학의 기원과 발전 과정에서 그리스도교와의 교류가 이루어졌던 내용을 조사하여 연구한 사례가 존재한다.

이영호는 2014년 「기독교사상」에 발표한 글을 통해 동학이 가톨릭의 체계에 대항하여 1860년에 발생한 기원에 대해서는 비교적 잘 알려져 있지만, 그보다 25년이 늦은 1885년에 본격적으로 선교가 시작된 개혁교회 전통의 그리스도교와 어떤 관련을 갖는지에 대해서는 연구가 활발히 진행되지 않았던 점에 주목했다. 그는 동학과 개신교의 관계를 이해하기 위해 1919년 3·1운동에서 민족독립과 자주의 공동 목표를 위해 연대를 형성한 천도교와 개신교의 우호적인 관계를 중심으로 연구를 진행했다. 비록 천도교는 동학의 후신이고 개신교는 동학이 배척한 서학의 계열에 속하지만, 처음에는 상호 적대적인 관계였던 동학과 서학의 두 사상적 흐름이 어떤 경로를 거쳐 연대를 이룰 수 있는 단계까지 이르게 되었는가에 의문을 제기하여 연구한 것이다. 즉, 기원에 있어서는 대립적인 두 학문의 체계가 종교화 과정을 거치면서 인적, 교리적, 문화적 교류를 통한 상호이해의 과정을 거쳤을 것으로 추론했다.

이영호는 구체적으로 1894년 동학의 농민운동에 의한 무력봉기부터 시작하여 1919년 3·1운동까지 약 25년간 동학(천도교)과 서학(그리스도교)의 갈등과 교류의 과정을 "상극, 소통, 월경, 경쟁, 연대"의 다섯 단계로 나누어 역사적인 고증과 함께 설명하고 있다.[4] 하지만 안

---

4) 이영호, "동학과 개신교, 그 갈등과 소통의 이야기," 「기독교사상」, 2014년 3월호, 22.

타깝게도 사회적인 이슈를 위해 종교의 장벽을 넘어 연대를 결성했던 두 종교의 만남은 오래 지속되지 못했다. 특히 동학농민혁명의 진원지인 광주와 전라권을 중심으로 3·1운동 이후에는 교류가 거의 이루어지지 못했던 하나의 원인으로 생각해 볼 수 있는 것은 보수적인 성향의 남장로회 선교사들의 영향으로 토속 신앙과 타 종교에 대한 이해의 폭을 넓히기 위한 포용적이고 적극적인 자세가 부족했기 때문은 아닐까 조심스럽게 추측해 본다. 그들이 일제강점기에 신사참배를 적극 반대하고 자신들이 설립한 학교들을 극단적으로 폐교하기까지 했던 일이 그 근거가 될 수 있다.

그럼에도 오늘날 무등신학을 구성하는 작업에서 두 종교의 재회를 도모하는 것은 무엇보다 동학의 핵심 개념인 시천주(侍天主)와 무등신학의 이론적인 기반인 사회생태윤리의 핵심 내용인 성례전적 공유지 개념이 놀라울 정도로 유사할 뿐만 아니라 공통적으로 시대적인 위기를 의식(consciousness)과 실천(praxis)에 관한 것으로 간주하기 때문이다.

시천주는 동학의 창시자인 수운 최제우 자신이 직접 해설한 용어다. 1860년 음력 4월 5일, 그는 깊은 종교체험을 했는데, 일종의 계시에 의한 하느님 체험이요 득도 체험이었다. 수운은 그 체험을 여러 곳에서 상세하게 설명하였는데 그 핵심인 시천주는 한마디로 '천주(한울님 또는 하느님)를 모신다'는 의미이다. 그에 의하면 세상의 모든 사람은 그 몸으로써 하느님을 모시고 살며, 더 나아가서 생기(生氣)이자 생령(生靈)인 사람의 생명 그 자체가 빈부귀천이나 사회 신분이나 남녀노소를 막론하고 존귀하고 평등하며 신성한 존재다.

또 그가 이해한 사람은 개체로서 자기 생명을 누리지만, 어떤 틀 안에 갇혀서 각자가 분리된 독립적인 존재가 아니라, 더 큰 '한 생명'을 이루는 연대적인 존재이면서 유기체적인 존재이기 때문에, 다른 사람과 분리된 자기중심적이며 개별화된 이기주의는 성립되지 않는다.[5] 이러한 이해와 유사하게 사회생태윤리의 성례전적 공유지는 만물에 깃든 하나님의 손길을 성례전적인 것으로 여기며 그들의 유기체적인 관계성을 강조하는 개념이기 때문에 서로가 긴밀하게 회통할 수 있다. 즉, 동학과 그리스도교 각각의 중심 개념들이 통섭의 과정을 거쳐 무등신학에서 만나 현장에서의 실천을 위해 하나로 집결될 수 있다는 전망을 하는 것이다.

수운의 이러한 '시천주' 사상은 2대 교주인 해월 최시형에 의하여 "사람 섬기는 것을 하느님 섬기듯 하라"는 사인여천(事人如天)으로 발전하고, 3대 교주 의암 손병희 시대에 이르러서는 "사람이 곧 하느님이다"라는 인내천(人乃天) 사상으로 변화된다. '시천주'에서 '사인여천'으로, 그리고 '사인여천'에서 '인내천'으로 동학의 핵심 모토가 변천하는 동안 동학은 만물 전체를 관계적으로 이해하는 생태적이며 통합적인 학문이나 사상으로서의 정체성에서 점차 벗어나 인간중심의 철학을 강조하는 인본주의(人本主義)적인 종교로 변질된 것이라는 지적을 받기도 한다.[6] 이것은 마치 예수를 중심으로 형성된 초기 그리스도교 생명 공동체가 시간이 흘러 교회의 형태로 변화되는 과

---

5) 김용휘, 『우리 학문으로서의 동학』 (서울: 책세상, 2007), 64.
6) 위의 책, 139-147. 더불어 인내천의 교리화는 결과적으로 시천주 체험이 생략됨으로써 신앙과 수행의 약화를 가져왔다는 지적을 받아왔다.

정에서 기관의 종교(institutional religion)가 되어 인간에 대한 주체성, 책임성, 존엄성, 신성한 영성 등은 강조되었지만 창조세계 전체에 대한 존중과 그들과의 관계성, 그리고 성례전적인 공유지로서의 성격이 약화된 것과 유사하다고 볼 수 있다. 계시에 의한 절대적인 가르침이 규격화되고 제도화되면서 점차 창조세계에 대한 탈주술적이며 합리적인 이해와 반종교적인 세속주의가 스며들게 되었고, 인간이 주체가 되어 창조세계를 이루고 있는 모든 존재들을 약탈하며 다른 생명체들을 먹이사슬의 단순한 구성 요소로만 파악하는 지경에 이르게 된 것이다.

두 영역을 함께 연구하여 한국적인 토착 영성에서 발원한 무등신학을 구성하는 과제는 선행연구가 별로 존재하지 않기 때문에 일목요연하게 전부를 다루는 것은 쉽지 않다. 특히 체험적인 수행을 강조하는 동학의 시천주 개념을 서구의 그리스도교 전통에서부터 출발한 신생 학문 분야인 사회생태윤리와 비교하여 무등신학에 미친 영향을 해석하는 과제는 쉽게 결실을 맺을 수 없는 일이다. 그중에서도 동학의 대표적인 특징이라고 할 수 있는 역설적인 방법론인 불연기연(不然其然)과 그리스도교의 성례전적 공유지 사이의 관계성을 설명하는 것은 간단한 작업이 아니다. 하지만 이러한 한계점은 이 분야의 종교 간, 학제 간 연구에 대해 향후 지속적인 노력이 요청된다는 하나의 도전이기도 하다. 지금까지 일부 학자들에 의해 이런 한계를 극복하기 위한 연구가 수행되어왔다.

김용휘는 동학에 대한 기존의 오해를 불식시키고 그리스도교와의 관련성을 보다 명확하게 설명하면서 서구 자본주의가 지향하는 경쟁 논리에 의한 생명 파괴의 위협을 극복하기 위한 일종의 대안으로 동학을 소개한다. 그에 의하면 "내 안에 모셔져 있는 우주 생명, 무궁 생명을 온몸으로 체험하고 내가 전체 우주, 전체 생명과 하나의 기운으로 통해 있다는 것을 자각하는 것"이 제4차 산업혁명이 가져올 인간 소외나 차별과 같은 윤리적인 문제를 해결하는 방안이 될 것이라고 힘주어 말한다. 그는 "내면에 신령한 우주 생명을 모신 거룩하고 창조적인 우주적 주체이자 모든 생명을 자기의 몸과 같이 느낄 수 있는 감수성을 지닌 윤리적 주체"로의 거듭남을 강조하면서 동학 수도를 통한 시천주 체험의 중요성을 언급한다.[7] 나아가 그는 동학의 불연기연이 과학과 종교를 통합하고 동양과 서양을 연결할 수 있는 하나의 방법론적인 패러다임으로서의 가능성을 지니고 있다고 낙관적으로 기술하고 있는데, 이는 동학의 인본주의적인 한계와 특성을 나타내는 부분이기도 하다. 그의 주장은 인간에 대해 지나치게 낙관적인 입장에 서서 인간의 욕망으로부터 기인한 윤리적인 쟁점들을 다룬다는 점에서 한계를 갖는데, 따라서 그리스도교 신학과의 학제 간 대화를 통한 통섭적인 담론을 찾는 것이 필요하다. 아울러 이 과정을 통해 무등신학이 더욱 유용한 신학으로 구성될 것으로 기대한다.

무등신학의 구성 과정에서 그리스도교 사회생태윤리와 동학의 만남을 도모하는 이유는 무엇보다 동학이 한국의 전통적인 종교사상을 대표한다는 점과 아울러 "나의 몸이 한울님을 모신 거룩한 성

---

7) 위의 책, 164.

소"라는 인식과 만물이 한울님을 모신 신령하고 거룩한 존재라는 시천주의 개념은 내면의 변화와 자아실현을 통해 "사회적 성화와 개혁"으로 이어질 수 있는 장점을 갖고 있기 때문이다. 이는 또한 만물의 창조주로서의 성령에 대해 인식하는 그리스도교의 창조 의식(creation consciousness)과도 통한다.[8] 특히 우주를 하나님의 영이 존재하는 거룩한 처소이자 만물을 모두가 적당하게 공유할 수 있는 공간으로 창조했다는 성례전적 공유지 개념과의 비교연구는 무등신학의 특징인 사회정의와 생태정의가 함께 구현되는 비전을 구체화하는 데 기여할 수 있을 것이다.

2) 사회생태적 영성과 윤리

기후위기와 생태계 파괴는 만일 현재의 추세를 반전시키기 위해 지구에 대한 인간 행동의 영향을 완화하기 위한 즉각적이고 중대한 조치가 취해지지 않는다면 모든 생명체의 임박한 죽음을 예고한다. 세계의 많은 지역에서 사막화가 놀랄 만큼 빠른 속도로 진행되고 있고, 홍수, 태풍, 쓰나미, 극심한 폭염, 그리고 한파와 같은 기상재해는 수많은 사람과 다른 생물들을 멸절시켜왔다. 만약 기후변화가 계속 악화된다면, 지구에서 모든 생물종의 생존은 점점 더 어려워질 것이다. 이런 위기 상황에서 근대화의 선구자인 서구 문명의 가치와 경제구조, 실천에 대한 의구심이 갈수록 커지고 있다.[9]

현재의 삭막한 지구 현실은 죽음과 파괴를 상징으로 하여 너무나

---

8) 박용범, 『기독교 사회생태윤리』 (서울: 새물결플러스, 2021), 196.
9) 위의 책, 230.

도 무겁게 우리 곁으로 다가왔다. 세계를 지배하고 있는 개발 패러다임이 급진적으로 변혁되고 정의와 지속가능성이 경제와 사회, 그리고 생태계를 위한 최우선의 주제가 되지 않으면 언젠가는 지구의 미래를 이야기할 수 없게 될지도 모른다. 이제 시간이 별로 없다. 우리는 세계 도처에서 발생하고 있는 인류를 포함한 창조세계 전체의 고통과 그들의 생존을 위한 투쟁을 양산하고 있는 세계금융 위기, 사회경제적 위기, 기후위기, 생태위기가 심각하게 뒤얽힌 상황을 목도하고 있다. 엄청난 규모의 시장 자유화, 탈규제화, 상품과 서비스업의 고삐 풀린 민영화들이 전체 생태계를 착취하며, 사회 프로그램과 서비스를 해체하고, 경제의 국경을 열어 생산을 외형적으로 무제한 성장시키게 될 것이다. 규제되지 않는 금융자본의 유동은 전 세계적으로 많은 국가의 경제를 불안정하게 만들 것이다. 이처럼 기후위기, 생태위기, 금융위기, 외채위기 등의 다양한 측면들이 서로 결합되고 증폭되어 상황을 더욱 위태롭게 할 것이다. 더구나 이 위기들은 따로 떼어서 다룰 수 없다.

기후변화와 창조세계의 보전에 대한 위협은 우리가 직면해야 할 여러 가지 위협에 중대한 도전이 되었다. 기후변화는 사람들의 삶에 직접적인 영향을 끼친다. 예를 들면 작은 도서 국가들의 생존을 위협하고 깨끗한 물의 이용성을 감소시키며 나아가 지구의 생물종 다양성을 격감시키고 있다. 이것은 식량안보, 사람들의 건강, 점점 증가하는 인구가 생존해야 할 주거에 직접 영향을 준다. 기후변화 때문에 우리가 알고 있는 다양한 형태의 생명은 불과 수십 년이란 짧은 기간 내에 돌이킬 수 없을 정도로 변하게 될 것이다. 이와 같은 미증유의 기후변화에 의한 도전은 자연자원의 무제한적인 착취와 함께 진행되고 있으며, 이는 지구의 파괴로 이어지고 지구 시스템의 근본적인 변화로 이어질 것이다.

경제의 세계화는 지구 전체를 공동의 땅으로 바꾸어 놓았다. 경제적 접근은 개인과 조직이 멀리 떨어진 자원을 이용할 수 있게 하고 지역 주민들이 공유지를 이용할 때보다 더 큰 범위에서 결과에 대한 책임을 회피하게 한다. 만약 경제 발전이 다른 종들의 후손들뿐만 아니라 그 후손들에 대한 인류의 책임을 무시한다면, 지구의 공유지는 생태적 의미에서, 그리고 심지어 경제적 의미에서도 제대로 관리되지 않을 것이다. 널리 받아들여지는 생태학의 정리(theorem)는 한 가지 일만을 하는 것은 불가능하다는 것이다. 지구의 지속가능한 사용은 인류가 자연자원과 생태계의 작용 모두를 심각하게 고갈시키거나 손상시키는 어떤 것도 하지 않을 것을 요구한다. 혼잡하지 않은 세상에서는 지속가능성 윤리가 지금보다 덜 필요할 것이다.

과학기술의 싹을 틔운 소수의 인간이 중심이 된 지배적인 서구 세계의 산업 문화는 상대적으로 약한 국가, 민족, 생물군을 지배하고 정복하며 착취해 왔다. 이러한 관점과 실천은 모든 생물을 주체와 객체의 관점으로 이분화시켰고, 그들이 갈등하고 경쟁적인 관계에 있다고 이해했다. 나아가 물질적 가치로 전락할 수 없는 소중한 영적 가치를 간과하거나 거부해왔고, 발전과 진보라는 명분으로 자연을 파괴하고 생명을 섬멸하는 일을 계속해왔다. 결과적으로 에드워드 윌슨(Edward O. Wilson)은 서양의 인간중심적 이데올로기는 세계 곳곳에서 거부되고 있으며 새로운 가치체계를 확립하고 대안을

모색하기 위한 새로운 담론이 등장하고 있다고 전망했다.[10]

그러므로 지구를 파괴하고 있는 생태계 위기의 세계적 규모는 공동의 기반을 마련하기 위한 동서양의 일치된 조치와 노력을 요청한다. 생태계의 문제는 세계를 위험에 빠뜨릴 뿐만 아니라 그 해결책이 모든 지구인이 연대하는 실질적인 노력 여하에 달려 있으므로 전 지구적이다. 다시 말해 이 문제는 인류를 포함한 모든 생물종에 대한 도전이다. 그렇기 때문에 사람들에게서 자연과 다른 사람들과의 일체감, 지구상에서 일어나는 모든 현상에 대한 참여의식을 일깨우는 일이 필요하다.

생태계 파괴는 단순히 기술이나 돈으로 해결할 수 없다. 무등신학은 자연과 생명의 가치에 대한 우리의 관점이나 의식만큼이나 본질적인 생태계 문제의 근원을 파악할 필요성을 강조한다. 우리의 삶의 가치와 태도를 결정하는 문제는 매우 중요하다. 사회생태윤리를 통해 나타난 사회생태적인 운동과 행동은 우리가 당면한 문제들을 다루기 위한 구체적인 실천들 외에도 더 근본적인 접근을 요구한다. 여기서 "근본적인 접근"이란 우리의 사고방식과 생활방식에 중대한 변화를 가져오는 종교적이고 윤리적인 체계를 의미한다.

신학이 생태적으로 관련되려면 사회정치적 상황에 관한 스스로의 뚜렷한 목소리를 가져야 한다. 예를 들어, 교회의 신학과 실천이 사회와 정치의 실생활과 상당히 분리된 한국적 맥락에서 신학은 사람들이 분투하는 이슈의 전면에서 그 나름의 실질적인 의미를 발휘하도록 재구성되어야 한다.[11] 무등신학을 구성하는 작업은, 광주와 전라권을 중심으로 한반도의 생태계에 대해 진심으로 고민하는 그

---

10) 위의 책, 235.
11) 위의 책.

리스도인들은 물론 한국 교회에 하나의 제안이 될 것이다. 사실, 생태계의 위기는 한국 사람들의 삶에 가장 심각한 근심거리 중 하나였다. 특히 남한 사람들은 오랜 시간 생태계 파괴로부터 국토를 보호하고 보존하기 위한 노력에 참여하라는 요구를 받아왔다.

그럼에도 불구하고 한국에서는 그리스도교를 비롯한 현대 종교의 근본적인 신학 영역에 생태적인 관심이 거의 침투하지 못하고 있다. 무등신학을 통한 사회생태적인 영성 전통을 수집하여 재구성하는 프로젝트는 그동안 한국 일상생활의 구체적인 상황에서 심각하게 고려되지 않았다. 그러나 현 세대가 새롭게 직면하고 있는 지구 전체의 생태계에 대한 도전은 우리를 재활용, 예배에서 지구를 위한 몇 번의 기도, 교회 정원을 조류 보호구역으로 바꾸거나, 지구를 포함하는 상관적인 윤리(relational ethic)에 대해 가끔 이야기하는 것 이상의 영역으로 나아가도록 우리를 부른다. 우리가 도전을 진지하게 받아들인다면, 그것은 우리가 그동안 익숙해져 있던 우리의 종교의식과 행동의 근원을 끊을 수도 있을 것이다.

예를 들어 영지주의적인 공격의 방어 수단으로 강조된 물질세계의 유용함과 창조의 선함이, 어느 순간부터 너무나 지나치게 강조되어 번영주의나 물신숭배로 흐른 경향과 과감히 단절할 것이 요청된다. 구체적으로 어떻게 하면 한국의 그리스도교가 좀 더 자연을 의식하고, 자연과 관련되며, 자연과 통합된 종교가 될 수 있는지 묻는 것은 무등신학을 구축하기 위한 주요 프로젝트 중 하나이다.[12]

---

12) 위의 책, 176.

사회생태적 성찰을 통한 무등신학의 구성이 동학과 그리스도교의 성례전적 공유지에서 지속적이고 헌신적인 생태적 행동을 위한 공동의 토대를 마련할 수 있을까? 이 질문은 특히 서구 그리스도교의 일부 전통이 어떤 면에서 우리의 지구에 대한 생태적 방치에 책임이 있다는 잘 알려진 비난의 관점에서 본다면, 한국적인 맥락에서 그리스도교 신학의 가장 중요한 현대적 도전 중 하나라고 할 수 있다. 이렇게 심각한 폐단의 흔적은 무등신학을 구성하는 작업을 통하여 동학과 그리스도교 사회생태윤리에 나타난 성례전적 공유지 사이의 본질적인 연관성을 입증할 수 있는가를 묻게 한다. 아울러 동학과 그리스도교의 공통적인 사회생태적 영성과 윤리 개념을 비교하여 분석하는 것은 종교 간(interreligious), 학제 간(interdisciplinary), 그리고 통섭(consilience) 연구에 도움을 줄 것으로 전망한다.

천도교(天道敎)는 한국 최초의 토착 종교로, 주로 사회-종교 운동에 중점을 두고 있으며, 1860년대에 만연했던 계급 경쟁과 외세의 침략에 대항하면서 시작되었다. 당시 가톨릭을 의미했던 서학(西學)과는 대조적으로 동학(東學)이라고 불렸던 민중의 종교 운동이 1905년에 천도교로 개명하면서 개종자가 증가하여 1919년 3·1운동에서는 그리스도교와 함께 주도적인 역할을 감당했다.

동학은 1860년 수운 최제우에 의해 창건되었으며 조선시대(1392-1910)의 쇠퇴기와 근대 한국의 여명기에 발생한 여러 사건에 큰 영향을 미쳤다. 유교, 불교, 도교, 가톨릭을 통해 진리를 탐구하며 성년의 삶을 보냈던 수운은 궁극적인 종교적 권위에 도달하는 길을 찾지 못했다. 그의 개인적인 종교 경험은 현존하는 종교 중 어떤 것도 인간이 진리나 구원을 찾기에 충분하지 않다는 것을 확신시켰다. 수운이 한울님(하느님)과 나눈 대화는 유생이었던 자신에게는 혁명적인 사건이었는데, 이는 그가 "최후의 권위"를 직접 접촉하기 위해 기존 종교의 인정된 경로들을 무시할 수 있게 해주었기 때문이다. 그에 의하면 한울님은 남녀노소 누구나 즉시 접근할 수 있으며, 그는 이를 통해 모든 인간은 한울님과 즉시 접촉한다고 믿게 되었다.[13]

3) 동학 전통의 역사적인 배경과 발전과정

무등신학의 구성작업에서 관심을 기울이는 주요 사항 가운데 하나는 "그리스도교 신앙이 어떻게 하면 한국 사회에서 생태적 책임에 대한 확고하고 지속적인 헌신으로 인류를 변화시킬 수 있는 비전을 제공할 수 있을까?"라는 것이다. 그런데 이러한 신학적 질문은 동학의 철학과 운동의 핵심 사상인 시천주(侍天主)의 생태 영성으로 보완이 가능하다. 아울러 이것은 그리스도교의 성례전적 공유지와 밀접한 관련이 있다.

선행 연구자들의 조사에 의하면 동학에서는 지구가 직면한 생태적 재앙의 뿌리를 의식과 행위의 위기로 보고 있으며, 성례전적 공유지의 개념에서도 마찬가지라는 것이다. 동학의 제2대 교주인 최시형(호, 해월)은 윤노빈의 주장처럼 동학사상을 보다 정교하게 정리하고 조직적으로 동학운동을 전개하였다. 해월이 인내천(人乃天)이라는 개념으로 동학에서 신과 인간의 관계에 대한 핵심 사상을 발전

---

13) 김용휘, 『우리 학문으로서의 동학』, 57.

시켰다는 것이다. 더불어 그는 삼경(三敬)의 개념을 도입하였는데, 이는 모든 인간과 자연이 하나님의 본래의 에너지를 내부에 가지고 있으며, 그렇기 때문에 존경 또는 존중받아야 한다는 것이다.[14]

동학의 관점과 성례전적 공유지의 관점을 통합하는 작업은 무등신학의 구성만이 아니라 현대 한국적인 맥락에서 획기적인 생태적 원리와 실천을 구체화하는 일에 기여할 것이다. 제4차 산업혁명 시대의 사회문화적인 위치에서 동학사상이 다시 맥락화될 필요가 있는데, 성례전적 공유지 개념은 이 프로젝트의 결정적인 해석학적인 도구가 될 수 있다고 본다. 서양 근대화의 물결이 한국 사회에 본격적으로 유입되기 이전에 자생한 동학의 혁명적인 평등주의적 사고가 각종 억압과 소외로부터의 민중을 해방하고 평등하게 존중하려는 사상을 내포하고 있었던 사실은 오늘날에도 한국 사회에 여전히 뿌리 깊이 남아 있다. 동학이 가진 이러한 급진적이고 실천적인 사고는 한국 사회에서 사회윤리적인 변화의 선구자적인 역할을 했다. 그에 대한 사회적 인식은 현대 한국 사회의 생태 공동체 운동뿐만 아니라 한국적인 신학의 형성에도 그동안 커다란 영향을 끼쳐왔다.[15] 동학의 이와 같은 생태영성과 생태윤리의 사회 변혁적인 사상은 제4차 산업혁명 시대의 인간중심적인 영향의 폐해를 극복하는 독창적인 무등신학의 구축에 기여할 것이다.

그렇게 예측할 수 있는 근거는 1970년대 이후로 서양에서 출현했던 새로운 과학 사상들이 지구를 바라보는 우리의 시각에 근본적

---

14) 위의 책, 159.
15) 박용범, 『기독교 사회생태윤리』, 196-197.

인 변화를 촉구해 왔기 때문이다. 예를 들면 제임스 러브록(James Lovelock)과 린 마굴리스(Lynn Margulis) 같은 과학자들은 지구는 모든 형태의 생명체가 복잡하고 정교하게 뒤얽힌 거미줄에 연결된 생명체의 거대한 몸 그 자체이거나, 혹은 마치 살아 있는 생명체처럼 보이는 행성인 "가이아"라고 주장했다.[16] 이 유기적인 세계관은 문자적으로든 비유적으로든 지구에 대한 우리의 이해가 변화될 것을 요구하는데, 그것은 단순히 인간이 살고 있는 물리적인 "환경"이나 활용할 "자원"으로 보는 것에서 벗어나 지구가 생물 공동체의 구성원들에 의해 공유되는 비생물적인 맥락임을 인정하는 생태적 관점으로 전환하는 것을 의미한다.

셀리 맥페이그(Sallie McFague)가 주장하는 바와 같이, 이 특별한 문화적이며 사회적인 전환기에 세계는 "공존", "공생", "공동생활", 그리고 "상호관계" 등의 측면에서 생명의 가치에 주목하기 시작했고, 영성과 더불어 생명의 본질과의 연결성을 조성하는 영적인 생활양식에 대한 관심이 급증해왔다.[17] 결과적으로 인류가 지닌 삶의 기초로서의 영성과 인간 본성에 대한 이러한 관심은 동양 종교에 대한 관심을 증가시키는 계기가 되었다.

고대로부터 한국의 전통 철학은 천(天), 지(地), 인(人)을 우주의 기본 요소로 생각해 왔다. 한국의 전통적인 천지인 사상은 신(또는 하늘), 인간, 그리고 자연 사이의 통합적이고 순환적인 상호관계를 표현한다. 이러한 한국 사상의 총체적이며 포괄적인 조화는 한국의 건

---

16) 위의 책, 231.
17) Sallie McFague, *A New Climate for Theology* (MN: Fortress Press, 2008), 110.

국 이야기인 단군신화에 기원을 두고 있다. 신화에 따르면, 신과 자연은 모두 인간 세상에 어떻게 참여할 것인가에 관련이 있다. 신화 속에서 신으로 표현되는 환인은 인간 세상에 대한 광범위한 복을 의미하는 홍익인간(弘益人間)을 고려한다. 그는 항상 인간 세상에 내려가고 싶어 했던 그의 아들 중 한 명인 환웅이 인류를 위해 봉사할 수 있도록 허락했다. 이것은 그리스도교의 하나님이 인류 구원을 위해 봉사하도록 독생자 예수를 지상에 보내는 과정과 흡사하다.

《한국민족문화대백과》에 기록된 이야기에 의하면 바람, 비, 구름을 관장하는 세 명의 조력자들이 음식, 장수, 질병, 형벌, 선악 등 인간 생활의 360개 영역을 감독하는 데 도움을 주었다. 그때 인간이 되고 싶던 곰과 호랑이가 그에게 도와달라고 간청했다. 환웅은 그들에게 100일 동안 햇빛을 피하라고 말하고 마늘과 약쑥만 먹으라고 했다. 거기에서 오직 곰만이 살아남았고 여자가 되었다. 그녀는 환웅과 결혼했고 그들은 아들인 단군을 낳았다. 그가 자랐을 때, 그는 국가를 건설했고 그것이 우리나라의 시작이라고 본 것이 단군신화의 개략적인 내용이다.[18]

단군신화는 세속성, 총체적 포용성, 공생적 조화를 담고 있기 때문에 한국의 천(天) 사상은 하늘뿐만 아니라 인류와 더불어 사는 인격적인 존재의 신으로서의 하나님(한울님 혹은 하느님)과 함께 입증되어 왔다. 동학에서 천(天) 개념의 기원은 단군신화에서 찾을 수 있으며, 동학이 종교적인 형태로 변한 천도교(天道敎)에서 이것을 현대적

---

18) 단군신화, https://terms.naver.com/entry.naver?docId=534286&cid=46620&categoryId=46620 2022년 12월 20일 접속함.

인 것으로 표현하고 있다.[19] 동학은 조선의 봉건사회가 사회정치적으로 심각한 풍토에 있을 때 나타났다. 이처럼 국내의 열악한 봉건 왕조와 외국, 특히 일본 식민지 침략자들은 새로운 패러다임의 형성에 기여한 새롭고 혁명적인 사상을 촉발시켰다. 동학운동으로 불붙은 1894년의 농민혁명은 역사적으로 중요한 시대의 서막을 여는 분기점인 한국 근대사의 시작으로 여겨진다.

당시 국가의 신앙체계는 내부의 모순 때문에 국민에게 혁명적인 에너지를 공급할 수 없었다. 조선시대의 이데올로기인 유교는 서민에 대한 관념이 부족했다. 불교는 그 자체가 처음부터 왕조에 의해 거부되었다. 도교는 사람들의 믿음과 널리 연결되었지만 지배적인 사상이 되는 데는 성공하지 못했다. 서학(西學, 문자 그대로 "서양학" 또는 "서양 그리스도교")은 참신한 접근 방식이었지만, 이분법적인 사고를 바탕으로 한 식민지적인 공격성과 개인주의는 사람들을 끌어들이지 못했다.

브루스 커밍스(Bruce Cumings)는 동학이 이러한 현실적인 여건 속에서 태어났다고 지적한다. 농민혁명에서 집강소라고 불리는 독특한 해방된 행정 구역에서 동학 지도부는 자치 체제를 구축하고 혁명 정책을 실행했다. 여기에는 노예 해방, 여성 해방, 토지 개혁이 포함되었다. 그들의 새롭고 대안적인 패러다임은 후천개벽(後天開闢, "새로운 세상을 여는 것"이라는 뜻)의 세계였으며, 거기에는 생명중심, 민본정

---

19) Yongbum Park, "Chondogyo and Sacramental Commons: Korean Indigenous Religion and Christianity on Common Ground," in *The Wiley Blackwell Companion to Religion and Ecology*, John Hart ed. (UK: Wiley and Blackwell, 2017), 334.

치, 역사참여, 인간평등과 존엄성의 내용을 포함하였다. 그들은 내부적으로 봉건 왕조의 모순에 대항했을 뿐만 아니라 외부적으로 서구 그리스도교 문명의 본질 속에 제국주의적인 요소가 있음을 일찍 간파하였기 때문에 저항했던 것이다.[20]

동학은 한국 민중의 전통적인 사상을 바탕으로 삶과 관련하여 유교, 불교, 도교, 그리스도교의 가장 대표적인 성격들로 구성되어 있다. 동양의 다른 사상 체계들은 비인격적인 개념을 고려하는 경향이 있다. 예를 들어 유교에서는 천(天)이, 불교에서는 공(空)이, 도교에서는 무(無)가 있다. 반면 한국의 서민들은 전통적으로 '한'이라는 사고를 지니고 있었다. '한' 사상은 한국 문화의 토착민 특유의 철학이다. 어원분석의 관점에서 볼 때, '한'은 "크다", "높다" 혹은 "전체"를 의미한다.

고대 한국인들은 '한' 사상이라고 알려진 것에 그들의 철학적인 뿌리를 깊게 내리고 있었다. 그것은 한국의 전통 철학, 윤리, 패러다임, 이론을 구축하는 것과 궁극적으로 삶의 실천에 기여했다. 한국의 고대인들은 삶에서 가장 중요하고 의미 있는 것이 무엇인지 배우려고 노력했다. '한' 사상은 전체와 완전한 조화를 이룬다는 사상을 포용한다. '한'은 우주의 모든 것을 아우른다. 특히 '한' 사상에 따르면 만물은 서로 상충하는 것이 아니라 조화롭게 연관되어 있다. 만물의 조화로운 균형은 혼란과 대립을 모두 배제하고 만물을 하나의 큰 것으로 표시한다.[21]

---

20) 위의 책, 335.
21) 이경숙 외, 『한국 생명 사상의 뿌리』 (서울: 이화여자대학교 출판부, 2001), 70.

김상일은 '한' 사상의 원칙이 평화의 사랑을 강조한다고 주장한다.[22] 극단적인 개인주의와 이기주의는 '한' 사상에서 허용되지 않는다. 그러므로 '한' 사상은 무등신학의 인문학적이며 윤리적인 토대를 제공한다. '한' 사상은 그리스도교를 포함한 한국의 종교가 어떻게 하면 한국 사회에서 실천력을 증대시킬 수 있는가를 탐구하기 위해 반드시 고려해야 하는 귀중한 철학적 자산이다.

이러한 한국의 전통적인 사고방식은 화해, 조화, 그리고 공생적 전체주의를 포함한다. '한'의 사고방식은 역사, 문화, 그리고 사상 등을 비롯하여 한국의 모든 측면에 나타나 있다. 이것은 심지어 한국 사람들이 전에는 알지 못했던 서양의 개념인 인격적인 하나님에 대한 그리스도교의 측면들을 받아들일 수 있게 만들었다.

결론적으로 한민족의 '한' 사상, 유교의 하늘을 공경하는 내용, 불교의 존재에 대한 깊은 성찰, 도교의 타인을 배려하는 사상, 그리고 그리스도교의 유일신과 창조세계와의 관계성 등을 수용한 것이 하나가 되어 결국 동학에 융합되었다.[23] 이는 앞으로 무등신학을 구성하는 과정에서 동학을 반드시 살펴보아야 하는 중요한 근거가 된다.

4) 그리스도교의 성례전적 공유지 전통

무등신학이 추구하는 그리스도교 신앙의 생태적인 갱신을 위한 신학적 기반을 형성하는 자원은 성서 본문과 교리 전통뿐만 아니라 자연 자체의 '신성한' 성격에서도 찾을 수 있다. 이러한 이해에서 자

---

22) 김상일, "'2중 문명충돌론'과 '동학'의 선택", 「민족21」, 2005, 136.
23) 김용휘, 『우리 학문으로서의 동학』, 45-46.

연은 모든 아름다움과 다양성에서 그리스도인들뿐만 아니라 다른 전통을 지닌 사람들에게도 신성한 신비를 드러낸다. 존 하트가 설명하듯이, 그리스도교 이외의 어떤 다른 신앙을 지닌 사람들이 만일 성례전적인 전통을 지니고 있지 않다면, 이에 대한 상호보완적인 용어는 "신성한 공유지"(sacred commons)가 될 것이다.[24]

성례전성(sacramentality)의 생태적 함의는 여러 그리스도교 신학자들에 의해 표현되었다. 예를 들면, 제임스 내시(James Nash), 샐리 맥페이그(Sallie McFague), 래리 라스무센(Larry Rasmussen), 존 하트(John Hart)가 대표적인 학자들이다. 그들의 공통된 생각은 하나님의 피조물인 세상 자체가 하나님을 드러내고 하나님이 인류와 교감하는 장소임을 그리스도교 신앙이 가르치기 때문에 그리스도인들은 세상에 미치는 영향에 대해 신중해야 하며, 생태계를 존중해야 한다는 것이었다. 제임스 내시는 이것을 다음과 같이 묘사한다.

> 자연은 [하나님과의 긴밀한] 연계성에 의해 신성하며, 신성한 존재의 운반자이다. 하나님은 불타는 덤불 속에서뿐만 아니라 [생명을] 양성하는 토양과 대기 속에서 모든 생물의 기쁨과 고통을 함께 나누시기 때문에 우리는 영속적으로 거룩한 땅 위에 서 있는 것이다. 성령의 성례전적인 현존은 모든 창조물에 신성한 가치와 존엄성을 부여한다.[25]

---

24) John Hart, *Cosmic Commons: Spirit, Science, & Space* (Eugene, OR: Cascade Books, 2013), 389-391.

25) James Nash, *Loving Nature: Ecological Integrity and Christian Responsibility* (Nashville, TN: Abingdon, 1991), 115.

자연계는 부분적으로, 그것을 창조하신 하나님께 접근하도록 우리를 인도하기 때문에 중요하다. 그러므로 생태계를 악화시키는 일은 하나님과의 거리를 좁히는 것을 방해하기에 명백한 죄악이다. 사람들이 지구를 질적으로 저하시킬 때, 그들은 창조 안에서 그들이 마땅히 있어야 할 자리를 버리고 하나님의 창조사역에 반대하는 위치에 서는 것이다. 인간 외의 세계는 보존되어야 한다. 왜냐하면 그것은 하나님 현존의 표시이며, 따라서 하나님께 더 가까이 갈 수 있는 수단을 제공하기 때문이다. 성서의 시편을 비롯한 여러 본문뿐만 아니라 그리스도교의 역사를 통해 많은 이야기가 이것을 증명하고 있다.

성례전성은 특정한 물질적인 실체와 의식을 넘어 지상에 존재하는 하나님의 성육신인 예수 그리스도 안에서 창조주와 창조세계 사이의 지속적인 관계를 강조하기 위해 확장된다. 토마스 베리(Thomas Berry)에 의하면 우리가 생태위기의 모든 차원에 대응할 수 있는 신학을 원한다면, 우리는 그 기초가 되는 세상에 존재하는 신성한 현실을 우리에게 보여주는 자연세계 자체를 존중하는 법을 먼저 배워야 한다. 우리는 현대 과학과 우주론의 도움 없이는 이것을 할 수 없다.[26] 그동안 우리의 영성에 대한 관심은 역사와 인간의 자유라는 주제에 지나치게 집착하게 하였고, 기록된 글을 해석하는 데 너무 신경을 많이 쓰게 하였으며, 점차 자연의 성례전성과의 접촉을 잃게 하였다. 이제 신학을 다시 성례전적인 것으로 변화시킬 때이다. 동학은 이것을 전개하는 데 유익한 동반 분야가 될 것이며, 무등신학은

---

26) 토마스 베리, 『지구의 꿈』, 맹영선 옮김 (서울: 대화문화아카데미, 2013), 164.

그 결과물을 통해 견고하게 구성될 수 있을 것이다.

존 하트는 그의 저서 『Sacramental Commons: Christian Ecological Ethics』(성례전적 공유지: 그리스도교 생태윤리)에서 성례전의 순간은 성령의 창조적인 사랑이 현존하는 경험이라고 단언한다. 그러므로 창조세계는 신적인 비전에서 흘러나오며, 신적인 현존에 대한 인간 경험의 장소이다. 그에게 사람들은 창조에 있어 성령의 징후를 인지하는데, 그것은 인정될 수도 있고 인정되지 않을 수도 있지만 그럼에도 불구하고 가장 내밀한 인간과 신적인 존재를 연결하는 징후를 인지하는 것이다.[27] 사람들은 창조세계에서 성령의 창조적인 사랑의 현존에 개방될 때 성령과의 관계를 형성하는 순간을 경험한다.

전통적으로 그리스도교 교회에서 성례전은 중요한 인생의 순간에 하나님의 은총에 대한 보이지 않는 경험의 가시적인 상징이라고 할 수 있다. 이것은 인간이 만든 신성하다고 여기는 공간에서 성직자들에 의해 중재되는 거룩한 종교의식이다. 이와 마찬가지로, 어떤 사람들은 자연 그대로의 오염되지 않은 장소들도 그곳의 생물종 다양성, 질감 있는 지형, 그리고 생명의 공동체를 위한 음식, 물, 피난처의 제공에서 성령의 사랑하는 창조성을 드러내기 때문에 그들을 또 다른 형태의 성례전으로 여겨 왔다. 이것은 동학의 가르침에서도 발견된다.

그리스도교 사회생태 윤리학자로서, 하트는 윤리적인 행위와 생

---

27) John Hart, *Sacramental Commons: Christian Ecological Ethics* (NY: Rowman & Littlefield, 2006), xiv.

태적인 결과가 우주와 공동체에 대한 성례전적인 이해에서 나온다고 믿는다. 창조세계에서 창조적이고 소통하며 공동체를 세우는 성령의 내재를 인정하고, 이에 따라 창조세계 전체와 그 안에 있는 생물 공동체의 계시적인 힘을 인식하는 그리스도인들은 지구와 지구에 거주하는 모든 존재들을 경의와 존경으로 대한다. 지구의 재화(goods)가 지구의 모든 생물체의 필요를 충족시키도록 성령이 의도한다는 것을 이해하면서, 그들은 이것에 역행하는 소비주의와 착취에 저항한다. 창조세계를 전체적인 안목으로 볼 때, 그들은 자신과 낯선 공간, 낯선 시간, 낯선 생물종에 대해 책임감 있게 행동하며, 그들의 관심사에 대해 가장 확고한 주장을 가지고 있는 인간 "이웃들"뿐만 아니라, 창조의 힘과 성령의 사랑하는 현존에서부터 생겨난 창조 공동체의 다양한 형태를 구성하는 이웃들인 다른 생물종과 오염되지 않은 자연에 대해서도 책임감 있게 행동한다. 하트는 이러한 의식 속에서 "세대와 세대 간의 책임이 육성되고, 지구의 거주 가능한 공간과 생산 가능한 장소, 그리고 가용 재화의 한계가 존중되며, 이로 인해 공간, 장소, 재화가 공평하게 공유된다"고 단언한다.[28]

그뿐만 아니라 하트의 성례전적 공유지에 대한 생각은 혁신적인 통합의 성취를 보여준다. 그의 "창조 중심적 의식"(creatio-centric consciousness)은 현대 과학, 생태 철학, 성서와 역사 신학, 아메리카 원주민의 영성, 사회-정치-경제적 분석을 조합한다. 하트는 세계 여

---

28) 위의 책, xviii.

러 종교들과 영적 전통들에 걸친 영적 경험을 위한 장소로서 자연의 공통성을 탐구한다. 그는 창조세계에 대한 어떤 형태의 책임은 한국에서 동학이 해왔던 것과 같은 다양한 전통에서 실천되어 왔다고 지적한다.[29] 실제로 하트의 이러한 접근은 그리스도교와 동학의 비교를 통한 해석에 사용될 수 있는 심오한 종교간 도덕적인 견인력을 수립하여 견고한 형태의 무등신학을 구성하는 데 기여할 것이다.

성례전적 공유지에 대한 이해를 돕는 신학적 기반은 하트가 1984년 자신의 초기 출판 작품인 『The Spirit of the Earth: A Theology of the Land』(지구의 영: 땅의 신학)에서부터 전개하기 시작했다. 그는 "지구와 지구 안에 있는 모든 것, 지구 위 그리고 그 주변의 모든 것은 창조주의 것이다. 하나님은 이 땅에서 육신을 입으셨고, 창조주를 위한 피조물의 관계를 직접 경험하셨다. 하나님은 무한한 존재 안에 유한한 대지를 포함하고 있으므로 하나님의 영은 대지에 스며든다"라고 선언한다. 하트는 "땅의 영은 하나님이며 위대한 영이고, 세상을 창조하였고, 창조주와의 관계를 회복하며, 그 관계를 지속적으로 회복하는 초월적이지만 내재된 존재다"라고 설명한다.[30] 이러한 그리스도교 신앙의 가르침에서 인간과 자연과 하나님의 상호연관성은 동학에서 "우주의 모든 피조물이 하나님을 품는다"라고 한 시천주의 개념과 매우 유사하다.

정의와 관련하여 종교적 진리의 핵심은 교리나 이론보다는 신앙

---

29) 박용범, 『기독교 사회생태윤리』, 187.
30) John Hart, *The Spirit of the Earth: A Theology of the Land* (Ramsey, NJ: Paulist Press, 1984), 155-158.

의 수행을 통한 인격적인 변화와 태도의 변혁, 그리고 삶의 실천을 위한 케노시스의 자기비움과 낮아짐의 결단에 있으며, 사회정의와 생태정의를 동시에 구현하려는 무등신학이 추구하는 비전이 바로 여기에 있다. 우리가 성례전적 공유지와 시천주의 가르침을 통해 공통적으로 배우는 것은 지금까지 양적인 성장과 더 많은 자본의 축적이 미덕인 것처럼 여겼던 소비지향적 문화에 정면으로 도전해야 한다는 것이다. 그동안 왜 우리는 더 많이 소유하는 것에만 골몰할 뿐 더 적게 소유하고도 충분히 만족하는 지혜를 구하지 못했을까? 의식의 전환을 이루기 위해 직진만 하려고 하지 말고 잠시 멈추어 올바른 방향으로 가고 있는지 모두가 돌아보아야 할 시점에 이르렀다. 두 가르침을 통해 우리는 "좋은 삶"이란 결코 소유를 위해 경쟁한다든가, 재산을 축적한다든가, 우리 자신만의 안전을 위한 시설이나 아성을 구축한다든가, 우리의 힘을 다른 사람을 지배하는 데 사용하는 것(약 3:13-18)에 있지 않다고 배운다. 삼위일체의 공동체성에서 그 전형이 잘 나타나듯이 상호성, 서로 나누는 동반자 정신, 호혜성, 정의로운 평화(just peace), 그리고 사랑이야말로 이 두 전통을 통해 세워지는 무등신학의 핵심적인 가치들이다.

5) 성례전적 공유지와 동학의 비교종교학적 접근

균형 잡힌 신학적인 관점과 실천적 접근을 구축하기 위하여 비교종교학적인 접근은 무등신학을 구성하는 효과적인 하나의 방법이 될 수 있다. 실증적인 데이터와 다양한 문화적 배경이 상관관계를 가지면서 사회적, 경제적, 생태적 상황이 비교종교학적인 접근에 통합되어 사용된다. 모든 사회에는 그들로부터 파생된 독특한 종교 전통과 관습이 있기 때문에, 학자들은 비교 연구를 통해 다양한 사람들의 종교 이론과 실천 사이의 유사점과 차이점을 탐구해 왔다. 무등신학을 구성하는 과정에서 비교종교학의 방법론으로 성례전적 공유지와 동학을 분석하는 것은 필수적이다.

비교종교학은 본래 서구 세계에서 그리스도교에 대한 자기반성에서부터 시작되었다. 계몽주의와 이성주의의 물결이 서구 지성계의 주요 흐름이 되자 그리스도교는 생동감과 신선함을 상실하기 시작했고, 사람들은 더 흥미롭고 새로운 무언가를 찾기 시작했으며, 자연스럽게 그러한 관심은 신비롭게 생각해왔던 동양의 종교와 영성으로 향하게 되었다. 시민의식의 성장과 자아에 대한 각성이 점차 그리스도교와 서구 문화에 대한 염증과 반성을 불러일으켰고, 서구 세계의 사람들이 동양의 문화와 종교의 독특한 특징과 신비에 관심을 돌리게 만들었다. 여기에서 비교종교학이 출발하게 되었다.

비교종교학적인 접근의 핵심적인 특징은 다양한 종교 사이의 공통점을 추출하여 보편적인 특성을 찾아내는 것이다. 세계의 여러 종교들이 지닌 속성과 현상을 연구하여 그들이 지닌 공통점과 의식체계를 찾아내는 것을 목표로 한다. 서로 다른 종교들이 지닌 공통의 진리를 도출하여 인간과 세상에 대한 보편적인 설명을 시도하는 것은 종교에 따른 사회, 문화적인 상황이 다름에도 불구하고 인간이 어느 차원에서는 모두 동일하고 평등하다는 점을 강조하기에 유리하다. 또 이러한 접근을 통해 특정한 사회와 거기에 속한 인간의 정신세계 사이의 관계를 규명하는 데 도움을 줄 수 있을 뿐만 아니라 종교와 문화의 차이를 극복하여 소통과 배려의 가능성을 증진할

수도 있을 것이다.[31]

　서양의 그리스도교 전통은 지나칠 정도로 창조나 그 안에 깃든 성례전적인 암시를 구속(redemption)의 주제로만 한정하여 종속시켜 왔다. 매튜 폭스(Matthew Fox)에 따르면, 그리스도교 전통은 타락/구원의 도식에 기초한 신학에 너무 강하게 집중되어 왔다. 그는 이러한 이원론적 접근을 못마땅하게 여기며, "원죄(original sin)를 가르치고 원복(original blessing)을 제대로 가르치지 않는 것은 비관주의와 냉소주의를 낳는다"라고 지적한다. 그는 또한 원죄에 집중하는 것이 인간을 나머지 창조세계 및 창조주와 분리시키는 요소라고 비판한다.[32]

　이와 유사하게, 토마스 베리(Thomas Berry)는 자연계에서 신성한 것에 대한 감각을 "신성함의 일차적 계시"로 회복하는 것은 "창조 과정에 더 큰 강조점을 두기 위해 구속의 경험에 대한 우리의 (지나친) 강조를 감소시킬 것"이라고 언급한다.[33]

　이처럼 구속에 대한 배타적인 강조는 그리스도교 신학으로 하여금 인류뿐만 아니라 자연계의 "타락"을 과장하게 만들었다. 구속은 태초의 타락이 얼마나 심각한가에 비례하여 중대한 사건이 될 것이라는 가정이 존재해왔다. "태초에" 있었던 인류의 타락이 자연계에 미친 영향을 지나치게 강조함으로써, 자연은 때때로 뒤틀어진 것처

---

31) 황필호, "종교학은 비교종교학이다-제14차 국제종교학회에 다녀와서", 「종교학연구」, vol.4, 1981, 5.
32) 매튜 폭스, 『원복』, 황종렬 옮김 (서울: 분도출판사, 2001), 18-19.
33) 토마스 베리, 『지구의 꿈』, 맹영선 옮김 (서울: 대화문화아카데미, 2013), 84.

럼 보이게 만들었고, 따라서 우리의 보살핌을 받을 가치가 없는 대상인 것처럼 되어왔다. 자연의 "타락"을 과장함으로써 우리는 하나님이 "좋다"라고 선언한 전체 창조세계가 지닌 본래의 선함을 너무 쉽게 잊어버렸다. 동시에 악으로부터 구원을 받고자 하는 인간의 필요에 대한 과도한 집중은 우리를 전체 창조세계의 고통으로부터 멀어지게 했고, 이로 인해 생태계 전체가 근본적인 갱신을 위해 "탄식"하게 만들었다(롬 8:22). 그리스도교 신앙이 암시하는 자연의 갱신은 단지 '마지막 날'의 일로만 미뤄서는 안 될 것이다. 지금 여기서부터 하나의 현실이 되도록 더 늦지 않게 행동을 시작해야만 한다.

성례전적 공유지의 접근법은 "죄"를 단지 하나님으로부터 또는 서로에게서 인간이 분리되는 것 이상의 의미로 해석할 때 현재의 자연에 대한 갱신을 강조한다. 죄는 또한 자연이 인간으로부터 소외되는 현재의 현상에 영향을 미쳐왔으며, 창조 초기부터 하나님이 기대하고 예상했던 자연 스스로의 창조적 가능성을 방해한다. 따라서 "구속"과 "화해"는 하나님과 인간 사이의 관계를 회복할 뿐만 아니라, 그로 인해 지구 공동체 전체를 치유하는 데 목표를 두어야 한다. 즉, 실제로 창조 전체를 새롭게 하기 위한 인간의 행동에 있어서 명백하게 하나님의 세계에 대한 인간의 책임을 의도해야만 한다.

오늘날 성례전적 공유지 접근법은 그리스도교 신앙의 깊은 전통을 바탕으로 하여 최근 생태계 붕괴의 긴급한 문제에 대응하기 때문에 일종의 강력한 아이디어이자 경험이라고 할 수 있다. 그리스도교 생태윤리학자들은 이 접근법이 뿌리 깊은 아이디어이며, 오랫동안 세상에서 하나님의 내재, 성육신, 성례전적인 현존을 표현해온 그리스도교 전통에 충실한 방법이라고 강조한다. 이 접근법은 우리를 특정한 부류의 신앙인으로 불러 예배의 대상을 바꾸거나 하나님을 다시 상상하게 만드는 것이 아니라, 우리가 물려받은 본래의 믿음 안에서 창조세계의 중요성을 새롭게 인식하도록 하는 것이다.

이와 비슷한 어조로 래리 라스무쎈(Larry Rasmussen)은 성례전성(sacramentality)에 대한 논의에서 자연과 어떤 신적인 존재를 따로 구별하는 것에 신중한 입장을 취하며 다음과 같이 언급한다.

> 세상의 어떤 것을 거룩하고 신성한 것으로 확인하는 것은 그것이 하나님이라고 말하는 것이 아니다. 오히려 그것은 하나님의 것이다. 하나님은 그 존재 안에 계신다.

존 하우트(John Haught)는 "자연은 신성(sacred)하기 때문이 아니라 성례전적(sacramental)이기 때문에, 그리고 신적인 존재의 숨겨진 신비에 대한 우리의 종교적 인식을 중재할 수 있기 때문에 구원받을 가치가 있다"라고 강조하면서 자신의 언어 사용에 있어서 더욱 신중하고 제한적이다. 그에 의하면 세상을 성례전적으로 보는 것은 그것을 신성한 것으로 보는 것과는 근본적으로 다르다는 것이다.[34] 이들은 "신성한"이라는 단어를 각기 다른 방식으로 정의하고 있지만, 두 사람 모두 성례전성이 그리스도교의 분명한 하나의 가닥임을 강조하며, 신자들에게 자연 세계를 하나님의 전달자로 보고 그 자체를 하나님으로는 고려하지 말아달라고 요청한다.

---

34) 박용범, 『기독교 사회생태윤리』, 189-190.

이 개념은 동학의 시천주와도 매우 유사하다. 동학에서의 한울님(하느님)에 대한 생각도 그 자체의 신성함보다는 자연만물과의 관계성에 더욱 주목하기 때문이다. 동양과 서양의 경계를 넘어 자연계를 소중히 여기고, 존중하며, 인정하는 이러한 접근은 자연을 경배하는 것보다 훨씬 더 중요하고, 필수적이며, 그리스도교 전통에 충실하다.

성례전성은 전통에 충실한 계승이기 때문에, 그리스도교는 너무나 저세상을 강조하고 천국에만 집착하여 생태계 붕괴의 최근 위기에 제대로 대응하지 못한다고 주장하는 일부 비평가들에 대한 강력한 일종의 반증이 될 수 있다. 에드워드 윌슨은 다음과 같이 언급한다.

> 내 생각으로는 그리스도교 특유의 문제는 '나는 이 세상의 한 부분이 되기 위해 태어나지 않았다'라고 여기는 위험한 헌신이다.[35]

이것은 익숙하고 흔한 비판이며, 이 세상을 배제하기 위해 천국과 사후세계의 아이디어에 위험할 정도로 초점을 맞추고 있는 그리스도교 전통의 일부분을 고발하는 비판이다. 그러나 성례전성은 이와는 반대 방향으로 움직이는 신앙의 뿌리 깊은 전통으로, 현 세상에서 하나님의 현존을 강조함으로써 그리스도교가 초월적이고 저세상적인 하나님에만 관심을 두는 배타적인 것이 아님을 보여준다. 이

---

35) Edward O. Wilson, *The Creation: A Plea to Save Life on Earth* (New York: W.W. Norton, 2006), 4.

러한 접근법은 타세계성(otherworldliness)이 그리스도교 고유의 것이 아니거나 적어도 반드시 그렇지는 않다는 증거이다.

하트의 저술들은 이 점에 대해 명백하며, 그리스도교에서 천상의 사후세계를 지나치게 강조하는 것에 대한 하나의 교정으로 성례전의 전통에 주목한다. 그에 의하면 이는 현재의 지상에서의 관심사, 직업 또는 이와 관련한 어떤 집착이나 선입견보다 결코 우선해서는 안 되는 강조점이다.

샐리 맥페이그는 "자연은 하나님의 관심사이자 하나님께 향하는 길로 포함시켜 온 그리스도교의 몇 안 되는 전통 중 하나"라는 가능성을 높이 평가하면서, 같은 이유로 그리스도교의 성례전성을 받아들인다.[36] 현대의 성례전성을 연구하는 사상가들은 지구에 내재된 하나님의 현존과 지구상에 존재하는 모든 생명의 중요성을 강조한다. 이는 그리스도교가 이 세상을 배제하기 위해 천국을 경축한다고 믿는 사람들에게 필수적인 하나의 교정책이다. 결과적으로, 성례전성은 우리에게 하나님의 세상을 외면하기보다는 그 세상을 위하여 하나님의 마음으로 책임감 있게 헌신할 것을 요청한다.

6) 관계 의식, 관계 공동체, 상호연결성

현대의 생태적 사고를 위한 성례전성의 중요성을 강조하면서, 하트는 "성례전적 우주"에 대한 확장된 반영을 제공하고 그것을 지역화하기 위해 노력한다. 창조세계 전체에 걸쳐 창조주의 존재와 계시

---

36) Sallie McFague, *A New Climate for Theology*, 38.

를 강조하는 것도 중요하다. 하지만 성례전적 공유지의 상호보완적인 개념은 성령의 상호작용적 현존과 돌보는 동정심에 대한 인간 참여의 순간과 장소에 초점을 맞추고 있다. 그리고 이 경우 성령은 내재되어 있고 에너지와 구성 요소들과 실체들과 사건들의 복합적인 우주적 춤에 참여하는 것이다. 이처럼 공유지는 더 작은 규모로 존재하며, 이는 하나님이 바로 이 시기에 이 공동체에 계시되고 존재한다는 것을 암시한다.

성례전적 우주가 창조의 영원한 본성에 대해 주장하는 반면, 성례전적 공유지의 접근방식은 더 지역적이고, 특정한 내용이며, 구체적인 개인 또는 공동의 사회적 경험을 가리킨다. 그것은 더 분명한 공간과 시간, 더 세심한 세부 사항에 주의하는 것이다. 하트는 사람들이 "거시적인 것에서 미시적인 것으로, 우주에서 공유지로" 그들의 관심을 돌릴 때 종종 세상에서 하나님의 현존과 신비를 인식할 수 있기 때문에 성례전적 공유지의 접근방식은 성례전적 우주의 중요한 지역화라고 설명한다.[37]

또 성례전적 공유지 접근법은 무등신학을 구성하기 위한 사회생태윤리를 형성하는 더 큰 프로젝트에 필수적인 요소들을 추가한다. 기후위기 시대의 그리스도교 신학은 특히 우주에 대한 성례전적인 감각을 되찾을 필요가 있다. 우주의 계시적 특성에 대한 우리의 오래된 직관은 이 접근법에 대한 중심이 되는 윤리적, 생태적 기여라고 할 수 있다. 그것은 우리가 종교적인 믿음과 목하 생태적 관심사

---

37) Yongbum Park, "Chondogyo and Sacramental Commons: Korean Indigenous Religion and Christianity on Common Ground," 337.

사이의 본질적인 관계를 인식할 수 있게 해준다. 성례전적 공유지 접근법은 공기의 신선함, 물의 순수함, 토양의 비옥함 없이는 우리의 가장 오래 지속된 하나님 상징의 힘이 줄어들거나 상실된다는 것을 깨닫는 데 도움이 된다. 그러므로 자연의 온전함은 종교와 윤리의 번영과 불가분의 관계에 있다. 우리가 자연을 잃는다면, 토마스 베리가 지적하듯이, "우리는 또한 하나님도 잃을 것이다."

성례전적 공유지 접근법은 우리가 "관계 의식"(relational consciousness)과 "관계 공동체"(relational community)에 대한 상호보완적인 이해를 수용하지 않는다면 온전히 통합된 신학으로서의 무등신학을 형성하는 사회생태윤리를 제공할 수 없다. 예를 들면 하트는 다음과 같이 말한다, "관계 의식과 관계 공동체는 개인 구성원들과 생물종, 생물종과 지구, 그리고 생물종과 성령 사이의 교감 의식을 함께 표현한다. 이들은 예수님이 주창하신 '하나님 통치'의 의미를 표현한다. 성령-지구-영혼의 구도가 관여하여 이루어지는 사회 현실의 진전은 창조 중심의 의식을 가진 창조 공유지의 공동체이다."[38] 만일 성례전적 공유지가 무엇을 의미하는지에 대해 불완전하게 이해한다면 우리가 신성한 존재와 자연 사이의 특수성과 보편성, 유사성과 차이성, 그리고 통합과 다양성을 강조하는 생태적 관계성의 중추적인 모티브를 쉽게 간과하도록 할 수 있다.

1860년대 한국 사회가 처했던 총체적 위기상황에서 동학의 출현은 수운의 개인적인 방황과 비참함, 경제적 빈곤, 자신의 가족 배경

---

38) John Hart, *Cosmic Commons: Spirit, Science, & Space* (Eugene, OR: Cascade Books, 2013), 185-186.

에서의 사회적 차별에 대한 구체적인 경험과 필연적으로 관련이 있었다. 무엇보다 그가 비참한 사회 현실에서 벗어나 한울님을 신앙적으로 체험한 것이 동학 출현의 가장 결정적인 동기였다. 동학의 발흥에 있어 수운의 영적인 경험은 빼놓을 수 없다. 특히 수운의 오심즉여심(吾心卽汝心, 내 마음이 곧 당신의 마음)에 대한 개인적 체험의 의의는 그의 사회적, 역사적, 윤리적 차원과의 관계에 있다. 그의 영적 체험은 개인적이거나 형이상학적인 차원에서만 일어난 것은 아니다. 그가 국민과 국가를 총체적인 위기에서 구해내는 방법을 모색하면서 약 20년간 진리를 모색한 결과였다.[39] 수운의 개인적, 정신적 비전은 그의 사회적 비전과 결코 분리되지 않았다. 자신과 한울님과의 신비적인 연합에 대한 수운의 영적 체험이 동학 발흥의 토대라면, 이런 체험이 어떻게 가능했던 것일까? 한울님이라고 하는 동학의 신 개념은 어떻게 그렇게 포괄적이면서 또한 매우 다른 신적인 특성을 지녔으며 관계적인 것인가?

이와 관련하여 수운은 '불연기연'(不然其然)으로 세상을 인식하고, 체험하고, 구체화하는 방식을 설명한 자신의 진보적 현실관을 묘사했다. 불연이라는 용어는 문자 그대로 "그렇지 않다"라는 의미이고, 반면에 기연이라는 용어는 "그렇다"라는 의미이다. 이 두 용어는 상반된 의미를 가지고 있어 모순된 관계처럼 보인다. "그렇지 않다"는 결코 "그렇다"와 공존하지 않는다. 이것이 모순의 법칙이다. "그렇지 않다" 또는 "그렇다"가 존재해야만 한다. 이것은 배중률(排中律)의 법칙이다.[40] 즉, 두 개의 서로 다른 명제가 있다면, 그중에 하나는 참이

---

39) 김용휘, 『우리 학문으로서의 동학』, 57-58.
40) 위의 책, 37-40.

고 다른 하나는 거짓이어야 한다. 하지만 이처럼 지배적이고 우세한 관계의 논리에 바탕을 두는 대신, 수운에 의하면 불연기연의 논리는 세상 속에서 의식의 상호의존적이며 관계적인 성격을 파악함으로써 삶의 모든 측면에 뿌리를 두고 있다. 그의 인생 논리에 따르면, 현실은 겉보기에 정반대의 범주와 원칙들로 구성되어 있다. 현실의 한 측면은 하나의 범주와 원칙에서 잘 파악된다. 동일한 현실의 다른 측면은 그 반대로부터 잘 얻어진다. 그들은 서로 모순되는 것처럼 보이지만, 같은 현실을 바라보는 다른 관점들일 뿐이다.

수운은 생명의 기원, 에너지 혹은 원리인 불연(不然)과 불연의 구체적인 현상과 외형인 기연(其然)을 연관시킨다. 그는 기연에서 불연, 무한에서 유한, 평범함에서 신비, 다수에서 유일, 세속에서 신성한 존재를 찾아낸다.[41] 많은 생태윤리학자들은 생태 문제와 대안에 대한 분석에 어느 정도 차이가 있을 수 있지만, 신적인 것과 세속적인 것, 무한한 것과 유한한 것, 초월과 내재, 보편성과 특수성, 개성과 다양성의 역동적인 통합에서 생태적 관계성을 회복하려고 공통적으로 시도해왔다.

하트는 자연 속의 관계 의식에 대한 그의 개념을 위해 초월적인 것과 내재적인 것을 통합하려고 시도한다. 그는 "인생에서 초월적인 것과 내재적인 것을 통합시키려는 사람들은 성례전적인 순간을 경험한다"라고 확신한다.[42] 결국 그의 성례전적 공유지 개념은 지구의 모든 생명체가 다른 개체들이나 종들과 통합된 생태계에서 상호작

---

41) Yongbum Park, "Chondogyo and Sacramental Commons: Korean Indigenous Religion and Christianity on Common Ground," 341-342.
42) 위의 책, 343.

용하면서, 그 위치를 찾고 그 필요를 충족시키기 위해 노력하는 개인과 공동체의 표명에서 모든 생명이 그 위에, 그리고 그 안에 존재하는 장소인 지구에 초점을 맞추고 있다. 이것은 동학의 불연기연이 지닌 역설적이면서도 모순되지 않고 그 안에서 통합적인 것을 모색하는 특징이라고 할 수 있다.

김지하는 수운의 시천주 사상을 피에르 테야르 드 샤르댕(Pierre Teilhard de Chardin)의 진화론과 대비하면서 물질, 생명, 정신, 영성의 우주 진화이론을 설명한다. 그는 모든 물질이나 무기물 속에도 그 나름의 생명 활동과 영성이 살아 움직이고 있고, 자기 조직화하는 우주는 물질 속에서 활동하는 생명과 영성의 지속과 비약 과정을 통해 끝없이 진화한다는 주장을 펼친다.[43] 그에 의하면 신은 "모든 존재 위에 초월적으로 군림하는 실체이며 만물이 생성하는 근원"으로, 모든 생명과 물질 내부에서 "자발적이고 창조적으로 생성하는 마음"이라고 기술한다.[44] 그의 진화론적인 생명 사상은 물질과 신의 근원에 대한 유물론적인 해석이라고 볼 수 있고, 동학에 대한 이해에 있어서 가치 판단의 기준을 서구 진화론의 과정 철학에 두고 있음을 발견하게 되며, 지나치게 서구 의존적이며 범신론의 경향을 나타내고 있다는 한계가 존재한다.

지금까지의 선행연구들을 살펴보면 가톨릭이나 개혁교회 전통의 서구 중심적인 성례전 전통을 위주로 이루어진 해석이나, 아니면 동학을 하나의 해석의 틀로 사용하여 서구의 사상을 비판적으로 조명

---

43) 이경숙 외, 『한국 생명 사상의 뿌리』, 166.
44) 박용범, 『기독교 사회생태윤리』, 194.

하려고 하는 기존 연구들은 존재했으나, 본서에서 탐구하고 있는 동학의 시천주와 가톨릭의 성례전적 공유지의 비교종교학적인 연구는 발견할 수 없었다. 양자의 비교연구를 통하여 제4차 산업혁명이 불러올 윤리적인 쟁점들을 재평가하고 한국적인 신학으로서의 무등신학을 구성하여 향후 기후위기 시대의 대안적인 실천 프로그램의 형태로 교회와 사회 현장에 활용하는 작업이 가능하다.

결론적으로 비교종교학적인 접근을 통하여 성례전적 공유지와 동학에서 공통적으로 발견한 '관계 의식', '관계 공동체', '상호연결성'이라는 개념은 앞으로 무등신학을 견고하게 구성하는 데 기여할 것이다. 이러한 접근법이 어떻게 중첩되거나 적어도 상호보완적일 뿐 아니라, 무의미하게 융합되거나 근거 없이 분리되지 않고, 신적인 존재, 인간, 자연 사이의 상호 관련이 구체적으로 어떻게 작용하는지 파악하는 일이 앞으로의 연구 과제이다.

7) 보편적인 사회생태적 비전으로서의 창조의식과 영성

글로벌 규모의 생태계 파괴에 따른 기후 붕괴의 긴장감 고조로 어느 때보다 성서의 창조세계와 연관된 내용에 관심이 높아졌다. 신학의 각 영역에서 창세기의 내용을 주된 관심 주제로 다루기 시작했으며, 기존 해석에 대한 다각적인 새로운 접근들이 학제 간 연구 등을 통해 학계에서 활발히 논의되는 것을 볼 수 있다. 더불어 대부분의 그리스도교 교단에서도 기후위기가 최고의 화두가 되었다. 이것은 인류를 포함한 지구상의 모든 생명체의 보전과 생존에 대한 급증한 위기의식 때문이기도 하지만 한편으로는 이 사태를 유발한 것에 대한 피할 수 없는 책임성의 자각과 생태적 죄책감 때문이기도 하다. 어떤 면에서 이러한 현상이 반갑기도 하지만 우려되는 점도 있다. 이와 같은 흐름이 그저 일시적인 유행에 머물지 않기를 바라는 마음이 간절하다.

방랑하는 사람(필자)이 본서를 통하여 진행하고 있는 무등신학의 형성 과정은 긴급한 시대적인 요청에 대한 일종의 신학적 응답이라고 할 수 있을 것이다. 창조세계의 모든 존재가 지닌 고귀한 가치를 회복하고 지구를 구하는 길이 성장 중심의 가치관에서 벗어나 작은 것의 미학을 회복하는 데 있다는 각성은 점차 지속가능한 미래를 꿈꾸는 지구인들의 우선순위가 되고 있으며, 앞으로 더욱 보편적인 의식이 되어야 한다. 이러한 전망에서 창조의식의 각성으로 세상의 어떤 계급이나 등급에 의한 차별이나 소외 또는 배제가 없는 무등(無等)의 새 하늘과 새 땅을 지향하는 무등신학의 역할은 매우 중대하다고 하겠다. 비록 이 전통은 지구의 한구석인 광주와 전라권을 중심으로 형성되었으나 글로벌 신학으로 발전하기에 충분한 영적 자양분을 품고 있는 비옥한 토속적 영성 토양이 존재하기에 가능한 작업이다.

이와 관련하여 창조정의(creation justice)는 창조세계에 대한 인간의 근본적인 취약성을 보여주면서 그 안에 내재된 인간의 친밀감으로서의 은총을 서술하는 신학적인 전략을 보여준다. 창조정의는 사회 공동체와 지구로부터 인간 자아의 이탈을 지적함으로써 자아, 지구, 하나님이 다시 체현(re-embodiments)되도록 소환한다. 이러한 신학적인 응답은 카렌 베이커-플레처(Karen Baker-Fletcher)에 의하면

"하나님의 몸의 일부가 되는 것"이라는 뜻으로, "하나님이 새 하늘과 새 땅을 창조하는 데 참여"하는 창조적인 정치 행위를 통해 상호관계적인 인간 자아를 다시 구현한다는 의미이며,[45] 이는 동학의 후천개벽(後天開闢) 개념과도 현저하게 유사하다. 조지 팅커(George Tinker)는 만일 우리가 "인류와 자연을 분리해서 다루는 전략을 넘어서지 않는다면, 우리는 아직 생태정의와 인종 차별은 말할 것도 없고, 일종의 체계적 전체로서 우리 삶의 모든 부분에 영향을 미치는 힘의 구조에 뿌리를 둔 억압의 체계를 연구하는 생태정의를 다루기조차 시작하지 않았다"라고 말한다.[46]

그러므로 창조정의는 어떤 인간중심적인 방법이나 전략을 도모하지 않는다. 오히려 창조세계에서 인간의 관심사는 인간성의 구조가 생태계 파괴의 문제를 조명하도록 하고, 그에 대한 그리스도교의 반응을 유도하는 전적으로 다른 목회 전략을 제공한다. 창조정의 옹호자들은 그러한 연관성을 신학적으로 조명하여 일종의 자격을 부여함으로써 창조세계의 온전함과 인간의 존엄성이 본질적으로 관련이 있는 도덕적 관심사이며 비경쟁적인 관계로 다루도록 기여한다. 그 실천적인 전략들은 자칫 사회적으로나 이념적으로 거리가 멀게 느껴질 수 있는 동학과 성례전적 공유지에서 보편적으로 발견할 수 있는 창조의식적인 유사성을 통해 현저하게 드러낸다.

---

45) Karen Baker-Fletcher, "그럼 누구의 지구란 말입니까?", 「기독교사상」, 2010년 7월호. http://www.gisang.net/bbs/board.php?bo_table=gisang_preach&wr_id=537&main_visual_page=gisang 2022년 12월 20일 접속함.

46) George Tinker, *Spirit and Resistance* (MN: Fortress Press, 2004), 111.

본래 창조 영성(creation spirituality)의 개념은 때때로 매튜 폭스가 언급했듯이 "이른바 '제1세계' 민족을 위한 해방 신학"이다. 우주 이야기 속에서 주관성과 영성을 다시 개념화함으로써 창조 영성은 소외된 인간 개인들을 위해 자연을 되찾는다. 인간은 먼저 자신 내면의 우주 의식과 우주 자체가 지닌 내적 신비를 재발견함으로써 지상에서 자신들의 위치를 발견한다.[47] 이에 대해 토마스 베리는 다음과 같이 설명한다.

> 우주가 우리를 존재하게 하는 것처럼 우리는 우리의 존재 속에 우주를 가지고 있다. 둘은 서로 완전한 존재감을 가지고 있으며, 우주와 우리 둘 모두에서 드러난 더 깊은 미스터리를 가지고 있다.[48]

이 생각은 "내 안에 하느님을 품는다"라는 의미인 동학의 시천주(侍天主) 사상과 "내 마음은 네 마음일 뿐이다"라는 의미의 오심즉여심(吾心卽汝心)과 정확히 견줄 만하다.[49] 또 "창조 중심적 의식(creation-centered consciousness)은 창조주, 무생물인 창조물, 생물 공동체가 상호 연관되어 있다는 전체론적 이해"라는 하트의 개념과도 통한다.[50]

따라서 창조 의식(creation consciousness)은 이전의 고립 상태에서

---

47) 매튜 폭스, 『원복』, 황종렬 옮김 (서울: 분도출판사, 2001), 31.
48) 토마스 베리, 『지구의 꿈』, 158.
49) 김용휘, 『우리 학문으로서의 동학』 82.
50) 박용범, 『기독교 사회생태윤리』, 116.

자연이나 인간의 실천으로부터 시작하기를 거부하고, 대신 인간성 내부에 있는 그들의 소외를 생태계 문제의 근원으로 다룬다. 일반적인 창조 이야기와 예수의 이야기는 비슷한 종류의 신성한 것을 드러낸다. 즉, 인간은 살아 있는 우주이며, 세계 교감의 적극적인 표명이다. 리처드 로어(Richard Rohr)는 "창조 영성에서 하나님은 태초부터 진실을 말씀하셨다. 우리는 지금 그것을 의식하고, 그것에 대해 한마디 말하기 위해 시간의 한순간에 온 행운아일 뿐이다"라고 말한다. 매튜 폭스는 우주적 그리스도 안에서 "만물의 상호연결성은 인간의 마음과 정신의 힘이 개인적으로 경험할 수 있는 공통적인 일종의 접착제와 같다"라고 하면서, 인간은 모든 사물과 연대하여 그 관계를 창조적으로 깨달을 수 있는 독특한 권한을 부여받는 자신을 스스로 발견한다고 설명했다.[51]

윤석산에 의하면 동학은 환원주의적이거나 기계론적인 사상과는 거리가 먼 신체의 '유기적 상호의존성'을 강조한다. 그에 의하면 유기체의 중요성을 깨닫는 것이 시천주의 창조적인 영적 이해를 가능하게 한다.[52] 때때로 어떤 종교적인 가르침은 추종자들에게 신을 위해 동료 인간들을 버리거나, 신의 이름으로 그들을 죽이라고 충고한다. 이러한 극단적인 가르침은 인간과 하나님의 상호의존성에 대한 의식적인 이해의 부족에서 비롯된 것이다. 이러한 만행과 거짓은 동학에서는 육체와 관련한 개념 때문에 결코 발생하지 않는다. 또 신체의 상호의존성 개념은 다른 생명의 삶의 고통에 대한 자각으로 발전하

---

51) 매튜 폭스, 『원복』, 27.
52) 김용휘, 『우리 학문으로서의 동학』, 45.

여 인간 존엄성, 사회정의, 생태정의뿐만 아니라 우주에 대한 경외심을 확인시켜 주며 자연스럽게 창조의식을 향한 길로 나아가게 한다.

수운의 시천주 개념을 발전시키면서, 해월은 "하느님에 대한 존중, 자연에 대한 존중, 그리고 인간성에 대한 존중"이라는 "세 가지 존중"의 개념을 소개했다. 이러한 사고에서 우리는 "하나님-인간" 사이의 관계에서부터 "하나님-자연-인간"의 관계로 확연한 확장을 볼 수 있다. 해월은 시천주의 개념을 발전시켜 우주-사회생태적 차원으로 확장시켰다. "사람이 곧 하늘(한울님)이다"라는 의암의 인내천(人乃天)으로 계승된 이러한 발전의 결과는 동학의 창조 영성과 의식에서 여실히 드러난다.[53]

김지하가 지적한 인내천의 개념은 평등주의적 휴머니즘, 사회생태적 의식, 하나님에 대한 종교적 믿음 등 삼위일체적 영성을 내포하고 있으며, 이 셋은 서로를 지원한다. 즉, 평등주의적 휴머니즘은 사회생태적 의식 때문에 결코 인간중심주의로 타락하지 않았다. 우리는 과거의 서양 전통에서 유신론적이든 무신론적이든 간에 그러한 악화를 관찰했다. 신에 대한 종교적 믿음이 인도주의적 평등주의를 보장하지만, 자연으로까지 정의(justice)를 확장하지 못하는 경우가 많다. 오늘날의 심각한 생태위기는 이것이 실패했다는 증거다. 현대의 무신론적 전통은 인도주의를 찬양하지만 사회생태적 의식은 희박하다.

동학의 영성에서는 인도주의적 정의가 생태정의를 배제하지 않는데, 그 이해는 인간과 세상의 유기적 상호연관성을 시사하기 때문이

---

[53] 위의 책, 152.

다. 김지하에 의하면 이러한 포괄적인 영성은 일부 동양의 종교 사상들과 큰 차이를 보이는 동학의 범재신론적(panentheistic) 관점 때문에 가능하다.[54] 사실 동학의 개념은 유신론이 윤리를 뒷받침한다고 가정한다. 동학의 영성은 한국적 맥락에서 발굴한 사회생태윤리라고 할 수 있으며, 무등신학의 요점을 잘 나타내기 때문에 앞으로 적용 가능성이 크다.

동학은 현재의 사회정의와 생태정의를 동시에 고려해야 하는 사회생태적 논쟁에서 매우 실행 가능하고 설득력 있는 영적 아이디어와, 현대의 생태위기를 극복하기 위한 신학과 윤리의 형성에 유용한 균형 잡힌 의식을 동시에 제시한다. 그 의식과 영성은 본질적으로 결합되어 한국적 맥락에서 공통의 도덕적 비전을 구축할 수 있는 잠재력을 제공하는 데 기여했을 뿐만 아니라 무등신학의 형성에 중추적인 역할을 해왔다.

---

54) 이경숙 외, 『한국 생명 사상의 뿌리』, 168.

2.
미국 남장로회 선교사들

8) 서서평, 성공이 아니라 섬김으로 조선의 무등 세상을 열다

　유서 깊은 도시일수록 풍부한 기원과 유래를 비롯하여 오랜 세월 동안 그곳을 머물다 지나간 수많은 사람의 애환과 손길이 깃든 다양한 흔적을 남긴다. 독일 프랑크푸르트에서 서쪽으로 운전하여 약 30분 정도 이동하면 헤센 주의 주도인 아름다운 도시 비스바덴(Wiesbaden, '숲속의 온천'이라는 뜻)이 나온다. 이곳은 필자가 2002년부터 2005년까지 선교사로 파송받아 처음으로 담임목회를 시작한 곳이기도 해서 개인적으로도 각별하다. 본래 독일어로 '바덴'은 목욕탕 혹은 온천이라는 뜻을 지닌 말로, 고대 로마 시대의 황제로부터 근대의 많은 유명인이 방문하여 안식을 취한 대표적인 도시가 바로 비스바덴이다. 이곳의 유황 성분이 포함된 온천은 피부병이나 신경통, 류머티즘의 치료에 효과가 있다고 하여 오늘날에도 휴양을 목적으로 찾아온 사람들이 장기간 머물기도 하는 명소다. 그런 이유로 비스바덴은 독일의 부유층이 다수 거주하는 조용하고 평화로운 곳으로 알려져 있다. 하지만 모든 도시의 밝고 화려한 모습의 이면에는 그것을 유지해나가는 소외된 사람들이 모여서 생활하는 곳이 존재하듯이 비스바덴의 뒷골목에서 외롭고 가난한 노동자의 사생아로 태어나 평생을 조선의 선교사로 살다간 인물이 있는데 그가 바로 서서평(徐舒平)이다.

그의 본래 이름은 엘리자베스 요한나 셰핑(Elizabeth Johanna Shepping, 1880-1934)으로 독일 비스바덴에서 태어났지만 11세에 미국으로 이주하여 간호학교를 졸업한 후에 한국 선교를 지원하여 미국 남장로회 선교부의 간호선교사로 파송받았다. 1912년 32세에 조선으로 와서 1934년 54세에 소천하기까지 22년 동안 사역했으며, 일제강점기 당시에 의료혜택을 제대로 받지 못했던 광주를 중심으로 간호선교사로 활동했기 때문에 선교 역사에서 잘 드러나지 않았던 인물이었다.[55]

하지만 2017년에 상영된 다큐멘터리 영화 "서서평, 천천히 평온하게"를 통해 대중에게 널리 알려지기 시작했다. 그녀에 대한 최초의 자세한 기록은 백춘성이 1980년에 저술하여 대한간호협회에서 출간한 『천국에서 만납시다 - 선교사 서서평 일대기』이다. 이 책에는 일제강점기 한국에 와서 서울과 가장 열악한 지역인 군산, 광주 등지에서 간호학교 설립, 육아 사업, 윤락여성과 빈민 구제 등으로 일생을 바친 그녀의 일대기가 기록되어 있다.

---

55) 양창삼, 『조선을 섬긴 행복: 서서평의 사랑과 인생』 (서울: Serving the People, 2012), 338-349.

서서평의 어머니 안나 셰핑(Anna Schepping)은 휴양도시 비스바덴의 가난한 노동자로 살면서 사생아로 서서평을 낳았다. 하지만 얼마 되지 않아 자신의 어머니에게 서서평을 맡기고 혼자서 미국으로 떠났다. 외조모는 그녀를 정성스럽게 양육하려고 했으나 서서평이 11세가 되던 해에 돌아가셨고, 서서평은 어린 나이에 외조모가 남긴 생모의 주소를 들고 미국에 살고 있던 어머니를 찾아갔다. 뉴욕에서 어머니와 극적으로 재회하여 어머니의 가족들과 함께 살면서 서서평은 고등학교를 졸업한 후에 뉴욕의 성 마가병원 간호전문학교에 진학한다. 그리고 병원에서 실습하는 중에 만난 동료 간호사의 권유로 장로교 전통의 교회에 출석하였다. 신앙적인 깨달음과 변화를 경험하며 외조모와 어머니로부터 이어진 가톨릭에서 벗어나 개혁교회의 노선을 걷게 되자 어머니로부터 두 번째 버림을 받는다.[56]

1901년 간호학교를 졸업한 후에 서서평은 유대인 병원에서 근무하면서 유대인 요양원과 이탈리아 이민자수용소 등에서 봉사활동을 했고, 뉴욕의 성경교사양성학교의 '여행자 지원 선교회'에서 1년간 봉사한 것이 계기가 되어 이 학교에 입학하여 성서를 깊이 배우며 신앙적인 터전을 쌓았다. 1911년에 이 학교를 졸업한 서서평은 미국 남장로교 해외선교부에서 간호선교사를 모집한다는 소식을 듣고 지원하여 1912년 2월 한국으로 파송되었다.[57]

의료선교사로서 서서평은 언어를 익히면서 광주와 전라도 지역의 간호사 양성과 제중원에서의 병원업무에 종사하였고 여성 전도

---

56) 위의 책, 85-88.
57) 위의 책, 101.

에도 열의를 보였다. 그 후 서울 세브란스병원에 파견되어 병원의 간호학교 책임자로 간호사 양성에 힘쓰기도 했지만, 3·1운동에 가담한 조선인들을 치료해 주었다는 이유와 건강의 악화로 세브란스에서의 사역을 지속할 수 없게 되었다.

광주로 돌아온 서서평은 한국의 문화와 풍습을 익히면서 민족지학(ethnography)의 방법으로 철저히 한국인과 동화되어 선교하는 것이 중요하다는 점을 깨닫고 자신의 한국식 이름을 지었다. 본래 성격이 급했기 때문에 모든 일을 서서(徐徐)히 해야겠다는 생각으로 성을 서(徐)로 하였고 이를 다시 한번 강조하는 의미에서 이름의 첫 자를 느리고 천천히 한다는 의미가 있는 서(舒) 자로, 그리고 두 번째 자는 자신의 모난 성격을 평평하게 한다는 뜻에서 평평할 평(平) 자를 붙여 서서평이라고 했는데, 이것은 또한 자신의 이름인 셰핑의 발음을 살린 것이기도 했다. 서서평은 조선의 가난한 농촌 여성과 같이 무명 베옷을 입고 검정 고무신을 신었으며, 보리밥에 된장국을 먹으며 청빈과 절제를 몸으로 실천했다. 그녀는 조선인처럼 산 것이 아니라 완전한 조선인이 되어 생활하겠다고 결심한 것이었다. 그래서 당시 사람들은 서서평을 "푸른 눈의 어머니"라고 불렀다고 한다.[58] 이렇게 그녀는 물질과 소유에 따른 차별이 없고 어떠한 계층이나 등급이 없는 무등(無等) 세상의 진정한 모델이 되었다.

서서평은 간호선교사로 파송받았으나 성경에 대한 이해가 깊었고 한국어를 자유롭게 구사했을 뿐만 아니라 한국의 문화를 온전하게

---

58) 임희모, 『서서평, 예수를 살다』 (서울: 도서출판 케노시스, 2015), 37.

이해했다. 광주와 전라권의 여러 지역을 순회하면서 많은 사람을 대상으로 성경에 대해 가르치고 복음을 전했는데, 특히 미혼모, 고아, 한센병 환자, 노숙인 등 가난하고 병약한 사람들을 집중적으로 보살피며 치료하기도 했다. 서서평이 바라본 일제에 의해 억압받는 조선은 고난으로 가득 차 있었다. 그녀는 1921년 미국 내슈빌의 선교부에 보낸 편지에서 다음과 같이 조선의 여성을 묘사했다.

> 이번 여행에서 500명이 넘는 조선 여성을 만났지만 이름을 가진 사람은 열 명도 되지 않았다. 조선 여성들은 '돼지할머니' '개똥 엄마' '큰 년' '작은 년' 등으로 불린다. 남편에게 노예처럼 복종하고 집안일을 도맡아 하면서도, 아들을 못 낳는다고 소박맞고…이들에게 이름을 지어주고 한글을 깨우쳐주는 것이 나의 가장 큰 기쁨 중 하나다.[59]

자신을 낳아준 어머니로부터 두 번이나 버림받은 아픈 상처가 있었지만, 그것은 오히려 서서평이 조선의 여성과 사회적 약자들을 그리스도의 사랑과 긍휼의 마음으로 공감하며 돌볼 수 있게 해 주었다.

무등신학을 형성한 인물들인 최흥종, 강순명, 조아라, 이세종, 이현필 등이 공통적으로 지녔던 신행일치의 삶이 서서평에게도 뚜렷하게 드러난다. 실제로 그들과 긴밀하게 교제하며 동역을 하기도 했던 서서평으로서는 어쩌면 당연한 모습이었을 것이다. 전문적인 신

---

[59] 양창삼, 『조선을 섬긴 행복: 서서평의 사랑과 인생』, 365-366.

학교육을 통해 목회자가 되어 선교사로 파송을 받아서 조선에 온 것이 아니었지만, 일부 선교사들의 태도와는 달리 서서평은 오히려 오늘날 선교적 교회의 관점에서 바라볼 때 누구보다 온전한 선교사의 인생을 살았다. 당시 조선에 와서 사역한 선교사들 가운데 일부는 승마와 각종 여가를 즐기고, 좋은 주택을 건축하거나 그것을 소유하고 관리하면서 부를 과시하기도 했다고 전해진다. 때로는 조선인 하인들을 두기도 했고 심지어 건축 공사 등의 문제로 조선인들과 마찰이 발생하기도 했다. 반면에 서서평은 믿음과 행동을 일치하여 낮은 땅에 임하신 그리스도의 삶을 낮은 땅 조선의 어머니가 되어 몸소 실현해갔다.[60]

서서평은 선교사로서 받는 지원금으로 비교적 안정된 삶을 이어갈 수 있었으나 식민지가 되어 극심한 가난으로 어려움을 겪던 조선의 현실을 외면하지 않았다. 동료 선교사들과 다르게 사는 것으로 인해 때로는 차별대우를 받으며 소외를 당하기도 하는 힘든 상황을 겪기도 했지만, 지원금의 절반을 헌금하고 14명의 입양 자녀를 돌보며 38명에 달하는 과부들과 함께 살았다. 또 자신이 설립한 한국 최초의 여성신학교인 이일학교의 운영비도 책임져야 했으므로 항상 검소하게 살았다. 이로 인해 결국 심각한 영양실조가 원인이 되어 54세로 삶을 마감하였다.[61]

평소에 서서평이 머물던 방에는 "성공이 아니라 섬김"(Not success,

---

[60] 임희모, 『서서평, 예수를 살다』, 34-35.
[61] 위의 책, 38-40.

but service)이라는 좌우명이 붙어 있었다고 한다.[62] 오늘날 역설적이게도 전남 지역 선교의 아버지로 불리는 유진 벨 기념관에는 이 문구가 중앙에 자리하고 있다. "조선의 마더 테레사"로 불리기도 했던 서서평은 다음과 같은 말을 남겼다.

> 나는 물질문명이 발달한 서양 태생이면서도 동양의 청빈 사상을 더 좋아합니다. 왜냐하면 예수님은 머리 둘 곳도, 두 벌 옷도 갖지 않으셨을 만큼 청빈하셨기 때문입니다.[63]

호남신학대학교의 선교사 묘역에 마지막으로 머문 서서평의 아름다운 인생의 흔적은 오늘도 천국의 기쁨이 되어 무등의 비전을 이어가는 원동력이 되고 있다.

9) 유화례, 뿌리 깊은 나무가 되어 무등의 열매를 맺다

전례를 찾아보기 어려운 코로나19가 휩쓸고 지나간 지구 시민의 삶의 현장에는 포스트 코로나 시대에 대한 어두운 전망이나 두려움보다는, 지금 우리가 맞이한 세상은 기후위기와 팬데믹 그리고 전쟁도 망설이지 않고 수행하는 정치적 격변의 위험에 둘러싸인 중대한 시기를 보내고 있다는 현실적 자각이 더 선명하다. 하지만 소용돌이 치는 복합적인 혼돈 속에서도 생명을 존중하고 상호연관성의 가치를 고양한 인물들의 삶은 무등의 내러티브를 견고하게 구축해온 토

---

62) 양창삼, 『조선을 섬긴 행복: 서서평의 사랑과 인생』, 436-437.
63) 위의 책, 236.

대가 되어 다시금 상생과 공존의 미래를 꿈꾸게 한다.

특히 방랑하는 나그네와 같이 낯선 조선 땅에 과감히 발을 내딛고 복음의 능력으로 51년의 세월 동안 광주를 중심으로 하여 생명을 존귀하게 여기며 아낌없이 주는 사랑을 실천한 유화례(Florence Elizabeth Root, 1893-1995) 선교사의 인생은 어두운 밤하늘의 별과 같이 빛나고 있다.

목회자 중심의 선교사에 대한 논의를 보편적인 것처럼 여기던 시대에는 전문인 선교사에 관한 연구가 상대적으로 활발하게 이루어지지 않았다. 하지만 선교적 교회와 관련한 관심의 증폭과 사회윤리적이고 현실참여적인 그리스도교의 공공성에 대한 강조가 진행되면서 사회의 다양한 삶의 현장에서 수고했던 그들의 노고를 재조명하게 되었다. 특히 광주와 전라권에서 그러한 역할을 독보적으로 감당하여 "광주의 어머니"로 불리던 두 인물이 바로 서서평과 유화례 선교사다.

서서평이 간호사 출신의 의료 선교사로 활동하였다면, 유화례는 수학 교사 출신의 교육 선교사로 광주에 거점을 두고 한국 역사의 굴곡마다 복음에 기초한 가르침과 광범위한 영역에서의 전도에 평생을 헌신했던 선교의 어머니였다. 당시 광주시 양림동에는 미국 남장로회에서 파송한 독신 여성 선교사들을 위한 숙소가 있었는데 두 사람은 그곳에서 8년간 함께 지냈고, 서서평 선교사가 12년 앞서 태어났으며 조선에도 15년 먼저 입국하여 사역을 시작했으니 여러 가지 면에서 유화례 선교사에게 끼친 영향이 컸을 것이라는 추측이 가능하다. 두 사람 모두 독신이면서 비교적 늦은 나이에 조선에 선교사로 파송되었으며 일평생을 아낌없는 희생으로 이 땅의 고통받

는 사회적 약자들의 생명을 구원하고 사랑하는 일에 헌신했다.[64]

유화례는 미국 뉴욕 주의 작은 마을에서 농부의 딸로 태어나 비교적 안정된 환경 가운데 학업에도 뛰어난 재능을 보였다. 당시 미국 사회에서는 여성의 교육 평등권이 완전하게 보장되지 않았기 때문에 여성들은 주로 여자대학교에서 학업을 수행했다. 그 가운데 유화례는 매사추세츠 주의 명문 여자대학인 스미스대학교에서 수학했으며, 졸업 후에는 약 5년간 고등학교 수학 교사로, 약 4년간은 일반 직장에서 근무하다가, 출석하던 교회에서 열린 3주간의 부흥사경회를 통해 복음 사역을 위해 헌신하기로 작정하였다고 한다.

이것이 계기가 되어 버지니아 주의 리치몬드에 위치한 성서학교에서 공부하면서 본격적으로 사역을 준비하는 과정 가운데 이루어진 남대리(LeRoy Tate Newland) 선교사와의 만남은 광주의 여학교를 향한 선교의 구체적인 비전을 실행하는 출발점이 되었다.[65] 유화례는 남장로회의 선교사로 파송받아 1927년에 광주에 도착하였고 한국어를 공부하면서 수피아 여학교에서 음악과 영어를 가르치며 사역을 시작하였다.[66]

유화례는 「전남매일신문」에 기고한 '수피아와 나'라는 제목의 글에서 자신의 이름의 유래에 대해 다음과 같이 설명했다.

---

[64] 양국주, 『남자 좀 삶아주시오—유화례의 사랑과 인생』 (서울: Serving the People, 2015), 100-103.

[65] 위의 책, 26-27.

[66] 유화례, 『유화례, 한국 선교와 전라도 선교의 어머니』, 안영로 엮음 (서울: 쿰란출판사, 2013), 13.

나는 한국에 머무르는 동안 예쁘고 고운 이름을 얻었다. 지금 내 이름인 유화례(柳華禮). 처음엔 화(花)자로 썼으나 이것이 좋지 않다는 한국인 친구들의 말에 화(華)자로 고쳤다. 내 이름이 유화례가 된 것은 내 원명(Florence E. Root) 중 유(柳)자는 Root 즉, 뿌리를 뜻함이고 화(華)자는 Florence를 해석하여 꽃을 뜻해서 지어진 것이고 례(禮)자는 여자 이름에 흔히 붙는 것이라 해서 된 것이다.[67]

한국식 이름의 의미처럼 선교사는 조선 땅에 복음의 꽃을 피우기 위하여 광주에서만 51년 동안의 긴 세월을 마치 한 곳에서 움직이지 않는 나무의 뿌리가 되어 많은 열매를 맺을 수 있도록 살았다. 나무가 지구상에서 가장 나이가 많은 생명체로 존재할 수 있는 이유도 평생 한 장소에 머물지만 처지를 탓하지 않고, 세월에 따라 변하는 환경의 영향에 대해 두려워하지 않으며, 묵묵히 뿌리를 내리고 꽃을 피우고 열매를 맺는 본연의 일에 최선을 다하여 견뎌냈기 때문이 아닐까?

유화례는 광주에 선교사로 파송되어 4년간 머물다가 고향의 모친이 위독하다는 소식을 듣고 안식년을 맞이하여 잠시 미국으로 돌아가서 명문의 상징인 아이비리그에 속하는 컬럼비아대학교에서 교육학 전공으로 대학원 석사과정을 마치고 1933년에 귀국했다. 이때부터 유화례는 수피아의 교장으로 1937년 학교가 신사참배에 반대하여 자진 폐교할 때까지 시무하였다. 그 이후 여수의 애양원에서 한

---

[67] 위의 책, 21.

센인들을 돌보고 농촌 지역을 중심으로 복음을 전하며 사역을 이어가다가 1942년에 일제에 의해 강제로 추방되어 미국으로 돌아갔다.

지금과는 달리 당시 광주에서 미국으로 가는 길은 약 한 달 정도의 오랜 시간이 걸리는 멀고도 힘든 여정이었다고 한다. 하지만 유화례는 환경과 상황에 굴하지 않고 여전히 조선에서의 선교 열정을 이어갔다. 5년간 미국에 체류하는 동안에 선교 본부의 요청에 따라 순회강연을 하면서 한국의 비참한 실상과 일제의 극악무도함을 소개하며 한국의 독립을 위해 눈물로 호소했다. 해방이 되자 1947년에 광주로 돌아와서 이듬해 수피아여자중학교 교장으로 재취임하여 잠시 활동하다가 다시 그 이듬해에 교장직을 사임하고 도서지방과 화순군 동복 지역 등을 중심으로 심방을 통한 선교에 전념했다.[68] 무등신학을 형성한 다른 전도자들처럼 유화례는 방랑하는 사람이 되어 곳곳을 다니며 그리스도의 사랑으로 가난하고 병든 사람들에게 복음을 전하는 사명을 다한 것이다.

유화례는 1950년 6·25전쟁 중에도 고통받는 한국 교회와 백성들을 외면할 수 없어서 미국 대사관의 긴급 철수명령을 거부하고 광주에 남았다. 선교사는 광주의 고아들을 목포로 이송하도록 돕거나 피난 가는 교인들을 돌보다가 동광원 사람들인 이현필, 정인세, 조용택 등의 도움으로 화순군 능주면 화학산과 인근의 농가에서 76일간 피신할 수 있었다.

광주로 돌아온 유화례는 수피아 여학교의 교장으로 재취임하여

---

[68] 양국주, 『남자 좀 삶아주시오—유화례의 사랑과 인생』, 324-328.

10년간 재임하면서 동광원을 돕기도 하고 최흥종 목사가 세운 무등산의 결핵 환자를 위한 요양소인 송등원에 방문하여 사역하였고, 이일학교와 숭일학교의 교장직도 잠시 겸직하는 등 전쟁 이후 광주 지역의 교육 환경 안정화를 위해 노력했다. 교장직을 사임한 후에 1963년 70세로 한국에서 선교사로서의 공식적인 임무를 마치고 정년퇴직하여 잠시 미국으로 귀국했다.

그러나 주변의 만류에도 불구하고 여생을 자신이 평소에 영원한 고향으로 생각했던 한국에서 보내기로 작정하고 이듬해에 선교부의 후원도 없이 광주로 돌아왔다. 유화례는 양림동 집에 거주하며 광주교도소 사역과 조아라 장로를 통해 시작된 계명여사와 YWCA 등에서 가르치는 사역을 지속했다. 하지만 85세가 되던 해에 자신의 노년이 사랑하는 한국인에게 부담될 것을 염려하여 미국으로 돌아간 후에 버지니아 주의 해리슨버그에 있는 장로교선교사 은퇴 요양원에 머물며 여생을 보내다가 103세가 된 1995년에 하나님의 부르심을 받았다.[69]

2003년에 발표된 어느 연구에 의하면 1880년대에 시작된 개혁교회 전통의 한국 선교 역사에서 초기에 조선에 파송된 미국 선교사들 가운데 약 60%가 여성 선교사였으며. 그중 32%가 전문직 미혼 여선교사였다고 한다. 특히 여선교사들 가운데 77%가 10년 이상 한국에서 활동했으며, 30년 이상을 사역한 선교사는 28%, 일제강점기에 자진 철수하거나 강제 추방되었다가 재입국한 여선교사는 약

---

69) 위의 책.

10%에 이른다고 조사·발표되었다.[70] 한국 교회의 역사에서 그동안 여성의 역할이 중요한 비중을 차지할 수 있었던 것은 초기 선교사의 상당수가 여성 전문인 선교사였기 때문이라는 추측이 가능한 부분이다. 특히 그들은 누구보다 한국과 한국인들을 사랑했고, 조선을 자신들의 단순한 사역 현장만이 아닌 제2의 고향으로 여겼으며, 마지막 주님의 부르심을 받을 때까지 이 땅에 머무르기를 소망했다.

그들의 아낌없이 주는 나무와 같은 인생을 대할 때마다 우리의 삶이 단순해지고 단단해지는 느낌이 드는 이유는 무엇 때문일까? 그것은 코로나19를 경험하면서 자각한 모든 존재의 연결성과 상호작용에 대한 깨달음이다. 소비지향적 자본주의로 인해 그동안 서서히 잃어버린 능력인 아무런 조건 없이 나 아닌 다른 존재를 사랑하는 능력을 되찾는 희망을 그들에게서 발견한다. 이것은 무등 세상을 품는 하나의 이야기로 우리의 것이 된다. 예수의 이야기(Jesus story)를 담아낸 전달자의 이야기(messenger story)는 이제 우리의 이야기(we story)가 되어 오늘 우리에게 내일의 열매를 맺게 한다.

10) 포사이드의 짧지만 강렬한 흔적, 광주의 아버지를 낳다

오늘날의 세계는 제4차 산업혁명 시대를 말하며 방대한 정보와 지식이 하나의 온라인 생태계로 융합하여 인공지능과 사물인터넷 등이 주도하는 새로운 미래를 예측하게 하고 있다. 그러나 이에 대해 우리가 낙관적으로만 전망할 수 없는 것은 개방된 인터넷 공간

[70) "조선파견 여 선교사의 역사적 성격", https://www.christiantoday.co.kr/news/152600 2022년 12월 19일 접속함.

에 남기는 우리의 흔적이 때로는 해결하기 어려운 문제가 되어 아무리 노력해도 사라지지 않기 때문이다. 미처 알지 못하는 순간에도 내가 온라인상에 남긴 사진이나 댓글 혹은 '좋아요' 버튼은 흔적으로 남아 누군가에게 읽힌다고 생각하면 흔적 처리가 이전보다 더 중요해진 시대라는 것을 알게 된다. 더구나 때로는 의도하지 않거나 예상하지 못하고 남긴 나의 흔적이 누군가에게 상처를 주거나, 순간적인 감정을 주체하지 못하고 남긴 나만의 상상이 마치 가짜뉴스처럼 조작되어 유포된다면 파급효과는 눈덩이처럼 불어날 수도 있을 것이다.

그러므로 되도록 흔적을 남기지 않는 삶이 더 안전하고 평화로울 수 있다고 생각하여 SNS 등의 온라인상에서의 활동을 한시적으로 단절하고 미디어 금식의 형태로 특별한 시간을 보내는 방법을 제안하기도 한다.

하지만 코로나19로 인해 급속도로 가까워진 비대면 사회의 현실은 인터넷 공간에서 흔적을 남기지 않고 살아가는 일이 더 어려운 세상이 되었다는 것이다. 내가 남긴 모든 흔적이 쌓여 물리적인 세상이 아닌 가상 세계에서의 '또 다른 나'를 만들고, 때로는 더 폭넓은 관계를 수립하기도 하며 온라인과 오프라인 현장에서 나의 정체성을 형성해 간다.

그러므로 비록 그것을 남기는 당시에는 별것 아닌 것처럼 보이는 흔적도 우리가 진심을 담아 그 누구도 상처받지 않도록 신중하게 행동할 필요가 있다. 인생의 시계는 종종 우리가 기대하고 예측한 방향으로 흘러가지 않는다. 그렇다면 아무도 보는 사람이 없는 순간에도 여전히 존재하는 하나님을 의식하며 모든 순간을 산다면 하루를 살아도 의미 있는 인생이 될 수 있을 것이다. 이처럼 짧았지만 강렬하게 무등의 선교역사에 십자가 사랑의 흔적을 남긴 사람이 바로 윌리 포사이드(Wiley Hamilton Forsythe, 1873-1918) 선교사이다.

포사이드는 1873년 12월 25일 미국 켄터키 주에서 태어나 프린스턴대학교와 루이빌 의과대학교에서 공부했다. 졸업 후에는 인턴 과정을 마치고 미국과 스페인 간의 전쟁이 벌어진 쿠바에 군의관으로 참전했으며, 전역 후에는 뉴욕 빈민가에서 의료봉사 활동을 하였다. 고향으로 돌아와 병원을 개업했으나 그는 선교에 대한 도전을 받고 선교사로 지원하게 된다. 그에게 선교사가 되도록 영향을 준 사람은 켄터키 주 동향의 선교사로 군산에서 선교하며 오긍선을 후원한 알렉산더 선교사였다. 오긍선과 포사이드는 루이빌 의과대학교의 동문이었기 때문에 어느 시점에서 서로 만났을 것으로 추측된다. 1904년 미국 남장로회에서 의료 선교사로 전주에 파송된 포사이드는 전주 예수병원에서 환자를 돌보면서 기회가 생길 때마다 시장에서 전도했다.[71]

그는 1905년 한국에 도착하여 4개월 정도 지났을 때 강도의 습격을 받은 전주 근방의 양반집에서 부상자를 치료해 달라는 요청을 받고 찾아가서 부상자를 치료하고 밤이 늦어 그 집에 머물게 되었다. 그런데 그날 밤 강도들이 다시 몰려와서 포사이드를 경찰로 오

---

71) 차종순, 『손양원—애양원과 사랑의 성자』 (서울: KIATS, 2008), 56-59.

인하고 칼로 그의 머리와 귀, 목에 깊은 상처를 입히고 달아났다. 그는 피를 많이 흘려 죽을 고비를 맞이하기도 했으나 왕진했던 가족의 간호와 마을 한의사의 응급조치로 겨우 목숨을 구했다. 이후 군산과 전주의 병원을 거쳐 서울로 후송되어 세브란스병원에서 약 1년간 치료를 위해 노력했으나 결국 완치와 회복을 위해 남장로회 선교부는 그를 미국으로 소환해야만 했다. 그가 서울과 미국에서 약 3년간 치료받는 동안 전라 관찰사가 강도 사건의 주범들을 체포하고 포사이드에게 사건에 대한 경과를 알리며 처벌에 관해 묻자 그는 그들을 아무런 조건 없이 용서한다고 대답했다고 한다.[72]

포사이드는 강도 만난 사람의 생명을 구하기 위해 왕진을 갔다 억울하게 오해를 받아 강도에게 상해를 입은 일로 선교 사역을 준비하는 단계에서 중단해야 했다. 특히 서울에서 1년과 미국에서의 2년에 이르는 장기간의 치료 과정에서 선교를 포기하고 싶은 마음이 생겼을 수도 있다. 하지만 그는 좌절하지 않고 다시 한국에 돌아올 용기를 내었다. 더구나 자신에게 큰 상해를 입힌 강도를 용서하자 마음의 벽을 쌓고 복음을 수용하지 않던 전주의 양반층이 교회 구성원이 되는 놀라운 일이 일어났다. 당시 포사이드를 통해 치료받은 양반이 복음을 받아들이고 교회에 출석하게 된 것이다.

포사이드가 미국에서 상처를 치료받고 돌아와서 1909년 목포에 의료 선교사로 파송받게 되자, 관찰사에서부터 지게꾼에 이르기까지 전주에서는 1,000여 명이 포사이드를 다시 전주로 보내 달라는

---

[72] 위의 책, 61-62.

탄원서를 제출했다고 한다. 탄원서에는 충직하고, 사랑스럽고, 감사할 줄 아는 사람인 포사이드를 그리워하는 마음이 생생하게 드러나 있었다고 한다.[73]

목포에서 사역하던 포사이드는 오웬 선교사의 위독한 병세에 대한 연락을 받고 그를 치료하기 위해 1909년 4월 광주로 향했다. 영산포에서 내려 조랑말을 타고 광주로 가던 그는 길가에 쓰러져 있던 한센병 환자 여인을 발견하자 외면하지 않고 그 여인을 자신의 말에 태우고 자신은 말고삐를 잡고 걸어서 광주로 들어왔다. 본래의 목적이었던 오웬 선교사의 치료는 그가 이미 급성 폐렴으로 하나님의 부름을 받은 후였기 때문에 해결할 방법이 없었다. 하지만 선교사에 남을 만한 일을 주도했는데, 당시 광주에 도착한 포사이드가 말에서 한센병 환자 여인을 안아서 내리는 것을 지켜보고 있던 최흥종은 마음에 충격을 받았다. 그 일이 계기가 되어 그는 선교사들을 도와 한센병 환자와 각종 사회적 약자를 돕는 일에 일평생 헌신하여 광주의 아버지가 되었다.[74]

당시 포사이드에게 광주는 낯선 지역이었고 잠시 방문하는 곳이었으므로 광주 제중원에서 의료 선교사로 사역하던 윌슨을 만나 한센병 환자에 대한 치료와 거처를 부탁했다. 하지만 마땅한 곳이 없어서 광주 외곽의 가마터를 발견하고 그곳을 그 여인의 임시 거처로 정하고, 선교사들이 쓰던 침구와 옷가지를 얻어 챙겨주고는 목포로 돌아왔다.

포사이드 선교사와 길가에 쓰러져서 죽어 가고 있던 한센병 환자

---

73) 위의 책, 66-67.
74) 엄두섭, 『좁은 길로 간 믿음의 사람들』(서울: 도서출판 소망, 1994), 276.

와의 짧은 만남은 한국에 한센병 환자를 위한 병원이 최초로 세워지는 계기가 되었다. 포사이드가 목포로 돌아간 후에 서양인 의사가 나병 환자를 극진히 보살펴 주었다는 소문이 퍼지자 각처의 한센병 환자들이 하나둘씩 광주로 모여들기 시작했다고 한다.

포사이드의 동료 선교사였던 윌슨을 비롯해 광주 지역 선교사들은 포사이드의 헌신적인 행동에 감명을 받고 그리스도의 사랑으로 한센병 환자들을 치료하기 위한 병원 설립을 도모하였다. 하지만 일부 광주 시민들이 광주 중심부에 병원을 설립하는 것을 반대하자 선교사들은 1912년 최흥종이 기증한 광주군 효천면 봉선리의 1,000평 부지에 한센병 환자 수용소와 병원을 세웠다. 포사이드가 한 명의 한센병 환자를 지나치지 않고 우연히 만난 것과 그 현장을 목격한 최흥종의 각성이 계기가 되어 이루어진 일이다.[75]

포사이드는 강도에게 심한 상해를 입은 후유증과 영양결핍을 일으키는 풍토병인 스프루에 감염되어 선교지에서 계속해서 사역할 수 없게 되었고, 1911년 결국 미국으로 돌아갔다. 그는 투병 중에도 7년 가까이 미국 각지를 순회하며, 복음화를 위해 조선의 사정을 알려 선교사들을 보내는 일에 힘썼고, 특히 한센병 환자를 돕기 위한 성금을 모금하기도 하다가 1918년 45세의 나이에 하나님의 부름을 받았다.[76]

사람들은 '동병상련'(同病相憐)이라는 말로 같은 아픔을 겪어 본

---

75) 이덕주, 『광주 선교와 남도 영성 이야기』 (서울: 도서출판 진흥, 2008), 112-117.
76) 차종순, 『손양원-애양원과 사랑의 성자』, 73-75.

사람이 환자의 고통에 대해 더 진심으로 공감할 수 있다는 사실을 표현한다. 선교의 열정을 가지고 조선에서 사역을 시작한 포사이드는 강도를 만나서 생명이 위태로울 정도의 위험을 겪었지만 5년의 길지 않은 사역 기간에 주목할 만한 성과를 이루었다. 그것은 당시 아무도 관심을 두지 않았던 한센병 환자들을 그리스도의 마음으로 돌보도록 사람들에게 도전을 주어 병원을 설립하게 한 것과 광주의 아버지로 불린 최흥종을 각성시킨 일이었다. 그 만남은 짧았지만 강렬한 흔적이 되어 그의 인생에 무등 세상을 향한 패러다임의 전환을 가져왔다.

최흥종은 1960년 「호남일보」에 기고한 글에서 당시의 만남을 회고하며 "그 당시 교회 집사직으로 있으면서 제법 믿는다고 하던 나였지만 사랑의 진정한 의미를 깨닫지 못하고 있었는데, 포사이드 선교사의 그와 같은 사랑의 행동을 보고 나서야 비로소 깨닫게 되었다"라고 고백했다.[77] 남다른 아픔을 경험했지만 좌절하지 않고 선한 의지로 고통 가운데 있는 누군가를 가슴으로 감싸는 사랑의 행동은 차별과 배제가 없고 고통과 신음이 사라지는 참된 무등의 하나님 나라를 이 땅에서 실현하는 일이다.

11) 걸인들의 친구 카딩턴, 예수 향기 발하다

광주와 전라권을 중심으로 한센병 퇴치에 기여한 미국 남장로회 선교사가 포사이드였다면, 6·25전쟁 이후 급격하게 늘어난 결핵 환

---

[77] "다섯 가지 욕망을 다 버린 큰 사람," https://www.ajunews.com/view/20210415101603049 2022년 12월 19일 접속함.

자들의 치료에 중요한 역할을 감당한 선교사는 허버트 카딩턴(Hebert Augustus Codington Jr., 1920-2003)이었다. 그는 1949년 한국에 파송되어 광주기독병원의 원장으로 사역하기도 하면서 25년간 철저한 섬김과 비움, 나눔의 삶을 통해 예수님처럼 병자들의 친구가 되어 복음을 전하고 사랑을 실천한 무등신학의 대표적인 인물이다. 카딩턴은 한국에서의 사역을 마치고 1974년 당시 지구상에서 가장 가난한 나라였던 방글라데시로 사역지를 옮겨 또 다른 25년을 고통받는 사람들과 함께 살며 그들을 그리스도의 마음으로 섬겼다. 그렇게 아름다운 인생을 살다가 아무것도 남기지 않고 하나님의 부름을 받은 그의 이야기는 『거지 대장 닥터 카딩턴』을 통해 대중에게 알려졌다.[78]

그는 1920년 미국 노스캐롤라이나 주의 의사 집안에서 태어나 아이비리그에 속한 코넬대학교 의대를 마치고 병원에서 인턴 생활을 하면서 인생의 방향을 결정짓는 성서의 말씀과 만났다. 그것은 허탄한 자랑을 경고하며 선행을 강조한 야고보서 4장 17절 "사람이 선을 행할 줄 알고도 행하지 아니하면 죄니라"이었다. 평생을 통해 최고의 가치로 여긴 그의 신행일치(信行一致)의 삶은 이 말씀에서 시작되었다.

카딩턴은 처음에는 의료 선교사가 되기 위해 중국을 마음에 두고 리치몬드의 유니온 신학교에서 신학을 공부하였고, 변화된 국제 정세의 흐름에 따라 미국 남장로회 선교부에서 중국이 아닌 한국 파송 선교사로 임명받게 되자 예일대학교에서 한국어를 공부하면서

---

78) 이기섭, 『거지 대장 닥터 카딩턴』 (서울: 좋은씨앗, 2019), 302-303.

본격적인 준비에 들어갔다. 세상의 유한하고 허탄한 자랑을 헛된 것으로 여기고 주께서 그에게 선을 행할 수 있도록 주신 의술과 신앙으로 적극적인 실천을 도모한 것이었다.

카딩턴은 본래 독신으로 선교지에 갈 계획이었으나 중국 선교사의 딸로서 예일대학교에서 선교사로 나갈 준비를 하고 있던 메리 리틀페이지 랭카스터(Mary Littlepage Lancaster)를 운명적으로 만나 비전을 공유하며 1949년에 결혼하고 곧바로 한국 선교의 길에 동행하게 되었다.[79]

6·25전쟁 중에 부산과 목포 등지에서 피난민을 치료하던 카딩턴은 1951년에 광주 그래함기념결핵요양소로 사역지를 옮겼다. 전쟁으로 폐허가 된 광주에서 영양실조와 인구과밀로 인해 급증하는 폐결핵 환자들의 치료가 급선무였는데, 오늘날 광주기독병원의 전신인 제중병원이 10년 만에 다시 본래의 기능을 시작하게 된 것이었다. 당시 전 국민의 80퍼센트 정도가 잠재적으로 결핵균에 감염되어 있었기 때문에 전쟁으로 폐허가 된 나라를 재건하기 위해 결핵 퇴치가 선결 과제였다. 전염력이 강한 결핵을 두려워하지 않으며 몸을 아끼지 않고 환자를 치료하는 카딩턴의 모습에 사람들은 "예수 믿는 것이 고 원장(카딩턴의 한국식 이름인 고허번)마냥 되는 거라면 나도 예수 믿을라요"라고 하며 복음 전도가 저절로 이루어졌다.[80]

그가 선교지에서 평생 지켜온 몇 가지 원칙들이 있는데, 그 내용은 다음과 같다.

---

79) 위의 책, 49.
80) 위의 책, 62.

첫 번째, "네가 가지고 있거든 오늘, 지금 필요한 사람들에게 주라. '내일', 혹은 '다음에'라고 말하지 말라. 그러면 늦는다."

두 번째, "구걸하는 사람들을 거절하지 말라. 열 명이 거짓말을 해도 그중에는 진실로 그 돈이 꼭 필요한 사람이 한 명은 있다."

세 번째, "이 세상 재물은 내 것이 아니다. 하나님이 원하시는 곳에 쓰면 주님이 채워 주신다."

그가 평생 '거지 대장'이라는 별명을 가지고 사역하게 된 것은 이처럼 아무리 사람들이 자신을 속이고 잘못된 방법으로 자신에게 돈과 필요한 것을 요구한다고 해도 언제나 거절하지 않고, 때로는 알고도 속아주면서 다 베풀었기 때문이다.[81] 그래서 그의 곁에는 언제나 걸인들이 함께 있었다. 또 정작 모두 남에게 전부 나누어주고 자신은 가진 것이 별로 없어서 늘 검약한 생활을 해야 했기 때문에 스스로 걸인처럼 행색을 하고 다녔다. 이처럼 카딩턴은 고아와 과부와 나그네와 병자의 친구로 세상에 계셨던 예수님을 생각나게 하는 사람이었다. 예수님의 복음을 잘 전하는 선교사가 있는가 하면, 자신이 믿는 예수님의 말씀대로 실천하는 선교사가 있다. 제중병원을 찾은 환자들 가운데 다수는 카딩턴을 예수님 잘 믿고 그대로 행하는 선교사로 여겼으며, 자신들도 그를 따라 살기 위해 희망을 놓지 않고 살아남아 목사와 의사가 되어 제2, 제3의 카딩턴 선교사로 살아

---

81) 위의 책, 84.

갔다.

평소에 아이들을 좋아했던 카딩턴은 자신의 여섯 명의 자녀들과 더불어 거리에서 구걸하며 방황하는 아이들이나 고아, 결핵에 걸려서 갈 곳이 없는 아이들을 집에 데려와서 함께 살기도 했다. 사람들은 그를 '고아의 아버지'라고 부르면서 사랑으로 아이들을 돌보는 카딩턴 부부를 존경했다.[82] 선교사의 자녀들은 주일학교도 한국인 교회에 출석하면서 한국 아이들과 함께 자랐으며, 부친의 영향을 받아 두 명은 목사가 되었고 한 명은 전문인 선교사로 활동했다.

하지만 카딩턴에게도 감당하기 어려운 아픔이 있었다. 한국에서 사역하는 동안에 여섯 살이었던 막내 필립을 잃은 것과, 1974년 한국을 떠나 방글라데시에서 사역하는 중에 장녀 줄리아가 미국에서 교통사고를 당하여 스물아홉에 하나님의 부름을 받은 일이었다. 그러나 그는 아이들이 이제 주님 곁에 있다는 확신으로 좌절하지 않고 오히려 자신을 위로하기 위해 모인 사람들을 격려하며 평온한 모습으로 하나님을 향한 신뢰의 마음을 지켰다. 후에 카딩턴은 자녀들의 죽음과 관련하여 다음과 같은 말을 했다.

> 필립을 잃고 나서 하나님의 마음을 더 잘 알게 되었습니다. 나는 여섯 아이 중 하나를 잃었는데도 이렇게 가슴이 아픈데 예수님은 하나님의 단 한 명의 아들이지 않습니까?…그리스도 안에서 모든 문제들을 기뻐합시다![83]

---

82) 위의 책, 111.
83) 위의 책, 270.

전쟁과 극심한 가난, 부정과 부패로 혼란한 나라를 향해 하나님의 소명을 따라 한국에 왔던 선교사들은 외로운 길을 가는 사람들이었다. 상당수가 부유한 집안에서 성장했고 신학과 의학 분야 최고의 명문대학에서 전문적인 교육을 받은 사람들이었으면서도 부와 명예를 추구하기보다는 그리스도의 사랑에 빚진 자의 마음으로 생명을 다해 맡은 일에 충성했다. 카딩턴은 외과 의사인 아버지를 둔 넉넉한 집안 출신이었으나 자신이 소유한 것이 유한하고 지극히 가벼운 것임을 깨닫고 조국을 떠나 한국에서 나일론 셔츠와 단벌 바지, 구멍 난 양말에 흰 고무신을 신고 다니는 것을 부끄러워하지 않았다.

　비록 사람들은 알아주지 않아도 그에겐 같은 길을 가는 무등 세상을 꿈꾸는 동역자들이 있었다. 앞서 살펴본 서서평과 유화례, 그리고 포사이드가 한국을 주님의 마음으로 함께 품었고, 한국인 중에도 카딩턴을 존경하고 그의 사역을 도운 사람들이 있었다. 제중병원에서 퇴원한 결핵 환자들을 위해 오방 최흥종 목사와 YMCA 총무였던 현동완 선생 등이 중심이 되어 1954년과 1956년 무등산에 송등원과 무등원을 세워 환자들이 머물 수 있도록 했다. 이현필의 동광원 사람들이 이곳을 운영하는 일에 앞장섰으며, 그들은 제중병원에서 무료봉사로 환자들을 돌보고 병원 운영에 동참했다. 카딩턴은 그들에게 월급을 10년간 지급했으나 동광원 사람들은 그 돈을 모두 모아서 장애인을 위한 시설인 귀일원을 설립하는 일에 사용했다.[84]

---

84) 차종순, 『성자 이현필의 삶을 찾아서』, 260-267.

포사이드 선교사의 희생적 사랑에 감명을 받고 무등 세상을 실천하는 일에 헌신한 최흥종 목사는 서양 선교사들에게 거침없이 옳은 말을 하는 인물이었다. 카딩턴이 일부 선교사들과는 달리 걸인과 결핵 환자들에게 헌신적인 사랑과 지원을 베풀자 종종 동료 선교사들은 그를 달갑지 않게 여겼는데, 언젠가 카딩턴을 무시하는 다른 선교사들에게 "이제 우리도 예수님 믿을 줄 압니다. 그러니 사람 차별하고 무시하려면 다들 당신 나라로 돌아가세요"라고 야단을 치기도 했다고 전해진다. 세상에서 가난하고 소외된 사람들의 친구가 되어 자신도 소외당했던 예수님처럼 카딩턴, 최흥종, 그리고 이현필 등은 소외당하고 무시받는 것을 오히려 기뻐했다. 그리고 서로는 동지와 친구가 되어 예수의 향기를 내뿜는 무등 세상을 위한 인생을 살았다.

카딩턴은 1969년 작성한 선교편지에서 자신의 소명을 다음과 같이 표현했다.

> 우리 모두는 거지들이고 단지 다른 거지들에게 생명의 빵을 어디서 찾아야 하는지를 가르쳐 줄 수 있을 뿐이며, 예수님과 관계된 것을 제외하고는 우리 가운데 본질적으로나 선천적으로 가치 있고 선한 것은 아무것도 없습니다.[85]

그는 한국과 방글라데시에서 사역하는 동안 세상에서 가난한 사람들과 50년을 함께했다. 두 자녀를 잃었고, 아내는 병이 들었으며,

---

[85] 양국주, "바보라 쓰고 聖者로 읽는다… '결핵환자의 아버지' 허버트 카딩턴", http://monthly.chosun.com/client/news/viw.asp?nNewsNumb=201501100067 2022년 12월 19일 접속함.

자신은 암에 걸렸으나 끝까지 주님을 신뢰하면서 선교사역을 마쳤다. 카딩턴은 오랜 세월의 선교 내용을 담은 선교편지 외에는 자신을 위한 어떤 기록도, 재산도, 기념물도, 기념관도, 단체도 남기지 않았다. 그는 모든 것을 주고 빈손으로 천국을 향해 떠났으나 그리스도로 가득한 무등 사랑의 결정체였다.

3.
교회의 공적 신앙을
실현한 인물들

12) 버림으로 무등 사랑을 실천한 오방 최흥종

1930년대 경제 불황기에 영국의 경제학자 존 케인즈의 유효수요 이론에서 착안한 "소비가 미덕"이라는 말이 유행한 적이 있었다. 당시 세계적인 경제 대공황을 해결하는 데 이 해법은 어느 정도 효력이 있었고, 한때 코로나19로 인해 위축된 경제를 살리기 위한 방안으로 이 말이 다시 소환되어 유행한 적이 있다. 하지만 넘쳐나는 각종 배달용 포장재와 마스크를 비롯한 일회용품과 폐기물 쓰레기를 보면서 우리는 빠져나오기 어려운 물질 소비와 풍요의 환상에 심각하게 중독되어 가고 있는 것은 아닌가 생각해보게 된다.

금단현상이란 "표준국어대사전"의 정의에 따르면 "알코올, 모르핀, 니코틴, 코카인 따위의 만성 중독자가 이런 것의 섭취를 끊었을 때 일어나는 정신 및 신체상의 증상"을 말한다.[86] 이것은 구체적으로 집중력 저하나 두통, 불쾌감에서 우울이나 불안감, 폭력성 증대, 수면장애에 이르기까지 다양한 양상으로 나타난다고 한다. 기후위기와 지구 생태계 붕괴의 비상사태에 직면하여 인류는 여전히 이기적인 소비와 향락 문화의 중독에서 벗어나지 못하고 반강제적인 소비 감소에 의한 금단현상으로 인해 괴로워하고 있는 것이 솔직한 심정이 아닐까? 이제는 소비를 미덕으로 여기는 것에서 해법을 찾는 게 아닌 나눔과 공생의 가치를 높이는 일로 물질 소비의 패러다임을 전환할 필요가 있다.

이 땅에서 이러한 정신을 실현할 수 있는 신학적 실천을 필자는 무등(無等)에서 발견하며, 이것을 잘 나타내주는 대표적인 인물로 오방(五放) 최흥종 목사(1880-1966)를 소개하고자 한다. 그는 광주 불로동의 비교적 유복한 가정에서 태어났으나 순탄하지 않은 가정사의 배경에서 성장했다. 그로 인해 젊은 시절 방황의 세월을 보내다가 선교사들의 희생과 사랑에 감동을 받고 그리스도의 복음을 받아들이게 된다. 그는 1904년부터 1909년 사이에 당시 미국 남장로회 선교사였던 유진 벨(Eugene Bell)과 월리 포사이드(Wiley H. Forsythe) 등을 만나 처음으로 예배를 드리고 그리스도인이 되었다.[87]

최흥종은 일제 강점기와 근대에 이르는 격변기 중에 그리스도교 정신에 입각한 독립운동과 교육 및 사회사업, 선교활동, 빈민구제,

---

86) https://ko.dict.naver.com/#/entry/koko/3af70581d23d4306a3cc2bee618e73a7 2022년 12월 15일 접속함.
87) 이덕주, 『광주 선교와 남도 영성 이야기』 (서울: 도서출판 진흥, 2008), 114.

그리고 한센병, 결핵 환자를 위해 헌신하며 일생을 방랑하는 사람으로 광주와 전라 지역에서 활동한 인물이다. 그는 광주 출신 최초의 목사이자 제주와 시베리아 지역의 선교사로 사역하면서 일생을 이타적인 생명 사랑의 실천을 위해 헌신했다. 또 그는 오늘날 광주의 양림교회, 광주제일교회, 광주중앙교회와 무등산 신림교회, 무등원교회 등을 세우는 데 기여했다. 광주YMCA 설립을 도왔으며, 노동공제회, 신간회, 아편 방독회, 해방 후 건국준비위원회 등의 단체에서 리더로 활약했다.[88]

최흥종이 이처럼 광범위한 섬김의 인생을 살아가게 된 최초의 사건이 1909년에 있었는데 그것은 선교사 포사이드와 그가 도움을 준 어느 여성 한센병 환자와의 만남이었다. 포사이드는 길에서 만난 한센병 환자를 선교부 병원에 데려와 입원시키려고 했으나 사정상 다른 장소로 옮겨야만 했다. 이때 광주 진료소의 의사였던 로버트 윌슨(Robert Wilson) 선교사를 돕던 최흥종은 몸 전체에 피고름과 진물이 흘러내리는 한센병 환자를 포사이드가 아무런 거리낌 없이 돕는 모습과 아울러 자신이 용기를 내어 집어준 지팡이로 인해 미소를 짓는 환자를 통해 감동을 받았다. 그 후로 새로운 인생의 여정을 걸어가기 시작했다.

포사이드 선교사는 최흥종에게 그리스도의 헌신적인 사랑을 보여 준 성자와도 같은 인물이었고 평생 롤 모델로 삼아 따르고자 했던 스승과도 같은 존재였다. 특히 포사이드가 전해 준 말씀인 마가

---

88) (사)오방기념사업회·광주YMCA 편, "오방 최흥종 서거 50주년 기념예배 및 세미나 자료집-오방 최흥종 선생의 생애와 사상," 2016, 12.

복음 10장 29절의 말씀은 그가 그리스도와 복음을 위하여 "집이나 형제나 자매나 어머니나 아버지나 자식이나 전토를 버린 자"로 살아가는 진정한 버림의 삶을 실천하게 된 결정적인 계기가 되었다.[89]

최흥종의 호가 오방(五放)인 것도 이와 관련이 깊다. 그는 55세가 되던 1935년 3월에 그리스도의 십자가를 묵상하다가 자신이 십자가에 못 박히는 고통을 체험했다고 전해진다. 그리하여 지인들에게 "1935년 3월 17일 이후 나 최흥종은 죽은 사람임을 알리는 바입니다"로 시작되는 '사망통고서'를 보낸다. 그리고 같은 해 그는 자신의 친구인 세브란스병원 의사였던 오긍선에게 거세 수술을 받은 후 자신의 호를 오방이라고 지었는데 그 뜻은 다음과 같다.

> 첫 번째, 가사에 방만(放漫) – 즉, 가족에 대해서는 방종한 삶을 버린다.
> 두 번째, 사회에 방일(放逸) – 즉, 사회에 대해서는 안일함을 버린다.
> 세 번째, 경제에 방종(放縱) – 즉, 경제적으로 물질에 예속되는 것을 버린다.
> 네 번째, 정치에 방기(放棄) – 즉, 정치에서는 무관심과 무책임함을 버린다.
> 다섯 번째, 종교에 방랑(放浪) – 즉, 종교에서는 신조 없이 옮겨 다니는 것을 버린다.

---

[89] 연규홍, 『생명나무에 이르는 길–한국 그리스도교 영성사』 (서울: 한신대학교 출판부, 2009), 42.

이것은 한마디로 모든 것으로부터의 진정한 자유를 위해 각종 얽매이기 쉬운 것들을 놓음과 동시에 버림의 인생을 살고자 했던 최흥종의 자기고백이라고 할 수 있으며, 방랑하는 사람으로 사회윤리적인 주제에 적극적으로 응답하려는 선언이기도 했다.[90] 그는 많은 시간을 무등산 골짜기와 산기슭에서 보낸 것으로 알려져 있는데, 세상 모든 존재의 차별이나 배제가 없는 참된 무등이 실현되는 세상을 꿈꾸며 끊임없이 자기비움의 삶을 추구했고, 이생에서의 삶도 95일간의 단식을 마지막으로 모든 것을 버리며 놓는 무등 사랑을 몸소 실천했다.

최흥종에게 붙여진 여러 수식어 중에 "나환자의 아버지"라는 말이 있다. 포사이드 선교사를 만난 것을 계기로 이전과는 다른 인생을 살고자 결심한 그는 오늘날 광주 봉선동에 있던 자신이 상속받은 땅 1천 평을 기증하여 윌슨 선교사가 '인도와 동양 한센병 선교회'를 통해 지원받은 5천 달러로 '광주 나병집단진료소'를 설립하도록 도왔으며, 이것은 후에 한국 최초의 한센병 전문병원으로 발전하는 시초가 되었다.

모두가 두려워하며 피하기만 하던 한센병 환자를 돌보면서 최흥종은 전에 미처 경험해보지 못한 인생의 보람과 충만함을 느꼈다고 전해지며,[91] 그것은 제자들을 향한 주님의 말씀인 마태복음 10장 42절의 "또 누구든지 제자의 이름으로 이 작은 자 중 하나에게 냉수 한 그릇이라도 주는 자는 내가 진실로 너희에게 이르노니 그 사람이 결단코 상을 잃지 아니하리라"는 믿음에서 나온 행함이었을 것이다.

---

90) 차종순, 『성자 이현필의 삶을 찾아서』 (광주: 대동문화재단, 2010), 69-70.
91) 오방기념사업회, 『화광동진의 삶』 (광주: 전일실업(주)출판국, 2000).

당시 광주 나병집단진료소는 한센병 환자의 치료시설이면서 거주시설의 중심이었고, 또한 환자들을 위한 봉선리교회, 학교, 자립을 돕는 직업훈련원의 기능을 하는 복합적인 공간이었다. 이러한 소문을 들은 전국의 한센병 환자들이 찾아와 그 수가 천여 명에 달하였다. 이처럼 늘어나는 한센병 환자를 다른 지역으로 이주시켜야 한다는 지역 주민들의 민원으로 순천과 여수의 중간에 위치한 전남 여천군 율촌면 신풍리의 바닷가에 15만 평의 부지를 구입하여 한센병 환자의 집단촌(오늘날의 애양원)을 형성하고 1925년부터 이주를 시작하여 그들에게 새로운 보금자리를 마련해 주었다.[92]

　　당시 한국의 한센병 환자들은 광주의 나병원을 중심으로 대구와 부산 등지에 집단촌을 형성하고 단체생활을 시작하였으나 주로 해외원조에만 의존했기 때문에 미국에서 경제 대공황이 발생하자 생활이 어려워졌다. 따라서 이들은 자구책으로 나환자 공제협회를 창설하고 모든 모금업무를 최흥종에게 맡겼다. 그러나 이것만으로는 집단촌을 운영하기에 역부족이었다. 근본적인 해결책을 마련하고자 1928년 '조선 나병근절책연구회'를 발족하고 전국적인 규모로 확장시켜 윤치호 등 38명이 발기인으로 참여하도록 하고 최흥종은 총무가 되어 실무를 담당하게 되었다. 이들은 한센병 환자의 치료와 생계문제, 음성 환자의 자립을 위한 정착촌을 세워달라고 총독부에 진정서를 보내며 탄원하기도 했지만 반응이 전혀 없었다. 이에 최흥종은 1933년 광주에서 한센병 환자 150명과 함께 경성 조선총독부까지 걸

---

[92] 연규홍, 『생명나무에 이르는 길-한국 그리스도교 영성사』, 44.

어가는 비폭력 시민불복종운동으로 '나환자대행진'을 계획하고 실행에 옮긴다.[93]

최흥종은 늘어나는 한센병 환자의 수에 비해 턱없이 부족한 치료시설과 재활, 그리고 정착촌 확충 등 한센병 환자들의 생존 문제를 해결하기 위해서는 국가가 나서야 한다는 생각으로 전라남도 도지사에게 대책을 마련해 주도록 요구했다. 그러나 당시 일본인 야지마 지사는 이를 거부했고, 결국엔 경성으로 가서 직접 조선총독부의 총독을 만나 요구를 관철시키자고 의견을 모아 구라대행진이 성사된 것이었다. 그는 제중원(현 광주기독병원)의 간호사였던 서서평 선교사와 함께 이 행진을 추진했는데, 오랫동안 지병을 앓던 서서평은 행진을 마치고 건강이 악화되어 주님의 부름을 받는다. 당시 구라대행진을 진행할 때 이들에게 가장 큰 애로사항은 숙식 해결이었다. 그런데 행진 도중 많은 동포들이 십시일반으로 잠자리와 먹을 것을 지원하고 격려해 주었다는 훈훈한 이야기가 전해진다.[94]

13) 사회적 약자를 우선으로 배려하는 하나님 나라의 삶

오방 최흥종과 서서평 선교사에 의해 주도된 한센병 환자를 구호하기 위한 나환자 행진에 대한 소문은 전국 각지로 퍼졌다. 이 소식을 듣고 참여한 한센병 환자들은 한두 명씩 일행에 합류하기 시작하여 마침내 11일 만에 경성에 도착했을 때는 4백여 명이나 되었다. 총독부에 도착한 그들은 7시간 동안 연좌시위를 했는데, 조선총독

---

93) 이덕주, 『광주 선교와 남도 영성 이야기』, 122.
94) 차종순, 『성자 이현필의 삶을 찾아서』, 55.

부 정문 앞에 앉아서 비폭력이지만 적극적인 저항으로 시민불복종 운동을 하는 그들은 당시 한센병에 대한 특별한 치료책이 없던 시절이었기 때문에 그 존재 자체만으로도 강력한 시위대가 되었다. 이들 앞을 막아서는 사람은 아무도 없었으며 심지어 경찰도 이들을 보고 도망쳤다고 전해진다.

당시 일본인 우가키 총독은 처음에는 일행을 만나지 않으려고 했지만 결국 서서평과 최흥종을 면담하여 소록도 갱생원의 확장과 한센병 환자들의 본인 의사와 상관없이 시술되던 불임수술 폐지를 약속했다. 이에 시위 중이던 한센병 환자들은 만세를 부르며 환호성을 질렀을 뿐만 아니라 무사히 광주로 돌아갈 수 있도록 조선총독부로부터 특별열차까지 제공받아 하루 만에 돌아갈 수 있었다니 이 얼마나 놀라운 일인가![95]

이러한 노고로 마침내 소록도에 한센병 환자 갱생원 시설이 대폭 확장되어 전국에 있는 환자들을 수용하는 계기가 되었다. 소록도에는 본래 1916년부터 한센병 환자를 위한 소규모 자혜의원(현 국립소록도병원)이 있었는데, 1939년 11월에 대규모의 갱생원이 설립된 것은 최흥종을 중심으로 벌인 행진의 결과였다. 이후로 환자 수용이 늘어 해방 즈음에는 인원이 6천여 명에 달했고, 해방 이후에도 최흥종의 관심은 음성 한센병 환자들을 위한 호혜원을 설립하는 것으로 이어졌다.[96]

세월이 흘러 1999년에는 세계보건기구로부터 한국이 전 세계에서

---

95) 오방기념사업회, 『화광동진의 삶』(광주: 전일실업(주)출판국, 2000), 100-101.
96) 위의 책, 14-105.

한센병에 대한 대처가 가장 잘된 국가라는 평가를 받았는데, 이러한 결과는 최흥종이 평생에 걸쳐 추진했던 한센병 환자에 대한 사랑의 실천이 이룬 성과였으며, 환자의 입장에 서서 공감과 긍휼의 마음으로 무등(無等)의 역지사지 신학을 실현한 대표적인 사례라고 할 수 있을 것이다.

오방의 사회적 약자와 함께하는 헌신의 삶은 한센병 환자들뿐만 아니라 오갈 곳이 없어 방황하는 걸인들과 결핵 환자들을 돕는 일로도 계속되었다. 나환자 행진을 성공적으로 마치고 광주에 돌아오니 이번에는 양동 큰 장터에 있던 빈민촌 움막들이 강제로 철거되어 2백여 명이나 되는 걸인들이 거리로 쫓겨나 있었다. 이에 최흥종은 자신이 목회하고 있던 광주중앙교회 교인들과 함께 경양방죽가에 움막을 만들어 걸인들을 수용하고 계유구락부를 조직하여 광주의 유지들에게 모금하고 교인들과 기독교 청년회 회원들을 권유하여 하루 한 끼씩의 식사를 그들에게 제공하게 했다. 그런데 이 소문이 인근 화순과 담양에도 퍼져 걸인들이 그곳으로 몰려들자 불만이 커진 광주 시민들이 교회와 나환자 수용소에 찾아와서 지속적으로 항의하였다. 심지어 노회와 일부 교회의 교인들도 최흥종 목사의 '걸인 목회'를 이해하지 못하고 비난하기 시작했으며 가족들조차 외면했지만, 그는 굴하지 않고 사역을 이어갔다.[97]

또 최흥종은 한국전쟁 이후 갑자기 늘어난 폐결핵 환자들을 돕는 일에도 앞장섰다. 당시엔 한센병 환자와 마찬가지로 결핵 환자도

---

97) 이덕주, 『광주 선교와 남도 영성 이야기』, 123.

사회에서 기피 대상이었고 광주에서 결핵 환자를 치료해주는 병원은 기독병원이 유일했다. 원장이었던 허버트 카딩턴 선교사가 이를 위해 헌신적으로 사역하고 있었다. 최흥종은 그를 도와 치료가 거의 끝났으나 갈 곳이 없는 환자들과 가망이 없어 퇴원한 환자들을 위해 무등산 원효사 골짜기에 무등원을, 지산유원지 골짜기에 송등원을 지어 거처를 마련해 주었다. 그리고 그들이 머물던 무등산 곳곳에 교회를 세워 그들과 함께 예배를 드리며 생활했다.[98]

카딩턴은 최흥종에게 있어 제2의 포사이드와도 같았던 그리스도의 희생적인 사랑을 실천한 인물로, 수천여 명의 행려병자들을 돕고 복음을 전해 그 가운데 6명이 목사가 되었다고 한다. 오방은 모금을 위해 결핵 퇴치를 위한 호소문을 전국에 발송했고, 카딩턴은 치료와 의약품 보급을 담당했으며, 이현필 선생의 동광원 제자들도 환자들을 보살피는 일을 도왔다.

우리 민족의 수난기였던 일제강점기와 한국전쟁을 거치며 최흥종이 목사로서 제도권 교회에 머물기보다는 이처럼 사회적 약자들을 구제하는 일에 우선하는 인생을 살았던 이유는 무엇이었을까? 1964년 12월 30일 본인의 죽음을 예감하면서 작성한 유언장을 통해 우리는 그 단서의 일부를 발견할 수 있다. 그는 마태복음 16장 25절과 마가복음 8장 35절의 "누구든지 자기 목숨을 구원하고자 하면 잃을 것이요 누구든지 나와 복음을 위하여 자기 목숨을 잃으면 구원하리라"는 성서의 말씀을 통해 자신을 온전히 비움으로 남을 살리는 인생의 길을 선택한 것이다. 구체적인 방법으로 모두를 위한 균등한

---

98) 한인수, 『호남교회 형성인물』 (서울: 도서출판 경건, 2000), 251.

정의가 아닌 사회적 약자와 빈곤층을 우선적으로 배려하여 돕는 것이 이 땅에서 하나님 나라를 현실적으로 건설할 수 있는 방안이라는 것을 깨닫고 그는 삶으로 그 믿음을 실천했다. 유언장의 마지막 부분에서 그는 다음과 같이 호소한다.

> 교회에 다닌다고 혹 직분이 있다고 목사나 전도사나 장로나 집사라 하는 명칭으로 신자라고 자칭할 수 없고, 예수와 연합한 자라야만 구원을 얻는 진리이다…내가 보기에는 모든 자녀들이 경제적 질고에 노예가 되고 처자녀 등의 애착에 중점을 두므로 이중삼중으로 괴뇌적(傀儡的) 포로가 되어 해방될 소망이 희소하니 어찌 가린애석(可憐哀惜)치 않으랴. 용감히 회개할 지어다. 십자가를 지고 자기를 이기고 예수를 따를지어다.[99]

여기에서 최흥종이 의미하는 '예수와 연합한 자'는 가족이나 경제적 문제에 얽매이지 않고 십자가를 지며 예수의 사랑으로 날마다 자신을 부인하고 이웃 사랑을 실천하여 참된 해방을 소망하는 존재들이다. 그들은 예수께서 병을 고치실 때마다 이야기하던 하나님 나라의 일(눅 9:11)을 기억하면서 사회적 약자를 우선 돌보고 가난한 이들을 배불리 먹이는 것이야말로 사회의 구조적인 부정의로 인해 고통을 호소하는 이들에게 하나님 나라의 실재를 경험하게 해주는 일이라고 믿는 자들이다.

---

99) 오방기념사업회, 『화광동진의 삶』, 309.

이런 의미에서 최흥종 목사의 목회는 현실에 안주하고 안정을 추구하는 것이 아니라, 평생을 옮겨 다니는 방랑하는 목자의 삶이었다고 볼 수 있다. 머물던 교회가 안정되어 가면 후임에게 자리를 내주고 자신은 다시 새로운 목회 현장을 찾아 나서는 개척과 도전의 목회였으며, 그 저변에는 가난하고 사회에서 소외된 이들을 돌보는 일에 우선순위를 두는 정신이 놓여 있었다. 그래서 그는 어디를 가든지 주변에 걸인이나 한센병 환자나 병자가 있으면 그냥 내버려 두고 지나치는 법이 없었다. 청년운동, 농촌계몽운동, 노동운동, 야학운동을 벌이면서도 빈곤층에 대한 지원과 관심을 소홀히 하지 않았다.

　하나의 예로 1925년 5월 25일 광주에서는 8개 단체가 합동으로 조선 기근 구제에 대한 연설회를 개최하였는데 이때 최 목사는 "기근민 구제는 오등의 의무"라는 제하의 강연을 하였다. 그는 이스라엘의 구제법을 예로 들면서 "성경에서는 가난한 자를 불쌍히 여기는 것은 여호와께 꾸이는 것이니 여호와께서 갚아 주시리라고 했다"고 하면서 가난한 자들을 돌보는 일은 부자들의 의무라고 강조했다.[100]

　초기교회 시대에 '황금의 입'이라는 별칭을 지녔던 목회자이자 사회윤리 실천가인 요한 크리소스토무스(John Chrysostom)는 이에 대해 다음과 같이 강조한다.

　　부자들은 보통 가난한 사람들을 물리적으로 강탈하지 않

---

100) 위의 책, 54.

으면 죄를 짓지 않는다고 상상한다. 그러나 부자들의 죄는 가난한 사람들과 부를 나누지 않는 데 있다. 사실, 전 재산을 자기 것으로만 간직하고 있는 부자는 일종의 강도 행위를 하는 것이다. 그 이유는 사실 모든 부는 하나님으로부터 나오고, 모든 사람의 소유물도 모두에게 공평하게 속하기 때문이다. 우리가 우리의 잉여 재물로 적게 소유한 사람을 돕는 자선 행위를 할 때, 우리는 우리의 타인들과의 연합됨을 인정하는 것이다. 결국 부자나 가난한 자 모두가 동일한 육체를 소유하고 있으며, 가난한 자들의 굶주림은 부자들의 고통의 원인이 된다. 그리고 그 고통은 오직 그 굶주림을 누그러뜨리는 것을 통해서만 달래질 수 있다.[101]

아무리 우리 내면에 선한 의도가 있다 할지라도 그것이 행동으로 열매를 맺지 못한다면 아무런 의미가 없다. 생각만 있고 행함이 뒤따르지 않는 자들은, 비록 양심의 가책을 느끼며 살아간다고 해도 결국 아무도 유익하게 하지 못한다. 우리가 동일하게 창조주에 의해 만들어진 존재라는 것을 인식하는 것은, 모두가 동일한 가치를 지니고 있고, 나아가 그리스도 안에서 연합되어 있음을 인정하는 것이다. 머리 되신 그리스도를 알고 그분을 중심으로 모두가 한 몸의 지체임을 깨닫는다면, 고통받는 다른 지체의 아픔을 결코 외면할 수 없을 것이다. 무등산에 거하며 생애 많은 시간을 보낸 최흥종 목사는 이 사실을 기억하며 자신의 말과 삶으로 모두의 의도가 프락시스

---

[101] Robert Van de Weyer, *On Living SimplyThe Golden Voice of John Chrysostom* (Missouri: Liguori/Triumph, 1996), 1.

(praxis)로 진행되도록 도운 무등(無等)신학의 표상이다.

14) 사회윤리와 생태윤리가 만나는 곳

성서에서의 인간은 사회의 구성단위로 창조되었고 에덴동산을 경작하며 지키는 일과 동물의 이름을 부르는 행위를 통해 생태계의 모든 존재와 관계를 형성하는 임무를 부여받은 사회적인 존재다. 이러한 인식에 기초한 신학은 본질적으로 관계에서의 정의(justice)를 중점적으로 고려하는 사회윤리적인 측면과, 주체들 간의 상호성(mutuality)에 입각한 생태윤리적인 강조를 간과할 수 없다. 이것은 무등신학의 핵심이 되는 요소다.

한센병 환자를 돕는 50년간의 사역을 정리하며 최흥종은 1960년 「호남신문」에 연재한 '구라(救癩)사업 50년사 개요'에서 자신이 한센병 환자들을 가족으로 인정하며 살아온 것이 "기독교 사회윤리와 동포주의"에 입각한 일이었다고 회고한다.[102] 비록 자신의 가족들은 자신의 희생적 헌신을 이해하지 못했지만, 정작 자신은 이것이 감사의 마음에서 우러난 일이었다고 고백하면서, 포사이드 선교사를 만난 순간에서부터 시작하여 한센병 환자들을 위해 살아온 평생의 여정을 약술한다.

글의 뒷부분에서 그는 해방 직후 자신이 작성하여 전국에 발송한 '조선나병환자 근절회 취지문'을 첨부하고 이에 대해 회상하면서 과학발전에 따른 일본과 우리나라의 상황을 비교한다. 즉, 40년 전

---

102) 오방기념사업회, 『화광동진의 삶』, 307.

에는 일본의 한센병 환자가 우리나라보다 더 많다고 발표되었는데, 글을 작성하던 당시 상황은 한국이 오히려 10배나 더 많아진 것에 대한 원인을 개인과 사회의 윤리적인 차원으로 구분하여 예리하게 지적하고 있다.[103]

그는 개인적으로는 해방 직후 일반 민중이 자유와 민주주의를 혼돈하였으며 의무와 책임을 감당하지 못하였고 심지어 한센병 환자들을 상식적인 차원에서도 이해할 수 없을 정도의 이기적인 태도로 혐오하며 취급하려는 비도덕적인 경향을 나타낸 것을 비판한다. 또 사회적으로는 과학기술의 발달에 따른 인류에 대한 정의 부재와 윤리의식의 소멸을 비판하면서, 한센병의 문제를 해결하기 위해서는 도덕적이며 인류애에 따른 "사회윤리적인 행동"이 요청된다는 강력한 호소의 글로 마무리한다. 그 원문의 일부를 인용하면 다음과 같다.

> 나(癩, 한센병) 문제는 도덕적 인류애의 행동으로 낙착된 것입니다. 하로바삐 우리는 동포애적 사회윤리의 발동이며 위정자는 현미경적 근시보다 망원경적 원시안으로 대한민국 나병 근절책을 좀 더 성의있게 강력 추진한다면 지금으로부터 10년이면 해결이 가능할 듯도 한데 만만(晚晚)의 만만격(晚漫格)으로 현미경으로 드려다 보고 추진한다면 10년 병에 3년 쑥을 못 구하야 죽는 것과 마찬가지가 될 것입니다.[104]

---

103) 위의 책, 306.
104) 위의 책, 307.

오방(五放)이라는 그의 호에서도 알 수 있듯이 최흥종은 가사, 사회, 경제, 정치, 종교 등 세상의 중요 영역에 얽매이지 않고 해방된 자유로운 영혼으로 살기를 원했다. 그러나 이것은 결코 세상에서 떠나 고립되고 단절된 인생을 살고자 했던 것이 아니었다.[105] 그것은 오히려 그리스도의 희생적인 사랑을 실천하기 위해 자기중심적인 욕망을 버리고 예수를 따르는 제자로서의 삶을 결단한 것이었기 때문에, 그는 적극적인 사회윤리 실천가로서의 면모를 발휘하며 살 수 있었다. 최흥종은 예수를 닮고 나타내는 삶을 위해 예수처럼 각종 병자를 자신의 가족처럼 한 몸으로 여기며 사랑했고, 가난한 자들과 동거하며 사회의 구조적인 불의에 맞서는 적극적인 저항도 서슴지 않았다. 이뿐만 아니라 그는 다양한 종류의 운동들을 전개하면서 뛰어난 지도력과 행정력으로 그리스도교 사회윤리의 실천성을 극대화했다.

최흥종은 여성운동에도 깊이 관여했는데, 1920년부터 목포 출신의 여류 문호 박화성을 교사로 청빙하여 광주 북문밖교회 내에 여성을 위한 야학을 설치함으로써, 여성의 깨우침과 지적인 향상을 촉구하였다. 그뿐만 아니라, 자신의 제수인 김필례가 주도하는 흥학관에서 야학반을 운영할 때에도 적극적으로 협력하였다. 해방과 함께 전국이 또다시 동요하면서 좌우의 대결 구도로 치닫고 있을 때에도, 그는 어린이와 여성, 젊은이들의 교육에 전념했다.[106]

아울러 1955년에 그는 허백련 화백과 함께 삼애학원을 만들고 젊

---

105) 연규홍, 『해방 공간에서 하나님 나라를 꿈꾼 5인 5색』 (서울: 생명의 씨앗 & 터닝포인트, 2007), 71.
106) 위의 책, 51.

은이들의 정신을 교육하는 일에 힘썼다. 삼애(三愛)정신은 덴마크의 그룬트비히(Grundwich)의 정신에서 유래한 것으로, 하나님을 사랑하고(愛神), 이웃을 사랑하고(愛隣), 땅을 사랑하는(愛土) 정신이다. 이것은 그룬트비히의 하나님, 이웃, 조국에 대한 사랑 중에 조국을 땅으로 바꾼 것이며, 농업교육을 중시하여 상호성에 입각한 생태정의를 강조한 정신이라고 할 수 있다. 삼애학원을 처음 개원한 장소는 학교 건물이 아니고, 일반 가정도 아니며, 무등산 기슭의 그가 머물던 오방정 윗쪽에 있는 증심사라는 사찰의 객사였다. 선생은 최흥종, 허백련, 이은상, 홍석은, 김천배 등이었으며, 신입생은 이종모, 조종, 문석희(최흥종의 외손녀사위) 등 15명이었다. 교육의 내용은 농사실습이 아니라 정신교육이었다. 이곳에서 그는 학생들을 맞이하여 성경, 덴마크의 농업혁명, 국민 계몽적인 정신 등을 강조하면서 함께 기거하였다.[107]

최흥종은 자신이 속한 장로교단을 비롯하여 조선교회가 신사참배 문제로 어려운 시기를 보내던 때에도 적극적으로 정의를 구현하기 위해 외쳤다. 1937년 4월에 발간된 「성서조선」에 "교역자의 반성과 평신도의 각성을 촉(促)함"이라는 제목의 글을 기고하여 교계의 쇄신과 개혁을 촉구한 것이다. 그는 당시 한국 교회가 잘못된 길로 가고 있는 원인은 일차적으로 목회자의 영적인 부패 때문이라고 지적하며 "양들을 위해 희생하려는 대신 각자의 명리(명예와 이익)를 위해 영리적 목자들이 대량 생산"된 것이 문제의 근원이라고 신랄하게

---

107) 문순태, 『성자의 지팡이』 (서울: 도서출판 다지리, 2000), 316-318.

비판했다. 이러한 자들이 교회, 노회, 그리고 총회에서 행세하기 때문에 시기, 분쟁, 그리고 충돌이 그치지 않는다는 것이었다. 그는 한국 교회가 새롭게 되려면 바로 이러한 명예와 이익을 추구하는 영웅주의에 빠진 목사들이 떠나고 온전한 복음을 지닌 새로운 교역자들이 그 자리를 대신해야 한다고 역설했다.

또 그는 장로교단 문제의 해결은 "총회의 분립이 아닌 내부숙청(內部肅淸)에 있다"고 주장하면서, 당시 팽배해 있던 분열주의를 경계하며 어지러운 상태를 바로잡는 내적인 개혁을 촉구했다. 특히 최흥종은 교회의 갱신에 있어서 평신도의 역할과 책임을 강조하면서 그들이 깨어나면 "가목자(假牧者, 거짓 목자)들이 저절로 무대를 잃고 퇴장할 것이며…교회가 성화(聖化)될 것"이라고 주장했다.[108]

이처럼 최흥종은 어려운 시대에 살면서도 누구보다 교회와 교단을 위해 눈물로 기도하며 잘못된 행태에서 돌이킬 것을 과감히 촉구하는 개혁가와 같은 면모를 지닌 인물이었다. 그는 분열과 타락으로 얼룩진 교단과 교회의 현실에도 불구하고 공동체를 떠나지 않고 내부자가 되어 개혁을 도모했으며, 나아가 미래의 교회를 위해 목회자들뿐만 아니라 성도 모두가 스스로 각성하여 교회의 거룩성을 지키는 일에 앞장서도록 목소리를 높였다. 이것은 장차 신사참배로 인해 교회가 위기에 처할 것을 예견하여 대비하도록 한 것으로, 중세시대 개혁가들의 외침이나 나치 정권의 하수인으로 전락한 독일 국가교회에 대한 디트리히 본회퍼(Dietrich Bonhoeffer)의 저항, 그리고 인종차별정책의 철폐를 위한 시민권 운동에 앞장섰던 마틴 루터 킹

---

108) 오방기념사업회, 『화광동진의 삶』, 280-283.

(Martin Luther King, Jr.) 목사가 백인우월주의를 옹호하던 미국 교회들을 향해 촉구했던 연설과 공명하는 예언자적인 울림이었다.

최흥종은 신사참배의 강요에 설득당한 한국 교회의 거짓된 모습에 회의를 느껴 가족제도를 거부하고 독신으로 청빈과 순결을 통한 은둔 수도의 방식을 따른 당시의 몇몇 기독교 영성가들과는 달리, 비록 몸은 무등산 골짜기에 머물러 있어도 마음은 사회의 변화와 민족의 아픔에 민감하게 반응하며 공감하는 산 아래의 신앙, 생활 속의 믿음을 지향했다. 이처럼 무등신학의 정신은 교회와 공동체를 떠나지 않고 그 안에 머물며 사회를 향한 적극적인 디아코니아를 실행하면서 지속적인 개혁을 추구하는 것이다. 그러면서 동시에 어떠한 정치적인 회유에도 설득당하지 않고 확실한 소명의식을 유지하는 것이다.

이것은 누군가 알아주지 않아도 오직 그리스도의 사랑을 실천하고, 자신이 옳다고 여기는 믿음을 지키는 것만으로도 충분한 삶의 방식이다. 야고보서 2장 1절을 믿음의 근거로 제시한 것처럼 "사람을 차별하여 대하지 않고" 물질적으로는 가난해도 믿음은 부요하게 되어 하나님 나라를 상속받는 길이다. 또 이것은 오늘날 양적인 외모의 성장보다는 교회의 경험과 실천을 중시하는 선교적 교회의 전형적인 모델이라고 할 수 있다.

아울러 최흥종의 삶과 신앙을 통해 발견하는 무등의 신학적 자양분은 오랜 기간 다른 문화 속에서 자연스럽게 생활하면서 해당 문화의 연구에 관련된 자료를 수집하고 기록하는 인류학의 학문적인 접근법인 민속지학(ethnography)의 방법을 신학적으로 활용하게 해 주는 앞으로의 동력이 될 수 있을 것이다. 나아가 기후위기의 시대에 생태계에 대한 인간중심적인 지배에서 벗어나 창조세계와의 관계적 상호의존성을 의식하는 방향으로 앞으로의 패러다임을 전환하는 데 무등신학이 기여할 것을 기대하게 한다.

15) 무등의 청빈과 기도, 노동의 영성을 형성한 강순명

무등신학의 영성을 형성하는 데 기여한 광주와 전라권의 목회자나 영성가들 중에는 특히 아시시의 프란체스코를 연상하게 하는 인물들이 많았다. 오방 최흥종 목사, 화순의 이세종과 이현필 선생, 그리고 최흥종 목사의 사위였던 강순명 목사 등이 대표적이다. 이들은 모두 1900년대 초중반 경제적, 정치적으로 어려운 한국의 상황에서 "예수라면 어떻게 할 것인가?"라는 질문에 대해 진지하게 성찰하며 일평생을 삶으로 실천하고자 부단한 수고와 희생을 아끼지 않았던 사람들이다. 때로는 성서의 가르침에 절대적으로 순종한 그들의 철저한 헌신과 수행, 극단적인 윤리적 결단이 주변인들의 오해를 사기도 했지만 이타적이고 자기희생적인 사랑의 실천은 오늘날까지 전해지며 감동을 주고 있다. 그들은 신행일치와 케노시스의 영성으로 청빈과 절제를 그리스도인의 고귀한 덕목으로 여기면서 디아코니아 정신으로 이웃 사랑을 실천하기 위해 자신의 모든 소유물을 가난하고 소외된 이웃들과 아낌없이 나누었으며, 정작 자신들은 가난을 거룩함으로 가는 복된 지름길로 여겼던 한국의 진정한 프란체스코들이었다.

그들 가운데 강순명은 '독신전도단'을 조직한 것으로 유명하다. 이

단체는 누가복음 14장 26절의 "무릇 내게 오는 자가 자기 부모와 처자와 형제와 자매와 더욱이 자기 목숨까지 미워하지 아니하면 능히 내 제자가 되지 못하고"라는 말씀과, 마태복음 9장 12절의 "건강한 자에게는 의사가 쓸 데 없고 병든 자에게라야 쓸 데 있느니라"의 말씀을 근거로 복음 전도를 위해 철저한 헌신을 추구했다. 전라도 지역에서 토착적 그리스도교 영성의 전통을 계승하여 고난 중에 있는 민족의 구원을 도모하는 일에 매진하던 강순명은, 30세가 되던 해에 금강산에서 기도하던 중에 전주 서문교회 출신으로 그리스도교 사회주의 운동에 심취해 있던 배은희 목사를 만난 것이 단체를 결성하는 계기가 되었다.[109]

당시 강순명은 이미 최흥종 목사의 장녀인 최순이와 10년 전에 결혼했었지만 절박한 농촌의 현실과 미약한 교회의 형편을 바라보며 독신과 같은 극단적인 마음가짐과 방법으로 전도와 봉사에 매진했다. 독신전도단원들은 적어도 3년간 가정에 대한 책임을 피하고 독신으로 농촌에 들어가서 교육의 기회를 제공받지 못하던 가난한 여성들과 아이들을 위해 밤낮으로 가르치고 노동하면서, 주일이면 전도자가 되어 설교를 하기도 했다. 더불어 그들은 마을 단위로 협동조합과 소비조합을 조직하여 농촌 경제를 구조적으로 개선하고자 노력했고, 기본적인 의약품을 준비하여 환자들을 치료하기도 했다. 그들은 농촌 선교와 생활 개선에 뜻을 둔 사람들을 모아 영성과 노동 훈련을 6개월간 받도록 한 후에 전라도의 여러 농촌 지역으로 파송했다.

---

109) 차종순, 『성자 이현필의 삶을 찾아서』 (광주: 대동문화재단, 2010), 50.

그들은 어떤 지원금이나 보수를 받지 않고 자급을 위한 노동으로 생활하는 자발적 청빈과 금욕적 순결 생활을 추구했다. 당시에 강순명도 제주도의 모슬포교회로 가서 독신전도단원으로 활동하기 시작했다.[110]

하지만 그들의 헌신적인 노력은 결실을 맺기도 전에 난관에 부딪히게 되었다. 그들의 열성적인 농촌운동이 민족운동의 형태로 발전하는 것을 두려워했던 일제 경찰당국이 노골적으로 독신전도단의 활동을 방해하였다. 그리고 그들에 대한 교인과 지역 주민들의 점차 늘어가는 호평에 위기의식을 느낀 기존 교회의 보수적인 목사들로부터 독신생활과 관련한 이단 시비 등으로 공격을 받다가 결국 결성된 지 3년도 채 지속되지 못하고 1932년에 해체되고 말았다.[111]

독신전도단의 해산과 함께 모슬포교회를 사임하고 다시 광주로 돌아온 강순명은 움막과 같은 곳에 기거하면서 여전히 독신전도단에서 추구했던 삶을 이어갔다. 오갈 곳이 없이 방황하는 거리의 병자나 걸인, 고아, 노인들을 자신의 집으로 데리고 와서 그들에게 의식주를 제공하며 함께 생활하기 시작한 것이다. 이에 대해 강순명의 아내와 자녀들은 괴로워하였고, 자신의 장녀의 가정이 가난하게 사는 모습을 측은하게 여긴 최흥종 목사는 그를 농업 선교사였던 에비슨(Gordon W. Avison)에게 데리고 가서 그와 함께 1932년에 광주농업실수학교를 설립하고 농촌 선교사업을 위한 지도자를 양성하는 일에 전념하도록 도왔다. 강순명은 전라도 지역의 농촌을 순회하면

---

110) 위의 책, 52.
111) 위의 책, 53.

서 농사법 개량 운동, 신협 운동, 생활개선 운동 등을 추진하며 사회선교적인 활동에 열정을 쏟았다. 이 시기에 훗날 '해남의 성자'로 불리던 이준묵 목사와 '맨발의 성자'로 알려진 동광원의 창설자 이현필이 농업학교의 학생으로 입학했다.

강순명은 이 무렵 오랜 독수도 끝에 성경 말씀에 통달하여 금욕과 청빈, 무욕의 도를 실천하고 있던 '도암의 성자' 이세종을 찾아가 함께 성경공부를 시작하게 되었고 그 과정에 이세종의 제자였던 이현필과도 신앙적인 교류를 하게 되었다. 이들과의 만남은 당시 이세종과 유사한 형태로 금욕적이고 청빈한 수도생활을 삶의 현장에서 실천하고 있던 장인 최흥종 목사와 더욱 친밀한 관계를 형성하는 계기가 되었다.[112]

한신대학교 총장을 역임한 연규홍은 독신전도단 사건에 대해 그것이 비록 3년 남짓 짧은 기간 유지된 단체였지만 한국의 토속적 영성의 발원으로 당시 식민지의 척박한 현실과 극심한 가난 속에서 자발적으로 사회복음에 의한 선교를 시도한 주체적인 노력이었다고 높이 평가한다. 그는 만일 독신전도단이 일부 근본주의 신학에 근거한 선교사들이 주도하여 진행된 '기존교회의 질서를 무너뜨리려는 위험요소'라는 비난을 받지 않았더라면 한국 교회사에 남을 만한 토착화된 영성과 실천적 삶의 모델로 이어질 수 있었을 것이라고 지적한다.[113] 이것은 그동안 광주와 전라권을 중심으로 흘러왔던 독특한 신행일치의 적극적인 사회참여적 신앙이 강순명과 독신전도단에 의해 구현된 것이라고 볼 수 있으며, 무등신학의 특징을 선명하게 보

---

112) 위의 책, 86.
113) 연규홍, 『생명나무에 이르는 길』 (경기도: 한신대학교 출판부, 2009), 167.

여주는 역사의 흔적이라고 할 수 있을 것이다.

　강순명은 본래 목사가 아닌 '평신도 전도인'의 신분으로 복음의 사명을 끝까지 감당하려고 했지만 농업학교에서 만난 에비슨 선교사의 권유로 목회자가 되기로 결심하고 1934년 서울의 감리교 협성신학교에 입학하였다. 이듬해 그는 평양의 장로회신학교로 옮기게 되어 비록 그곳에서는 1년 밖에 공부하지 못했지만 당시 진보적인 신학자였던 정경옥 교수로부터 많은 가르침을 받았다고 한다.
　졸업할 즈음에 평양 장로회신학교는 신사참배와 관련한 문제로 폐교되어 결국 그는 통신과로 남은 학기의 수업을 마치고 졸업장을 받은 후에 1938년 11월 전남노회에서 목사 안수를 받았다.[114] 이후 남평교회, 전북 금암교회, 용강 온천교회 등지에서 목회했으나 시국의 불안정한 상황 때문에 한 곳에서 오래 머물지 못했다. 결국 1942년 11월에 목사직을 사임한 후 서울로 올라와 북아현동에 적산가옥 한 채를 얻어 '연경원'(研經院)이라는 이름으로 주로 북에서 내려온 학생들을 합숙시키며 낮에는 노동하고 밤에는 성경을 가르치는 일종의 신학교를 시작했다. 학생들이 늘어나자 그들을 선교지로 파송하기 위해 목사로 안수하는 일을 고민하게 되었는데, 결국 이 문제로 강순명은 자신이 속해 있던 장로교 군산노회로부터 "사사로이 안수하여 교계의 질서를 파괴하는 행동을 하였다"라는 이유로 1947년에 목사직을 제명당했다.
　이후 그는 동료 목사의 권유를 받고 그리스도의 교회로 소속을

---

114) 위의 책, 165.

옮겨 원효로교회, 부산교회, 광주교회를 담임하였고 1952년는 광주에서 천혜경로원을 설립하기도 했다. 1955년에는 다시 서울로 올라와 신촌 언덕에 토굴을 파고 '연경신도원'(研經神道院)을 만들고 기도생활을 하다가 건강이 악화되어 광주로 내려가 요양하던 중 1959년 3월 12일에 하나님의 부르심을 받았다.[115]

그가 남긴 설교를 살펴보면 그의 신앙은 한마디로 '기도와 노동을 통한 자발적 영성의 실천'이라고 표현할 수 있을 것이다. 그는 "세상에서는 과학만능을 말하고 황금만능을 말하나 성경은 기도만능을 가르쳐 주고 있다. 참으로 기도는 하나님께서 우리에게 주신 만능의 권세다. 기도하자. 간구하자. 기도만능이다"[116]라는 말로 기도의 중요성을 강조하고 있다. 또 그는 하나님의 부름을 받은 종으로 노동을 통해 세상을 섬기고 봉사하는 소명을 역설했다. 실제로 그는 평생 헐벗고 굶주린 사람들을 구제하기 위해 보통 사람들로서는 견디기 어려운 뒷간 청소와 품팔이를 통해 일용할 양식을 충당했다. 그는 종종 "너무 옷을 많이 입지 말라. 몸의 동작이 느리게 된다. 재산을 너무 많이 쌓아두지 말라. 정신을, 동작을 방해한다"라는 말로 자신의 거룩한 가난을 영성의 원동력으로 삼았다.[117]

이처럼 무등신학의 청빈과 가난, 기도와 노동의 독특한 토착적 영성을 형성하는 데 기여한 강순명의 삶은 최흥종의 사회구제사업과 경건한 영성적 삶, 이세종의 실천적 말씀중심의 순결과 금욕적

---

115) 엄두섭, 『좁은 길로 간 믿음의 사람들』 (서울: 도서출판 소망, 1994), 294-296.
116) 연규홍, 『생명나무에 이르는 길』, 163.
117) 위의 책, 165.

삶, 그리고 이현필의 공동체를 중심으로 하는 사회복음적 실천이 융화되어 이루어진 것이다. 그의 영성은 트뢸치의 구분에 따른 그리스도교의 종파(sect)와 신비주의적(mysticism) 성격을 통합하면서도 교회와 분리되지 않고 교회의 개혁을 향한 의미 있는 하나의 외침이 되었다.

16) 낮은 땅의 어머니 조아라

필자가 학생들을 가르치고 있는 호남신학대학교는 광주에서도 무등산을 조망하기에 가장 좋은 양림동 동산에 자리를 잡고 있다. 이곳을 중심으로 다양한 남장로교 선교사들의 노고가 담긴 흔적들이 인접해 있는데, 선교사 23인의 묘역, 선교사 사택, 기독병원, 수피아여자중·고등학교, 그리고 양림교회가 그것이다. 또 맞은편에 있는 사직공원 방향으로 동산을 내려와서 좁은 길을 건너면 광주의 아버지와 어머니로 알려진 분들을 기념하는 건물들이 조금 떨어져서 나란히 서 있다. 바로 최흥종 기념관과 조아라 기념관이다.

민족의 수난기에 병들고 가난하여 소외된 이들의 아버지 역할을 감당했던 최흥종 목사의 명성과는 달리, 수피아 여학교에서 교육을 받고 더 오랜 세월 동안 무등산을 바라보며 광주의 어머니가 되어준 광주 최초의 여성 장로였던 조아라(1912-2003)에 대해 알려진 것은 그리 많지 않다. 그것을 보여주기라도 하듯 두 기념관의 규모에서도 현격한 차이가 난다. 제법 화려하고 웅장한 현대식 새 건물인 최흥종 기념관에 비해 조아라 기념관은 2층으로 된 낡은 건물로, 옛 계명여사로 사용되던 비교적 작은 집을 단장해서 만들었기 때문에 소박하고 아담한 모습이다. 기념관 1층의 한쪽 구석엔 평생 사용되었을 것으로 보이는 자그마한 낡은 재봉틀과 소박한 각종 생활용품 몇 가지가 조아라 장로의 청빈과 단순한 삶의 모습을 잘 나타내고 있다. 이것은 아마도 조아라가 평생 자신보다는 그리스도를 더욱 드러내려고 했던 믿음의 결과가 아닐까 추측해 본다. 77세가 되던 해인 1989년에 조아라는 다음과 같은 고백을 한다.

> 저는 그동안 '어떻게 하면 조금이라도 예수님을 닮을까' 하는 심정으로 한평생을 살려고 노력했습니다. 그러나 나 자신이나, 우리들의 믿음의 진정성에 대해서 자성해 볼 때가 많답니다. 요사이 우후죽순처럼 생겨나는 게 교회요, 늘어가는 기독교 신자수가 천만을 헤아린다는데, 어찌하여 우리나라는 점점 살얼음을 딛고 사는 듯 불안하고 살벌해지는지 모르겠습니다. 예수를 믿는다고 하면서 나, 내 가족, 내 교회만의 이익, 평안과 행복을 추구하는 신앙이 가족이기주의와 기복신앙으로 변한 까닭이라고 생각합니다. 기독교의 참 의미는 나와 아무런 상관없는 사람도 사랑하는 것, 가난한 자와 억눌린 자를 위하여 희생, 봉사하는 실천적 사랑이 아닌가 싶습니다.[118]

---

118) 문순태, 『낮은 땅의 어머니』(광주: 책가, 2013), 15. 이외에 다음의 글에도 실려 있다. 소심당 희수기념문집 발행위원회, 『소심당 조아라 장로 희수기념문집』(광주: 도서출판 광주, 1989), 270-271.

이 글을 읽으면서 필자는 한없이 부끄러워졌다. 이기적이고 비상식적인 목회자의 직분 세습과 비윤리적인 범죄 행위로 오염되고 실추된 오늘날 일부 한국 교회의 모습이 떠올랐기 때문이다. 이미 30년 전에도 조아라는 교회와 그리스도인의 문제를 의식하며 참된 믿음의 길에 대해 고민했었다. 하지만 별로 변한 게 없이 오히려 더 심각한 양상을 드러내고 있는 듯한 한국 교회의 위상을 회복할 수 있는 길은 어디에 있을까? 조아라와 같이 그리스도의 현존을 변함없이 인정하며 단순하고 소박하게 성령이 주시는 용기를 내어 예수님의 삶을 닮아가도록 묵묵히 걸어가는 데 있지 않을까? '나와 아무런 상관없는 사람도 사랑하는 것'이 지금은 어느 시기보다 절박하게 필요한 때이며, 그것은 이 땅의 그리스도인들이 먼저 해야 할 일이다.

조아라는 일제 강점기인 1912년에 태어나서 1929년 광주학생독립운동, 1937년 신사참배 반대운동, 광복, 6·25전쟁, 4·19혁명과 5·18 광주민주화운동에 이르기까지 오랜 세월을 민족의 커다란 역사의 전환기마다 적극적인 참여 신앙으로 독립운동과 진리수호, 사회봉사, 독재에 대한 항거, YWCA 활동을 통해 소외된 이웃에 대한 하나님의 사랑을 실천하는 일에 앞장섰다. 어려운 시대를 지내오면서 비록 수많은 역경과 고난을 겪어야 했지만, 조아라는 좌절하거나 굴하지 않고 여성의 인권신장과 사명감을 일깨우는 데 한순간도 중단 없는 인생을 살았다.

특히 정부가 하기 어려운 다양한 일에도 적극적으로 나서서 회관 및 숙소 건립 등을 위한 모금에 탁월한 능력을 발휘했는데, 이는 하나님의 이웃 사랑에 바탕을 두고 사회적 약자, 특히 여성의 사회적 위상을 높이는 일이라는 믿음이 있었기 때문에 가능했다. 조아라는 기도하면서 하나님의 공의는 옳지 않은 일에 대해 의연히 일어나 적극적으로 저항하는 편에 있다는 사실을 확신하게 되었다. 그것이 조아라에게 용기를 주었고 여러 번의 옥고를 치르며 수많은 생명의 위협을 겪으면서도 용기를 잃지 않고 몸과 마음을 부지런히 움직이도록 했다.

전라남도 나주시 반남면 대안리의 농가에서 태어난 조아라는 어려서 신앙심이 좋은 가정에서 성장했다. 큰아버지 조경주 장로는 이른 나이에 광주에 가서 교육을 받고 광주에 있던 미국 남장로회 선교부 선교사의 동사 장로로 봉사했는데, 선교부가 1938년 광주에서 철수할 때까지 사역을 이어갔다. 이러한 영향으로 조아라의 아버지 조형률도 매서인으로 활동하면서 조아라가 열 살이 되던 해에 장로가 되었다. 조아라의 아버지는 언젠가 자신의 집에 도둑이 들었을 때 그를 붙잡지 못하게 하였고, 오히려 그 일을 계기로 마을 사람들이 필요할 때 가져갈 수 있도록 쌀독과 낟가리를 열어두도록 조치할 정도로 독실한 신앙의 사람이었다.

또 사람들이 무지에서부터 오는 잘못을 일깨우고 그들을 교육하기 위해 자신의 땅을 기부하여 직접 교회를 건축하기도 했다. 조아라는 이 교회가 자신에게 편안함과 위로를 주는 마치 어린 시절의 요람과도 같은 곳이었다고 훗날 고백한다.[119]

'아라'라고 하는 이름은 조아라가 태어나서 얼마 되지 않아 집을

---

[119] 소심당 희수기념문집 발행위원회,『소심당 조아라 장로 희수기념문집』, 379-380.

방문한 미국인 여선교사가 자신의 이름의 의미를 가르쳐주면서 그대로 불러보라고 권유한 것에서 유래한다. 약하게 태어나서 그저 '아가'라고만 불리던 조아라는 태어난 지 사흘째 되던 날에 만난 낯선 서양인 선교사에게 환한 웃음으로 화답해 주었고, 이런 모습을 보고 애나(Anna) 선교사는 자신의 아버지가 '몸은 죽더라도 혼은 영원하다'라는 신앙심으로 살도록 주신 이름이라고 하며 그 이름을 아가를 위해 사용하도록 권한 것이었다. 이에 조아라의 아버지는 한자인 아라(亞羅)로 호적에 올리고 실제로 부를 때는 '애나'라고 했다고 전해진다.[120] 조아라가 "몸은 죽여도 영혼은 능히 죽이지 못하는 자들을 두려워하지 않으며, 오직 몸과 영혼을 능히 지옥에 멸하실 수 있는 주님만을 두려워하며"(마 10:28) 일평생을 누구보다 용기 있게 살 수 있었던 것도 자신의 이름에서부터 시작된 것이 아닐까?

또 화가인 의재 허백련 선생이 난초를 생각하면서 지어주었다고 하는 소심당(素心堂, 티 없이 결백하다는 의미)이라는 조아라의 호에 담긴 의미도 개인의 명예나 욕심이 아닌 가난하고 억압받으며 소외당한 이들과 함께하며 인권, 평등, 정의를 위해 투쟁해 온 조아라의 삶을 잘 나타내 준다.

낮은 땅의 어머니 조아라는 특히 가난하고 집이 없어 유리방황하는 여성들과 어린이들을 위한 거처를 마련하고 그들을 가르치는 일에 평생을 헌신했다. 사회에서의 가난과 관련한 문제를 단지 개인적인 환경의 차이와 연결하여 생각하지 않고 사회구조적으로 해결해

---

[120] 위의 책, 377.

야 하는 공동체의 이슈로 여긴 것이다. 그래서 그 결과로 평생을 거쳐 설립해 온 것이 호남여숙(야간중학), 성빈여사(육아사업), 계명여사(윤락여성 선도 및 직업교육), 별빛학원(야학반) 등이다. 나아가 그들이 미래를 준비하는 과정으로 단지 숙식의 해결뿐만 아니라 가정과 같은 따뜻하고 아늑한 환경에서 교육받을 수 있도록 배려했는데, 이는 조아라가 가난에 대한 다음과 같은 확고한 사회윤리적인 비전이 있었기 때문이었다.

> 가난한 사람들의 가장 큰 괴로움은 가난 때문이 아니라 가난 때문에 받는 멸시와 차별입니다. 사회는 가난한 사람을 멸시합니다. 차별합니다. 멸시와 차별은 관계적 현실입니다. 관계는 사회적 차원입니다. 멸시와 차별을 받는 사람에게 평화가 있을 수 없습니다. 행복할 수 없습니다. 그래서 저는 '차별이 없는 평등한 가정과 가족의 분위기'를 담보한 성빈여사와 호남여숙과 계명여사와 별빛학원을 열었습니다.[121]

그리고 조국의 민주화와 평화에 대한 조아라의 지속적인 열망은 69세의 나이에도 불구하고 5.18광주민주화운동에 적극적으로 가담하게 했다. 소심당의 정의를 향한 믿음은 내란음모죄로 구속되어 군사법정에 서서 최후진술을 하는 순간에 더욱 빛을 발하였다. 조아라는 "이 모든 사건은 저지른 사람, 만든 사람이 있다고 믿는다. 또한 하나님과 역사가 기억을 하고 있으니까 언젠가 전부 드러날 것이

---

121) 광주YWCA소심당기념사업회, 『소심당 조아라 도록』 (광주: 금호문화, 2020), 27.

다. 사실 우리는 아무런 죄가 없고 누군가 불을 질러놨기에 그 불을 끄러 들어간 사람이다. 그런데 이 나라의 법은 어떻게 된 법이길래 방화범은 안 잡고 불끄러 간 선의의 사람들을 데려다가 죄인 취급하는지 그것이 의아스럽다"며 법정에 있던 많은 사람들을 부끄럽게 했다는 이야기가 전해진다.[122]

조아라에게 5·18은 세계사 속에서 영원히 빛나게 될 민주화를 위한 위대한 시민항쟁이라는 확신이 있었다. 이를 계기로 조아라는 민족 평화를 위한 목소리를 더욱 높이기 시작했고 실존적, 사회적, 민족적 차원의 평화가 한반도에 구현되는 날을 꿈꾸며 폭력과 차별이 없는 무등신학의 근간을 세워갔다.

17) 변함없는 사랑으로 무등을 품다

오늘날 기독교 공동체가 자신의 이야기를 건강하고 올바르게 유지하기 위해서는 온전한 신학이 필요하다. 신학을 통해 흩어진 이야기들이 하나의 체계를 갖추어 공동체의 정체성을 나타낼 수 있게 되고 세월이 흘러도 단절되지 않고 후대로 이어져 가는 것이다. 그렇다면 신학이 말씀 자체보다 더 중요해지지는 않으면서 교회를 위해 봉사하며 세상을 섬기는 학문의 역할을 제대로 감당하려면 어떻게 해야 할까? 그것은 끊임없이 변화하는 세계에 살아가고 있는 이들에게 복음에 기초한 불변의 진리를 효과적으로 전달하고 그들의 행위로 실현할 수 있도록 도울 수 있어야 한다.

---

122) 위의 책, 97.

그런 의미에서 기독교윤리학자 스탠리 하우어워스(Stanley Hauerwas)의 지적처럼 "신학 작품은 결코 완성될 수 없다." 오히려 그것은 그리스도의 이야기가 시대와 상황을 초월하여 "우리 시대를 위한 적실성 있는 성서 읽기"를 통해 현재가 되는 것이다. 예를 들어 우리가 정기적으로 성례전에 참여하여 주님을 기억하는 것은 십자가의 역사적 사건을 현재화하는 방법이다. 그래서 하우어워스의 지적대로 기억(remember)이라는 영어 단어를 분리하여 생각해보면 그것은 '다시 모이는'(re-member) 것이다.[123] 그런 의미에서 무등신학의 형성은 무등의 산자락 한 모퉁이에 머물며 무등의 정신을 품고 평생을 그리스도의 사랑을 실천한 조아라 장로의 삶과 이야기를 통해 과거가 현재의 길잡이가 되고, 미래의 정의를 위한 등불이 될 수 있다는 소망을 발견해 가는 지속적인 기억의 과정이다.

이와 관련하여 조아라는 자기에게 주어진 삶을 통하여 하나님의 정의로운 뜻을 책임적인 존재로 실천함으로써 무형가치인 사랑과 정의와 진실과 평화가 역사의 현장에서 실현될 수 있도록 부름받은 존재의식을 부모와 성서의 가르침에서 소명으로 받았다고 고백한다.[124]

우리가 어려운 시대적인 상황이나 환경을 탓하지 않고 오히려 세상의 격랑을 넘어 밝은 미래를 열어가는 비저너리(visionary)가 될 수 있는 원동력은 어디에서부터 오는 것일까? 그것은 자신에게 주어진 현재의 시련과 아픔에 굴복하지 않고 오히려 동시대의 고통받는 이

---

[123] 스탠리 하우어워스, 『십자가 위의 예수』, 신우철 옮김 (서울: 새물결플러스, 2004), 53.
[124] 소심당 희수기념문집 발행위원회, 『소심당 조아라 장로 희수기념문집』, 375-376.

웃들을 신앙의 힘으로 회복시키는 적극적인 상처 입은 치유자가 될 때 가능하다. 누군가 "좋은 일은 믿음을 가진 사람들에게 찾아오고, 더 좋은 일은 인내심을 가진 사람에게 찾아오지만, 최고의 일은 포기하지 않는 사람들에게 찾아온다"는 말을 했다. 조아라는 환난과 시험이 거센 풍랑처럼 다가오는 시대의 격동기에도 결코 좌절하거나 포기하지 않고 하나님의 절대적 선하심과 온전히 구원하심을 붙들고 살아간 하나님의 사람이었다.

   77세인 희수를 맞이하여 남긴 회고록을 통해 조아라는 자신에게 하나님께서 주신 최고의 달란트를 한마디로 표현하면 광주YWCA를 중심으로 한 사역이었다고 고백한다. 이를 통해 자신의 꿈들을 구체화시킬 수 있었던 것에 대해 하나님께 감사를 고백하며, 특히 뜻하지 않게 역사의 수난기를 거치며 광주 여러 지역에서의 YWCA 회관 건축에 열의를 갖고 추진했던 일들을 구체적으로 하나씩 회상한다.

   자신이 YWCA 회관을 그리스도의 몸 된 열린 교회로 여기며 건축한 평생의 여정을 돌아보는데, 거기엔 특히 사회적 약자와 소외된 이들의 보금자리가 될 것을 기대하면서 모금을 위해 유럽과 미국의 많은 지역을 다니며 수시로 만났던 자신이 믿음으로 양육한 딸들과 아들들을 통해 받은 위로와 사랑이 잘 드러난다. 결국엔 극심한 과로로 인해 갑상선 제거수술까지 받아가면서 건축한 YWCA 회관이 광주에서도 완성도가 높은 건축물로 완성된 일을 조아라는 자신의 일생을 거쳐 실천한 일들 가운데 가장 보람이 있었던 일로 기억한다. 그러면서도 눈에 보이는 것보다 더 중요한 것은 뜻과 꿈이라고 하며 정작 본인은 가시적인 건축물보다 거기에

담긴 기독교적인 정신이 변질되지 않기를 바라는 일념으로 살아왔다고 고백한다.[125]

우리는 세상에 올 때 빈손으로 태어났기에 우리의 영원한 소유는 아무것도 없고 잠시 우리가 사용하도록 주님께서 맡기신 것이기 때문에, 우리의 수고와 헌신이 그것에 들어갔다고 하여 강한 애착을 갖기보다는 오른손이 하는 일을 왼손이 모르게 하는 마음가짐이 필요한 것이다. 즉, 이것은 은밀한 중에 어떠한 대가를 바라지 않고, 남에게 인정을 받기 위해 하는 일이 아니라 오히려 주님에게 최고의 것을 드리는 삶이다. 그리고 그것이 비록 어려운 상황 가운데 하는 구제와 나눔의 일이라고 해도 적당히, 대충, 혹은 남는 자원으로 하는 게 아니라, 정성과 뜻을 다하여 주께 하는 심정으로 가장 좋은 것으로 보편적이면서도 다수에게 유용한 일이 될 수 있도록 최선을 다해 하나님의 영광을 나타내고 증거하는 것이 필요하다.

광주YWCA는 1988년 이후로 조아라의 생명 사랑과 소비자 운동을 이어가는 생태적 삶의 실천에 적극적으로 앞장서고 있다. 특히 '소비자는 생산자의 생활 보장, 생산자는 소비자의 생명 보장'이라는 구호 아래 도농 간의 농산물 직거래를 전개하면서 밥상 살리기에 전념하기 시작했으며, 각종 유해 물질로 인한 생태계 파괴의 현실에 적극적으로 대응하기 위해 이를 생존권의 문제로 제시해왔다. 조아라는 어려서 아버지의 땅을 살리는 건강한 농사법과 이웃 사랑의 실천을 통해 배운 바대로 후손들에게 밝은 미래를 물려주어야 할 사명

---

[125] 위의 책, 471.

을 자각하였다. 그러면서 그리스도 정신에 입각한 사랑과 정의가 이루어지는 사회를 이루기 위한 바른 삶의 실천을 다져온 것이다. 조아라는 바른 가정, 바른 교육, 생태계 보존, 정의사회 구현, 성평등, 평화와 통일, 민주화운동에 이르기까지 더불어 사는 공동체 실현을 위해 모진 풍파 속에서도 사그라지지 않는 횃불을 밝혔다.[126]

조아라의 노년은 빈손이었다. 자신 앞으로 된 집 한 채조차 없었기 때문에 양림동 계명여사 뒷편에 있던 관리인의 집 2층(오늘날의 조아라 기념관)에서 기거하다가 92세의 나이로 하나님의 부르심을 받았다. 마지막에는 기력이 쇠하여 거동하기가 어려웠지만 미국에 거주하고 있던 장남 이학인이 찾아와서 오랜 시간 동안 서로의 애틋한 마음으로 함께할 수 있었고, 전주에서 의사로 활동하던 차남 이학송의 친밀한 돌봄을 받으며 행복한 임종을 맞이할 수 있었다.[127]

해방 이후 광주 최초의 민주사회장으로 치러진 장례식에는 조아라가 가슴으로 낳은 수많은 광주의 아들과 딸들이 참여했고, 무등을 품은 민주화운동의 상징에 걸맞게 고인은 국립5·18민주묘지에 안장되었다. 정부는 소심당의 민주화와 사회운동에 대한 공로를 인정해 국민훈장 무궁화장을 추서했으며, 고인의 뜻을 이어가기 위해 2004년에는 조아라기념사업회가 결성되었다.[128] 평생을 낮은 곳에 머물면서 가난하고 소외된 사람들과 동행하며 그들의 눈물을 닦아주는 일에 치열한 시간을 보냈던 조아라의 무등의 꿈과 정신은 여전

---

126) 광주YMCA소심당기념사업회, 『소심당 조아라 도록』, 168.
127) 문순태, 『낮은 땅의 어머니』, 222.
128) 위의 책, 223.

3. 교회의 공적 신앙을 실현한 인물들

히 하나님의 정의를 갈망하는 모든 이들의 가슴에 살아서 흐르고 있다.

이러한 조아라의 헌신적인 삶을 기념하는 의미로 고정희 시인은 희수 기념 모임에서 '무등에 팔 벌린 민주의 어머니여'라는 제목의 시를 헌정했는데 그 일부를 인용하면 다음과 같다.

> … 다만 옷깃을 여며 / 축복의 땅 무등에 어려 있는 / 피눈물의 역사를 우러르는 이 아침 / 오직 비장한 결의를 다져 / 해방의 땅 빛고을에 서려 있는 / 자유와 정의의 함성을 묵상하는 이 아침 / 한 세기의 수난이 아롱진 하늘에서 / 누가 그대 큰 이름 지울 수 있으랴 / 무등에 팔 벌린 빛고을 어머니여 / 넓고 깊은 그 품에 죽고마는 총칼이여 / 누가 그대 큰 사랑 모른다 말하랴 / 누가 그대 큰 마음 가릴 수 있으랴 / 누가 그대 큰 뜻에 등 돌릴 수 있으랴 / 평등에 치맛자락 늠름한 어머니여 /… 어두운 역사의 벼랑을 오르매 / 인권운동의 선봉장 되어 / 광주항쟁의 총받이 되어 / 탱크 앞에 한일자로 누우셨습니다. / 부정부패 제방 앞에 / 내 한 몸 던져 무등의 꿈 펼치셨으니…[129]

차별과 혐오, 불공평과 배제로 얼룩진 이 땅에 평등이 크게 이루어져서 평등이라는 말조차 사라지는 무등(無等) 세상을 꿈꾸는 무등신학의 형성은 쉽지 않은 일이다. 더구나 맥락 안에서의 신학을 추

---

129) 위의 책, 12-14.

구하는 목표는 자칫 신학의 "신-담론"(God-talk)을 제시하는 기본적인 전제에 소홀해질 수 있으므로 끊임없이 하나님의 자기 계시와 신비에 열린 태도로 임하는 자세가 필요할 것이다. 이를 위해 앞서 언급했듯이 신학은 미완성일 수밖에 없으며 상황에 따른 단편적인 해석이라고 인정하는 겸손함이 요구된다. 스탠리 하우어워스의 지적대로 "신학에는 본질이 없다." 오히려 우리가 신학을 구성하는 작업은 그의 설명처럼 "하나의 주장이 다른 주장을 어떻게 조명하는지 보여줌으로써 상상력을 통해 하나님의 이야기들을 설명하려는 시도"라고 볼 수 있다.[130]

그러므로 특정한 시간과 공간에 잠시 머물며 방랑하는 사람으로 신학을 형성하는 신학자에게는 그곳의 전통과 역사적 사실을 적절하게 바라보고 해석하는 힘이 필요하다. 현재 인류는 기후위기에 따른 생태계 붕괴와 경제적 가난이 복합적으로 연관된 세상에서 살아가고 있다. 그렇다면 이러한 세상에서 우리가 하나님에 대해 무엇을 말할 수 있으며, 어떻게 책임 있는 존재가 될 수 있을까? 이러한 질문에 답하는 일이 무등신학을 형성하는 중에 수행하게 될 앞으로의 과제가 될 것이다.

---

130) 스탠리 하우어워스, 『평화의 나라-예수 그리스도의 비폭력주의』, 홍종락 옮김 (서울: 비아토르, 2021), 150-151.

4.
지역의 토착 영성가들

18) 이세종의 철저한 비움과 낮아짐의 영성

교회와 세상의 관계에 있어 그리스도교 영성의 역할을 규명하는 일은 오랜 기간 신학의 주요 과제 중의 하나였다. 역사적으로 양 진영의 연관성에 대해 해석할 때 대립이나 혹은 타협의 정도에 따라 차이가 있겠지만 언제나 갈등과 긴장이 존재해 온 것이 사실이다. 성서의 내용에도 이러한 긴장 요소들이 잘 묘사되어 있다.

기독교윤리학자인 필립 워거만(Philip Wogaman)은 이를 신학의 창조적인 사상을 발전시킨 원동력으로 해석하면서 크게 여섯 가지로 분류하고 있는데, 계시와 이성, 물질주의와 영적인 삶, 보편주의와 집단 정체성, 은혜와 율법, 사랑과 무력, 그리고 신분의식과 평등이 그것들이다.[131] 성서 시대 이후로도 이들 양자 간의 긴장 관계는 문화적인 맥락과 상황에 따라 다르게 변천 과정을 거쳐왔으며, 특수한 것과 보편적인 것, 역사적인 것과 초월적인 것, 그리고 종파적인 교회와 보편적인 교회 사이에서 교회의 세상에 대한 깊은 관심에서부터 무관심, 혹은 긍정에 이르기까지 다양한 면모를 형성하도록 역할을 감당해왔다.

교회가 세상을 바라보는 관점은 신학적으로 강조하는 바에 의해 주로 형성된다. 이것은 해당 시대의 그리스도인들이 취해야 할 행동에 대한 일종의 안내자 역할을 해왔다고 볼 수 있다. 그렇지만 신학은 하나의 중요한 교리나 원리 혹은 특정한 성서의 강조점만을 중심으로 하여 형성될 수는 없다. 신학은 실천적인 성격을 가지며 본질상 목회 현장을 위한 학문이라는 정체성을 유지하기 위해서라도 끊임없이 현장의 소리에 귀를 기울여야 하고 컨텍스트(context)의 특수성을 민감하게 고려해야 한다. 그러한 전제를 통해 신학이 기획되고 신학화 작업이 진행될 때 비로소 신학이 추구하는 건강한 교회와 그리스도인의 삶을 추구하고 역사적, 문화적으로 조명하며 창조세계를 향한 책임을 수행할 수 있을 것이다.

이러한 조망을 배경으로 하여 필자는 무등신학의 형성 시기를 동학이 창시된 1860년의 19세기 중반에서 시작하여 20세기의 후반기로 접어든 1980년의 5·18광주민주화운동으로 한정하여 설명하려고 한다. 이 기간은 우리나라에서 자본주의에 기초한 서구 열강의

---

131) 필립 워거만, 『기독교 윤리학의 역사』, 임성빈 옮김 (서울: 한국장로교출판사, 2006), 17-35.

침략과 식민지 지배에 대한 위기의식이 고조되었던 사회상황과 문제의식이 선교사들이 전한 복음과 만나면서 긴장과 갈등이 최고조에 달한 시대였다. 그런 상황에도 불구하고 생명을 살리고 영과 육의 전인적인 구원을 제공하는 그리스도교 신앙은 우리나라 고유의 다양한 영성 전통과 만나 충돌과 대립, 그리고 회통의 상호작용을 통하여 토착화되는 과정에서 우리 민족을 평등의식에 기초한 해방과 자유의 길로 이끌고 사회 개혁의 발판이 되는 교회를 형성할 수 있었다.

한국 교회는 일제 강점기, 6·25전쟁, 군부독재정권기 등의 시련과 도전의 시대에 불의와 억압에 저항하여 이 땅의 민중을 정의가 물같이, 공의가 마르지 않는 강같이 흐르는(암 5:24) 평화의 나라로 이끄는 일에 앞장섰으며, 광주와 전라권을 중심으로 면면히 흘러온 무등의 영성은 그 대표적인 한 줄기라고 할 수 있을 것이다.

그리고 그 영맥의 원류를 찾아 거슬러 올라가면 거기에는 다석(多夕) 유영모, 이공(李空) 이세종, 오방(五放) 최흥종, 강순명, 그리고 이현필 등으로 이어지는 금욕적이며 자기희생적인 삶과 실천이 특징인 그리스도교 프락시스(praxis) 영성 전통이 존재한다. 그들의 공통점은 비록 서양에서 유입된 그리스도교였지만 한국적 정서와 현장의 맥락과 조화를 이루어 복음의 본질이 실천을 통해 한국적인 신앙으로 정착하도록 기여했다는 것이다. 무등신학의 영성 전통을 형성해 온 그들의 삶은 오늘날 일부 한국 교회가 종교 사유화와 정치 세력화로 인해 루드비히 포이어바흐(Ludwig Feuerbach)의 종교가 인간의 소망이 크게 확대된 형태로 투사된 것에 불과하다는 주장을 이전보다 더 강

력하게 입증하고 있는 슬픈 현실을 반성하고 돌아보게 한다.[132]

　최흥종 목사와 같은 해인 1880년에 태어난 이세종은 40세의 비교적 늦은 나이에 그리스도교 신앙을 접했지만 극단적인 금욕생활과 청빈, 고행 등의 초인적인 영성 훈련과 절대 순종의 성서적 삶으로 무등영성의 큰 흐름을 형성하여 많은 사람들에게 영향을 끼친 인물이다.

　그는 젊은 시절 광주에서 그리 멀지 않은 전남 화순군 도암면 등광리에 살며 이웃 마을에 가서 머슴살이로 부지런히 일하여 상당한 재산을 모을 수 있었다. 하지만 예수를 믿은 후로는 성서의 말씀대로 살기 위해 자신의 재산을 모두 가난한 사람들에게 나누어 주고, 사람들이 자신에게 진 모든 빚을 탕감해 주는가 하면, 자신은 깊은 산속으로 들어가서 적은 양의 쑥과 밀가루로 겨우 연명하며 평생을 성경 공부와 암송에 매진했다.

　특히 그는 구제의 정신에 대해 가르치면서 "구제는 자기가 쓸 몫에서 떼어내어서 구제해야 참 구제다. 자기가 먹을 것 안 먹고 해야지, 먹고 입고 쓸 것을 다 쓰고 남아야 구제하는 것은 가치 없는 일이다. 헐벗은 사람에게 옷 한 벌 준다 해도 자기가 입은 옷이 다 헤어져 누더기가 되기까지 입으면서 주어야 참 동정이 된다"라고 하며 자신은 구걸하는 사람의 행색을 하고 다닐 정도로 가난하게 살았다.[133]

---

132) 스탠리 하우어워스, 『평화의 나라—예수 그리스도의 비폭력주의』, 61.
133) 엄두섭, 『호세아를 닮은 성자』 (서울: 도서출판 은성, 1987), 15.

이세종은 누군가로부터 신앙교육을 받았거나 관련 서적을 참고하지 않았으며 오직 스스로 성서만 읽고 기도하면서 영성 수련을 했다. 그러므로 아시시의 프란체스코에 대해서는 전혀 들어본 적이 없는 사람이었지만 그와 매우 흡사하게도 이세종은 동식물과 곤충에 이르기까지 생명을 가진 모든 존재를 사랑하고 넘치는 자비심으로 대했다. 길을 가다가 풀이나 나무를 보면 손으로 쓰다듬으면서 말을 걸기도 하고 풀잎을 흔들면서 "인간의 욕심으로는 너를 몇 번이고 찍었겠지만 하나님의 자비가 너를 지켜 주셨으니 너도 조물주의 은혜에 감사하라"고 말을 걸며 하나님께 춤추고 찬양하라고 하면서 좋아하기도 했다.

그는 칡넝쿨이나 풀이 길 위에 놓여 있어서 가는 길을 막아도 밟지 않고 모두 치우거나 옮겨 놓으면서 다녔는데, 혹시라도 칡넝쿨이 사람의 발에 밟혀서 줄기가 터져 흰색의 진액에 나오거나 실수로 개미를 밟았을 때는 크게 슬픔을 표현할 정도로 생태적 공감능력이 뛰어났다고 전해진다. 그는 심지어 사람을 위협하는 독사나 지네도 조심스럽게 다른 곳으로 옮겨주기도 했다. 무엇이나 사람을 해롭게 하는 것은 사람의 범죄로 인해 그렇게 된 것이라고 하면서, 그들을 없애기보다는 인간의 손길이 닿지 않는 곳으로 그들을 안전하게 인도하는 것이 사람이 할 일이라고 말했다. 이러한 모습은 이세종이 인간의 범죄로 인한 창조세계 전체의 고난과 이에 대한 인간의 책임성에 대한 분명한 생태중심적 창조의식을 지니고 있었던 것을 우리에게 보여준다.[134]

---

134) 엄두섭, 『한국적 영성』 (서울: 은성출판사, 2006), 94-97.

이세종은 성서를 깊이 읽고 묵상하면서 회개하여 예수를 믿고 새로워지는 경험을 한 후에 이제 자신은 없어지고 이 세상에 존재하지 않는다는 의미로 족보에서 자신의 본명인 '영찬'이라는 글자를 보이지 않게 먹물로 지웠으며, 모든 것을 비웠다는 의미로 사람들에게 자신을 이공(李空)이라고 부르도록 했다. 이것은 자기 이름은 천국에 이미 기록되었으니 이 세상에서의 족보가 더 이상 필요하지 않다는 일종의 상징적인 행동이었으며, 자신은 이미 예수로 충분한 인생이 되었으므로 세상의 부귀나 명성이 무가치하다는 마음의 결단이었다. 그러면서 자신을 따르는 제자들에게 일종의 이세종파를 만들지 말라고 경고하며 겸손히 낮아지는 삶을 지향했다.[135]

그는 철저한 비움과 낮아짐으로 무등의 영성인 차별과 등급이 없는 초월과 평등의 정신을 체현하는 인생을 살고자 했으며, 기도에 대해서도 기복적인 것이 아닌 실제로 나누는 것이 더 중요하다고 강조했다. 그는 "기도라는 것은 하나님이 하시려는 뜻을 스스로 헤아려 기다리는 일"이라며 야고보서 1장 27절의 정결하고 더러움이 없는 경건을 상징하는 고아와 과부를 그 환난 중에 우선적으로 돌보고 가난하고 소외된 이들을 구제하는 일에 힘썼다.[136]

이러한 이세종의 삶은 자본주의 사회에서 물질에 대한 책임으로 위장하여 오늘날 한국 교회를 기복주의로 오염시킨 소위 청부론에 중독된 자들에게는 도무지 이해할 수 없는 것으로 보이겠지만, 정작

---

135) 위의 책, 77-78.
136) 농어촌선교연구소, 『이세종의 삶과 신앙 그리고 지역사회의 변화』(서울: 한들출판사, 2020), 215.

이세종 자신은 마치 공기만 먹고 살아도 될 것처럼 만족스럽고 기쁜 모습이었다. 그의 제자들의 추측에 의하면 이세종이 자신의 호를 '이공'(李空)이라고 부른 이유는 이러한 깨달음이 있었기 때문이라고 한다.

무(無), 공(空), 또는 영(靈)에 대한 달관의 경지에 이르렀던 이세종은 사람이 떡으로만 사는 것이 아니요, 하나님의 말씀으로 산다는 예수의 가르침을 표방하여 살기라도 하듯이 제자들에게 종종 "예수를 먹어야 산다. 예수가 나의 힘이다"라고 주장했다. 비록 환난과 고통이 남달리 많았던 그의 삶이었지만 어려운 환경과 상황을 오히려 복이라고 받아들이면서 고린도후서 4장 16-17절에서 바울이 "우리의 겉사람은 낡아지나 우리의 속사람은 날로 새로워지도다"라는 진리를 체험으로 고백하며 "지극히 크고 영원한 영광"을 바라보고 기뻐했다.[137]

19) 청빈과 절제, 금욕의 절대적 신앙

이세종은 학교에서 한글이나 신학 교육을 제대로 받았거나 누군가에게 성서에 대한 체계적인 훈련을 받은 적이 없었다. 그뿐만 아니라 자신이 직접 남긴 글이나 설교도 없었지만 그의 영향을 받은 사람들이 그의 가르침을 떠올리면서 정리한 문서들이 존재한다. 감리교신학대학교 교수를 지낸 정경옥은 천태산 골짜기에 숨어서 수도생활을 하던 이세종의 소문을 듣고 그를 만난 후에 다음과 같은 글을 남겼다.

---

137) 엄두섭, 『한국적 영성』, 75.

그에게 간디의 정책도 없고, 선다싱의 이론도 없고, 내촌의 지식도 없다. 그러나 나는 간디보다도, 선다싱보다도, 내촌보다도, 이공의 인물을 숭경하여 마지 아니한다. 그는 설교가도 아니요, 신학자도 아니요, 경세가도 아니요, 사업가도 아니다. 그러나 나는 오히려 그의 가식 없는 인물을 존경한다. 공은 몸갈피가 호리호리하고 키는 다섯 자도 못 된다. 그의 목소리는 옆 사람이 겨우 알아들을 수 있을 만큼 적고 부드럽다. 나는 이 소박하고 순후한 성자를 대할 때 마음에 넘치는 감격을 금할 수 없었다.[138]

사람들은 이세종을 만나고 나서 그의 가르침을 소개하며 그를 '성자' 혹은 '초인'으로 묘사했는데, 사람들이 그렇게 여길 만한 충분한 근거들이 있었다. 40세 즈음의 비교적 늦은 나이에 그리스도교 신앙과 성서를 처음 알게 되었음에도 스스로 성서의 진리를 터득하여 그 말씀대로 충실히 살아내기를 보통 사람들과는 비교할 수 없을 정도로 철저하게 했기 때문이었다.

예를 들면 경제적인 관심사에서 초월하여 자신의 재산을 기꺼이 모두 다른 사람들에게 나누어 주었던 일이나, 아내를 누이로 여기며 63세에 세상을 떠나는 마지막 순간까지 금욕생활을 한 일, 극히 적은 양의 음식을 섭취하거나 오랜 시간을 굶고도 생명을 연장하는 방법을 터득하여 살아간 점, 병이 들거나 다쳐도 약을 사용하지 않고 여러 번 회복될 수 있었던 일, 장거리도 걸어서 다녔으며, 일체의

---

138) 위의 책, 80.

육식은 하지 않고 오직 채식으로만 평생을 살았던 일들이다.

하지만 그렇다고 해서 한 인물을 일반인과는 전혀 다른 차원의 성자나 초인으로 여기고 보통 사람들에게 넘사벽인 존재로 만들면 진정한 영성 모델로 삼아 보통 사람들이 그를 본받기가 오히려 어려워진다. 왜냐하면 그의 삶과 실천을 비판적으로 연구함으로써 더욱 풍성하게 물려받을 수 있을 유산을 놓칠 우려가 있을 뿐만 아니라, 그것은 일상의 영성이 아닌 특별한 존재만 가능한 남의 일이 되기 때문이다. 그를 성자로 여기는 거룩함의 아우라가 비평적인 해석과 수용을 막는다면 사람들에게 별로 도움이 되지 못할 것이다. 그러므로 그에게서 배울 점을 찾아 모범으로 삼되 그도 인간이기에 지니고 있던 한계도 객관적으로 밝혀야 더 의미가 있다.

예를 들면 당시의 일부 그리스도인들 사이에서 유행하던 해혼(解婚)을 따라서 택한 방법이라고 보기에는 근거가 부족하지만, 이세종이 깨달음을 얻고 금욕생활을 유지하기 위해서 이미 결혼하여 동거하던 자신의 아내를 누이로 여기며 멀리했던 일은 아쉬움이 남는다. 그의 아내는 그 이후에 가출하여 다른 남자와 두 번이나 살림을 차릴 정도로 어려운 시간을 보냈다고 전해진다. 비록 그가 사랑하는 마음으로 집을 나간 아내를 계속 찾아가서 간청하여 결국 집으로 돌아오도록 설득했다는 이야기가 전해지고, 말년에는 아내가 이세종의 가르침과 정신을 이해하고 돌아왔다고 하지만 이것은 일방적이고 배려심이 없던 결정이었다.[139] 아무리 진리를 터득하여 그

---

139) 엄두섭, 『호세아를 닮은 성자』, 64-65.

대로 살고자 결단했어도 이미 가정을 이룬 사람으로서 배우자와 상의도 없이 소홀히 대한 것은 온전한 사랑의 모습이라고 보기는 어렵다.

내로남불 격으로 그는 최흥종 목사가 거세 수술을 받고 지인들에게 자신이 죽었다고 부고장을 돌렸다는 이야기를 듣고 "그 행위는 아내와 합의해서 한 일이 아니니 옳지 못하고 비성서적이다"라고 평가하면서, 그 목사가 자기 몸에 칼을 대어서 거세한 것이 잘못이요, 거세만 해놓고 죽었다고 부고를 돌린 것은 거짓이라고 비판했다.[140]

질병과 고난에 대한 그의 이해도 이분법적이고 극단적이어서 "무슨 병이든지 병은 모두 죄의 값으로 생기는 것"이라고 생각하였고, 최고의 약은 구약과 신약이라고 하며 의술과 사람의 지혜를 통한 하나님의 치유를 제한적으로 생각했다.[141] 더구나 한 집안의 가장이었던 사람이 자신은 구걸하는 신세가 될 정도로 모든 재산을 기부했던 구제의 실천도 이해하기가 쉽지 않은 일이었다. 이세종의 청빈과 절제와 금욕의 삶이 개인적인 차원뿐만 아니라 사회적 영성이라는 측면에서 많은 영향을 준 것은 사실이지만 그로 인해 그의 아내는 의도하지 않은 고난의 세월을 보내야 했다.

이세종이 항상 강조한 것은 평범한 신앙을 갖지 말고 절대적 신앙을 가지라는 것이었다. 그는 제자들에게 "남에게 어울리는 신앙이 되지 말라"고 하면서 다음과 같이 가르쳤다.

---

140) 엄두섭, 『좁은 길로 간 사람들』 (서울: 도서출판 소망사, 1987).
141) 엄두섭, 『호세아를 닮은 성자』, 103.

신앙을 바르게 가지려면 사람들과 호흡이 잘 맞고 잘 조화가 되어선 안 된다. 믿는 사람은 원하는 것이 있으면 하나님께서 그 길을 마련해 주시는 법이다. 누구든지 물에 물 탄 것처럼 평범하지 않고 특별하게 믿으려고 하고 바르게 살려고 원한다면, 하나님께서 그 길로 꼭 인도해 주신다.[142]

그는 비교적 늦은 나이에 성서의 의미를 혼자 깊이 읽어가면서 터득했기 때문에 제자들에게도 성서 하나만 읽으라고 권하며 성서 외에는 다른 책을 읽지 못하도록 했다고 전해진다. 더구나 그의 성서 해석도 신학적인 근거가 있는 것이 아닌 깊은 기도와 묵상으로 터득한 영해(靈解)였다.[143] 그는 제자들에게 이 말씀을 천태산 바위 틈에서 들었다고 하라고 당부하며 가르쳤다.[144]

그런 비판적인 면에도 불구하고 철저히 예수를 닮으려 했던 이세종의 실천적 영성은 당시 사람들에게 도전과 가르침을 주었을 뿐만 아니라, 그의 사상을 글로 기록하며 삶으로 실천한 이현필을 비롯하여 우리나라 고유의 토착적 영성으로 무등신학의 바탕이 되었다. 특히 그가 제자들에게 반복하여 강조한 "파라, 파라, 깊이 파라, 얕게 파다가는 너 죽는다. 깊이 파고, 깊이 깨닫고, 깊이 믿으라"는 말은 그가 성서를 깊이 묵상했고 거기에서 샘솟는 영성의 샘물을 생

---

142) KIATS 엮음, 『이세종의 명상 100가지』 (서울: 한국고등신학연구원, 2011), .
143) 엄두섭, 『호세아를 닮은 성자』, 147.
144) 위의 책, 204.

명과도 같이 소중하게 여긴 특징을 잘 나타내준다.[145] 이것은 오늘날 얕은 신앙으로 인해 현세적인 물질의 복을 우선으로 추구하고 눈에 보이는 것에 가치를 두는 일부 한국 교회의 기복적인 신앙에 대해 경각심을 불러일으키는 말이다.

　그가 경고한 것처럼 뿌리 깊은 영성을 추구하지 않는 자들은 스스로 죽어 가는 줄도 모르고 멸망의 길로 향하게 될 것이다. 요한계시록 3장 17절의 라오디게아 교회를 향한 경고와 같이 물질의 우상에 굴복한 그들은 "나는 부자라 부요하여 부족한 것이 없다"라고 하지만 정작 자신들이 영적으로 "곤고한 것과 가련한 것과 가난한 것과 눈먼 것과 벌거벗은 것"을 알지 못하는 이들이다. 이세종은 "자기"라고 하는 것부터 없애버려야 한다며, 한 자리에 수만 명이 모였을지라도 그 안에 예수님께서 계시지 않다면 단지 소란스럽고 무의미한 모임에 지나지 않는다고 강조했다.[146] 반면에 단지 두세 사람이 모였다 해도 그 안에 예수님께서 계신다면 그곳이 바로 참된 예배를 드리는 장소라고 하면서 당시 교회의 자기중심적인 행위를 비판하기도 했다.

　이세종은 고난에 대해 기존의 신앙인들과는 다른 관점을 갖고 있었는데, 그저 고통과 어려움을 회피하려고만 하는 현세적인 가르침에서 벗어나기를 바라며 다음과 같은 말을 남겼다.

> 의인은 환난을 기뻐한다. 믿음이란 무엇인가? 많은 고난을 당하는 것이 믿음이다. 많이 당하면 마음이 너그러워진

---

145) 엄두섭, 『한국적 영성』, 98.
146) 위의 책, 107.

다. 쓰라린 경험을 많이 겪은 이가 믿음이 좋은 사람이다. 이 세상에서는 고난의 경험이 곧 믿음이다. 많이 경험할수록 잘 믿는 것이다. 고난은 내가 버는 일이다. 무슨 고통과 어려움이라도 다 당하라. 고난을 자원해야 한다. 고난을 일부러 벌어서 겪으면 값비싼 경험을 얻게 된다. 그런 이는 앞으로 시험이 닥칠 때 넘어질 위험성이 적다.[147]

그는 마치 그리스도의 남은 고난을 몸 된 교회를 위하여 자신의 육체에 채우려는 듯(골 1:24) 자신이 당하는 고난을 즐거워했고 그것을 십자가의 영광으로 감사하게 받아들였다.

오늘날 전쟁과 폭력이 난무하는 현실의 나라와 평화의 나라인 천국 사이의 간격을 좁히기 위해서 우리가 실제적으로 할 수 있는 일은 무엇인가? 돈과 권력의 힘이 우세하고 일반화된 것 같은 세상에서 고난 중에 낙심하지 않고 평화로 인내하며 하나님의 영광을 드러낼 때 그 나라를 보여줄 수 있지 않을까?

이세종은 믿음으로 인해 변화된 세상을 묘사하면서 "믿음의 법이 오기 전에는 세상 법도 피할 수 없다. 믿음의 법이 오면 세상 법은 자연히 폐하게 된다. 세상 권세를 부려 보려는 태도는 하나님과 동등 권세를 부려 보려는 것과 같은 마음이다. 믿음의 세계에는 세상적 남녀노유 계급의 차별법이 있을 수 없다"라고 했다.[148] 그는 비록 어린이라고 해도 그의 심령에 예수님이 계시기 때문에 함부로 대

---

147) 농어촌선교연구소, 『이세종의 삶과 신앙』, 210-211.
148) 엄두섭, 『호세아를 닮은 성자』, 189.

할 수 없다는 믿음으로 어떠한 계급이나 차별이 없는 무등신학의 영성 전통을 견고하게 세워갔다.

20) 무등영성의 맥을 찾아서

그리스도교의 종교학적인 측면과 사회운동의 차원을 이해하기 위해 독일의 학자 에른스트 트뢸치는 『The Social Teaching of the Christian Churches』(그리스도 교회의 사회적 가르침)에서 그리스도교 공동체의 역사를 세 가지로 유형화하여 교회형(church type), 종파형(sect type), 신비주의(mysticism)로 나누어 설명한다. 이러한 구분을 위해 그는 두 가지의 중요한 원리를 기준으로 제시하고 있는데, 하나는 개인의 특수성을 고려하여 급진적인 형태로 발휘되는 개인주의이고, 다른 하나는 개인들이 모인 공동체의 합의를 이루는 것에 우선적인 관심을 두는 보편주의이다.[149]

그에 의하면 교회형은 세상에서의 현실적 삶에 관심을 기울이고 세상의 문화적 관습과 제도에 영향력을 행사하기 위해 때로는 그들과 타협하고 신앙의 역사적인 타당성을 확보하는 것에 주력한다. 종파형은 신앙에 따른 개인의 자발적인 참여를 중요하게 여기며 때로는 순수한 신앙을 지키기 위해 세상의 가치관을 깊이 의심하고 타협에 저항하여 세상의 관습 및 제도와 거리를 두고 기꺼이 소수 집단이 되는 것을 택한다.[150] 신비주의는 교리와 제도에 얽매이기보다는

---

[149] Ernst Troeltsch, *The Social Teaching of the Christian Churches* (London: George Allen and Unwin Ltd., 1931), 993-994.
[150] 박용범, 『기독교 사회생태윤리』 (서울: 새물결플러스, 2021), 57.

개인의 내적인 체험과 영적인 원리를 추구하는 것을 강조하고 역사를 초월하여 내면세계에서 이루어지는 하나님 나라에 관심을 기울인다.[151]

그리스도교 사회윤리의 초석을 쌓은 트뢸치의 유형론은 이후 리처드 니부어의 그리스도와 문화 사이의 다섯 가지 관계 형태로 세분화되었고, 오랜 기간에 걸쳐 두 학자의 구분법은 비판적으로 수정되고 변화를 겪어 왔으며 교회와 세상의 관계와 역할을 설명하는 일종의 잣대로 사용되었다.

트뢸치의 세 가지 유형론적인 특성을 발전적으로 통합하고 있는 것이 무등신학을 형성한 광주와 전라권을 중심으로 흐르고 있는 무등영성의 특징이라고 할 수 있다. 특히 이세종의 정신을 계승하여 발전시킨 이현필의 영성은 종파형의 특징인 자발적인 참여와 금욕주의적인 윤리를 다분히 포함하고 있으면서도, 개인의 체험을 긍정적으로 받아들여 교리적인 주장에 신앙의 관심을 집중하지 않는다는 점은 신비주의 전통과 흡사한 면모를 갖추고 있다. 또 다양한 계층의 사회적 약자를 돕기 위해 공동체를 형성하고 때로는 지역 교회나 단체와 연합하여 구제와 봉사를 실천한 점은 교회형을 보여주면서 지속적인 자기 개혁을 위한 일종의 대안을 제시한 것이라고 할 수 있을 것이다.

개혁교회 전통의 그리스도교 영성 운동에 심혈을 기울인 엄두섭 목사는 1977년에 『맨발의 성자 이현필 전』을 저술하여 이현필을 한

---

151) Troeltsch, *The Social Teaching of the Christion Churches*, 993.

국 교회에 처음으로 상세히 소개했다. 그는 예장 통합측의 전남노회에서 목사 안수를 받고 오랜 세월 나주와 서울에서 목회하다가 경기도 포천에 은성수도원을 설립하여 한국적 영성의 전통을 찾는 일에 평생을 헌신했다. 또 그는 1993년에는 『순결의 길, 초월의 길』이라는 제목으로 이현필의 일기, 편지, 설교, 개인적인 고백, 필담 등을 엮어서 책으로 출간하기도 했다.[152] 두 권의 책을 통해 엄두섭은 이현필과 가깝게 지낸 오복환, 수레기 어머니, 김준호, 최흥종, 현동완, 유영모, 강순명, 정인세 등을 소개했고, 소박하고 단순한 신앙생활과 교육, 자급자족의 농사와 노동 공동체로 수도원 영성의 모델을 제시한 동광원의 활동을 세상에 알렸다.

당시 이현필이 주도한 동광원의 수도원 사역은 시대적인 흐름과는 별개로 이루어진 영성 운동이었을 뿐만 아니라 특정 교단이나 단체에 가입되었던 것도 아니었다. 더구나 일반 교회의 교인들 가운데 일부가 영적인 갈급함을 해소하기 위해 교회를 떠나 동광원에 입소하는 일을 계기로 그들이 '산중파 이단'이라는 비난을 받던 시기였다. 목회하면서 평소에 그리스도교 영성에 관심이 많던 엄두섭은 개혁교회 전통의 수도원인 동광원을 알게 되었고, 그곳이 예수 그리스도만 믿고 성서를 순수한 믿음으로 가르치며 노동과 농사로 자급자족하면서 복음을 전하는 자생적 공동체임을 알게 되었다.

세속화되어 영적인 능력을 잃어가는 교회의 대안을 찾던 중에 엄두섭은 동광원의 영성에 감동하였고, 이현필과 그곳에 관한 자료를 수집하여 세상에 알렸다. 이현필을 통해 그가 이해한 영성은 마치

---

[152] 엄두섭 엮음, 『순결의 길, 초월의 길』, (서울: 도서출판 은성, 1993), 5.

살아서 호흡하는 생명과도 같이 끊임없이 자기 개혁을 이루며 내면의 욕망에 저항하여 세속에 물드는 것을 방지하기 위해 삶으로 그리스도의 향기를 품어내는 것이었다.[153] 진정한 영성은 그리스도인이 걸어간 자취에서 향기가 진동하며 그가 남긴 글에서 풍겨오는 거룩한 향기에 젖어 어느덧 스스로 옷깃을 여미어 자신의 부족함을 돌아보고 반성하게 만드는 것이다.

호남신학대학교 총장을 역임한 차종순은 최흥종과 강순명을 비롯한 호남의 영성가들과 광주와 전라권을 중심으로 사역한 선교사들이 공통적으로 지닌 영성의 특징을 연구하는 가운데 2010년 『성자 이현필의 삶을 찾아서』라는 책을 출간했다. 여기에서 그가 발견한 이현필은 삶과 말씀이 복음에 충실하고 또한 누구보다 예수 그리스도의 삶을 본받아 살아가려는 당대의 영적 인플루언서였다. 하지만 그가 주도한 공동체와 그들의 신앙은 일반 교회와 교단에서 별로 환영받지 못했다.

그 후 이들에 대한 재평가와 새로운 인식이 일어나게 되었는데, 차종순은 이에 대해 네 가지 근거를 제시하여 설명한다. 첫 번째로 기존의 이단으로 왜곡되어 이해되었던 부분에 대한 오해가 일부 풀렸기 때문이고, 두 번째로는 그리스도교의 외형적인 모습보다는 본질에 충실한 것을 추구하려는 신앙인들이 점차 늘어나면서 동광원과 같은 영성 운동을 찾는 사람들이 많아지기 시작했으며, 세 번째는 종교학의 발달로 인해 영성에 대한 학문적인 연구가 다양한 종

---

153) 위의 책, 7.

교 분야에서 보편적으로 증가하였고, 네 번째는 호남 지역의 그리스도교에 대한 연구가 활발히 진행되는 가운데 특히 지도자들이 삶과 실천으로 보여준 영성에 대한 관심이 증가했기 때문이다.[154] 필자가 무등신학을 형성하는 작업은 이 흐름의 연속성 가운데 있다고 생각하며 선행 연구자들의 부단한 노고와 결실이 없었다면 연구가 쉽지 않았을 것이기 때문에 그들에게 감사한 마음이 크다.

차종순은 "호남적 영성의 원류를 찾아서"라는 주제로 지역의 인물들을 연구하는 과정에서 호남적 그리스도교 신앙의 고유한 특징을 발견하고 이것이야말로 한국적 신학의 대표적인 한 유형이 될 수 있다고 확신했다. 이것은 개혁교회와 가톨릭을 아우르는 모든 유형의 그리스도교와 접촉점을 찾을 수 있는 에큐메니컬 영성에 초점이 맞추어져 있으며, 그 특징은 한마디로 내적 영성과 외적 실천이 균형 있게 형성된 신행일치(信行一致)의 추구라고 그는 요약한다.[155] 나아가 그는 이현필이야말로 지역에서 활동한 선교사들의 선교 정신과 한국 그리스도인의 토착적 신앙이 조화롭게 승화되어 집대성한 인물이라고 평가한다. 그가 비록 제도권 교회 형태의 현장에서 신앙생활을 한 것은 아니었지만 그의 삶을 통해 이루고자 했던 하나님과의 깊은 만남에서 깨닫게 되는 철저한 죄인 됨의 인식이 자연스럽게 적극적인 사회봉사의 실천으로 이어진 것은 지역 영성을 대표하기에 충분하다는 것이다.

한국 그리스도교 역사의 영적 자료를 모으는 일에 힘을 기울이고 있는 김재현은 호남신학대학교에서 연구교수로 재직하는 중에 이현

---

154) 차종순, 『성자 이현필의 삶을 찾아서』 (광주: 대동문화재단, 2010), 9.
155) 위의 책, 11.

필에 관한 1차 자료들을 수집하기 위해 수차례 동광원을 방문하였고, 그것들을 분류, 집필하여 2014년에 『풍요의 시대에 다시 찾는 영적 스승 이현필』을 출간하였다. 이 책은 기존의 엄두섭과 차종순의 연구에 비해 이현필이 지녔던 특유의 문체를 그대로 전달하기 위해 노력한 흔적을 담고 있으며, 크게 예수의 사랑과 성품, 가난과 금욕 및 순결 사상, 구제와 교육 사업, 그리고 회개와 겸손의 고백 등 네 가지의 주제로 구분하여 학문적으로 체계화하려는 시도였다.[156]

필자는 선행 연구자들이 수집하고 정리한 자료를 바탕으로 무등신학의 영적인 계보를 형성한 인물들을 조명하여 그들에게서 발견할 수 있는 공통적인 신학 사상을 연구하고 있다. 그러는 중에 제도권 교회와 관련해서 최흥종 목사와 조아라 장로를 통해 교회 현장에서의 실천을 확인할 수 있었고, 그들 특유의 영성이 형성되도록 영향을 끼친 이세종과 이현필을 연구하여 신학적으로 정립하는 작업이 우선 진행되어야 한다는 것을 깨닫게 되었다. 두 인물을 통하여 공통적으로 발견할 수 있는 몇 가지 특징은 다음과 같다.

세상의 모든 생명을 사랑하고 존중하기를 하나님의 마음으로 공감하는 친밀함이 있었기 때문에 아시시의 프란체스코와 매우 유사한 생태 영성을 볼 수 있다. 또 자기 의나 공로가 드러날까 하여 경계하면서 마지막 임종의 순간까지 제자들에게 장례식이나 무덤을 간소하게 할 것을 당부한 겸손함이 있었다. 그리고 철저한 자기 비움과 낮아짐으로 오직 예수 그리스도를 닮고 그분만을 높이려고 했

---

156) 김재현, 『풍요의 시대에 다시 찾는 영적 스승』 (서울: 한국고등신학연구원, 2014), 35-36.

던 삶의 일관된 청빈의 디아코니아 실천이 그것들이었다. 이러한 검토에 기초해서 앞으로 이현필의 삶과 실천을 통한 가르침이 남긴 무등신학의 영성적 기원을 밝히려고 한다.

21) 맨발로 사회적 영성을 실천한 이현필

무등신학의 독특한 영성을 형성하는 데 기여한 인물들의 중심에 이현필이 존재한다. 그는 누구보다 이세종의 토속적 케노시스 영성을 잘 계승했을 뿐만 아니라 최흥종과 강순명 등의 도움을 받아 일반 교회에서의 신앙훈련과 선교사들의 영향도 자신만의 신앙과 사회적 실천으로 발전시켰기 때문이다.

그의 생애와 영성을 연구하여 소개한 엄두섭은 2004년 어느 언론사와의 인터뷰에서 한국 교회의 영성에 대한 오해와 앞으로 교회의 전망에 대해 밝힌 적이 있다. 그는 영성이란 과거 50년간 한국 교회가 했던 성령운동이 아니며, 또한 영성신학은 "신학교에서 배우는 조직신학이나 교회학과 같은 것이 아니라 본래 윤리학, 신비학, 성인학이라고 불리기도 했다"라고 설명했다. 이것은 육체적이고 세속적인 것을 이기고자 하는 경건을 의미한다고 할 수 있다.

엄두섭이 관찰한 한국 교회의 예배는 "사람을 기쁘게 하는 것, 혹은 사람 위주의 예배"였다. 그는 수백 명의 성가대가 참여하고, 오케스트라가 동원되고, 손을 들고 기도하는 것 등은 그리스도교의 방법이 아니라고 생각한다면서, 이렇게 외부적인 것이 아닌 내부적으로, 질적으로 깊이 파고 들어가야 하며, 아울러 예배도 개혁해야

하고, 대교회주의를 지양해야 한다고 강조했다.[157]

엄두섭이 오랜 세월 동안 이세종과 이현필의 영성을 연구하면서 깨달은 한국적 그리스도교 영성의 핵심은 내재적이면서도 초월적이며, 궁극적인 실체로서의 하나님을 만나는 삶의 경험을 통해 개인과 교회가 동시에 영적인 성장을 이루는 것이었다. 하지만 그동안 한국 교회는 그리스도교 신앙의 본질적인 영성의 가치는 잃어버리고 외형적이고 가시적인 것에 치중한 나머지 어느덧 그릇된 길을 향해 가고 있다는 의식조차 하지 못하고 있는 것은 아닌지 우려된다. 이현필은 자신의 설교 "하나님 나라는 질서 있는 나라"에서 그리스도로 인한 하나님의 속죄사역은 완전함에도 사람들은 그것을 제대로 믿지 못해서 다른 것을 보충하기 위해 예배당 건물을 훌륭하게 건축하여 구원을 얻겠다고 쓸데없이 노력하고, 억지로 연보를 시키면서 인간적인 노력만 하는 물질 우선주의의 기형적인 행태를 추구한다고 지적했다.[158]

김재현은 오늘날 이현필의 영성에 사람들이 관심을 기울이게 된 이유를 설명하기 위해, 우선 초기 교회 시대의 제도화된 교회와 공존했던 소수의 영적 구도자들에 대해 연구할 필요성을 역설하고, 세계와 한국 교회의 물질적인 성장으로 인해 거대 권력집단으로 타락하고 변질한 위기의 시대에 의식 있는 그리스도인들이 참된 영적 지도자를 찾으려 한다는 점을 근거로 제시한다. 특히 한국 사회에서 교회의 신뢰도가 급격히 하락한 주요 원인이었던 대규모의 교회 건

---

157) 엄두섭, "영성은 욕심을 다스리는 것," 한겨레신문, 2004년 3월 17일자.
158) 엄두섭, 『순결의 길, 초월의 길』, 330.

축, 교회 권력의 세습, 그리고 신앙의 본질이 빠진 프로그램 중심의 목회를 추종하는 문제의 심각성을 인식하는 가운데 본받을 만한 영적 모델을 발굴할 필요가 있었기 때문에 사람들은 이현필을 찾게 되었다고 밝히고 있다.[159]

방랑하는 사람이 되어 맨발로 전국을 다니면서 예수처럼 살고자 했던 이현필의 영성을 상징적으로 보여주는 장소는 남원에서 시작된 동광원(東光園)과 광주의 귀일원(歸一園)이다. 동광원은 1943년에 이현필이 남원의 제자들과 성경공부를 시작한 것이 시초다. 1947년에는 그의 청소년 제자들과 함께 교육 공동체를 구성했다. 동광원은 트뢸치의 세 가지 유형론의 성격을 고르게 갖춘, 우리나라의 자생적인 개혁교회 수도원 영성운동의 발상지라고 할 수 있다. 동광원은 산하에 귀일원을 설립하여 광주 시내를 배회하는 고아, 과부, 걸인, 병자들을 데려와 치료하고 따뜻하게 대접하는 귀일운동을 벌였다. 귀일원의 명칭은 한 분이신 하나님에게로 돌아가 한마음과 한뜻으로 소외된 이웃들과 하나가 되는 생활공동체를 이루라는 뜻으로 이현필이 1951년에 지었다.[160]

경성대학교 명예교수인 김명수에 의하면 배달민족의 역사적 맥락에서 볼 때 귀일사상은 신라시대의 원효로 소급되며, 동학의 창시자인 조선 후기의 최제우와 근대에 이르러 유영모에게까지 이어져 내려오고 있다. 유영모는 있음과 없음을 아우르는 절대자 하나님을 일컬어 '하나'라고 했으며, 만물은 '하나'에서 나와 '하나'로 돌아간다고

---

159) 김재현, 『풍요의 시대에 다시 찾은 영적 스승』, 15.
160) 차종순, 『성자 이현필의 삶을 찾아서』, 336.

보았다.[161] 이것은 로마서 11장 36절의 "이는 만물이 주에게서 나오고 주로 말미암고 주에게로 돌아감이라"는 말씀과 일맥상통한다.

이현필은 1913년 전남 화순군 도암면에서 농부의 아들로 태어났다. 당시의 상황은 1894년에 있었던 동학농민혁명에 의한 민중의 자유, 정의를 향한 각성, 외국의 새로운 문물을 수용하는 흐름이 충돌하여 소용돌이를 일으키는 가운데 일본의 제국주의가 한반도의 주도권을 장악하기 시작하던 혼돈의 시기였다. 미국 남장로회 선교사들은 본래 전라남도의 중심지였던 나주를 거점으로 하여 선교사역을 펼치기 위해 여러 방면으로 노력했으나 지역 주민들의 강한 민족주의적인 성향과 전남의 구심점이 광주로 점차 옮겨가는 과정이었기 때문에 여건을 쉽게 마련할 수 없었다. 그로 인해 1908년에 설립된 나주읍교회보다 2년 앞선 1906년에 화순군 도암면과 나주군 방산면을 선교의 대상지로 하는 방산교회가 먼저 설립되었고, 우리는 이현필이 그 교회의 종소리를 희미하게 들으면서 어린 시절을 보냈을 것을 추측할 수 있다.[162]

가난한 식민지 국가의 소년으로 성장하면서 이현필은 가정 형편이 어려워서 배움의 길을 가기보다는 경제적인 기반을 마련하기 위해 일본인들이 나주의 영산포를 중심으로 집단 거주지를 형성한 지역으로 이주하여 닭 장사를 했었다는 이야기가 전해진다.

거기에는 일본인 성도인 관파(管波)라는 사람이 대서업을 하여 마

---

161) 김명수, "[나의 목회 수기] 맨발의 사제 이현필의 예수살기 운동과 나의 신학 역정 (1)," 「기독교사상」, 721호, 2019, 48.
162) 차종순, 「성자 이현필의 삶을 찾아서」, 19.

련한 자금으로 설립한 우치무라 간조(內村鑑三) 계열의 교회가 있었고, 이현필이 그리스도교 신앙을 처음으로 접하게 된 것은 그 교회에서 전도사로 사역을 하고 있던 곽신천의 전도를 통해서였다. 곽신천 전도사와 그의 아들인 방안식은 그때의 만남이 계기가 되어 이후로 이현필이 주도한 동광원의 사역에도 관여했다.[163] 그곳에서 이현필은 교회학교 교사로 봉사할 정도로 열심히 신앙생활을 했을 뿐만 아니라, 신앙과 삶의 조화를 추구하고 순수한 복음을 중심으로 적극적인 사회운동과 실천을 강조하는 우치무라 간조의 신학을 간접적으로 배울 수 있었다. 하지만 피지배국의 청년으로서 제국주의 일본인 지주들과 함께 예배를 드리며 신앙생활을 하고 그들이 조국의 주인 행세를 하는 공동체에 오랜 기간 동안 머물러 있기에는 현실적으로 어려움이 많았을 것이다.

이러한 갈등의 시기를 보내다가 이현필은 고향 인근에서 유일한 교회였던 방산교회에 방문한 이세종을 처음 만나게 된다. 화순군 도암면 등광리의 천태산에 들어가서 그곳에 작은 집을 짓고 살면서 성경을 연구하고 수도생활을 하다가 방산교회를 가끔 방문하던 이세종은 광주에서 활동하던 목사였던 최흥종, 강순명 등과 함께 성경을 해석하고 토론하기도 했다.

이 시기에 이현필은 이세종에게 약 4년 동안 가르침을 받을 수 있었다. 이 기간을 차종순과 김재현은 1928년부터 1932년까지로 추정하고 있는데, 당시 감수성이 예민하고 지적 호기심이 많았을 10대

---

163) 김재현, 『풍요의 시대에 다시 찾은 영적 스승』, 18.

의 청소년이었던 이현필에게 이세종이 큰 영향을 주었을 것으로 생각되는 부분이기도 하다.[164] 이후로 이현필이 특히 청소년들을 중점적인 대상으로 삼아 성경에 대해 가르치고 영성훈련을 한 것은 자신의 영적인 각성의 경험을 돌아보며 실천한 일이라고 생각해 볼 수 있다. 세월이 흘러 이현필은 스승 이세종의 가르침과 삶을 떠올리며 구술하여 제자들에게 그 내용을 기록하게 하였고, 그 모음집이 『우리들의 거울』이라는 책이며 이후에 이현필의 제자들이 『동광원 사람들』에 편집하여 수록하였다.

당시 이세종과 함께 성경을 공부하던 최흥종과 강순명은 젊은 이현필이 등광리를 벗어나 광주로 가서 더 폭넓게 공부할 것을 권유했고, 농업 전문 선교사였던 어비슨(Gordon W. Avison)이 광주에 세운 농업실습학교의 기숙사에 머물도록 최흥종이 도움을 주었으며, 강순명은 독신전도단에서 일할 수 있도록 주선했다. 강순명은 어비슨과 함께 전남 일대의 농촌을 순회하면서 주로 교회의 지도자들을 모아 양계, 양잠, 양돈과 더불어 소와 염소의 사육을 가르쳤으며, 당시 유행하던 '결혼을 풀어준다'는 의미의 해혼(解婚) 운동의 영향을 받고 독신전도단을 조직했다. 이 단체는 강순명이 일본에서 가가와 도요히코(賀川豊彦) 사상의 영향을 받아 광주에 와서 결성한 것으로, 신앙의 실천과 전도에 매진하기 위해 가족 단위의 책임을 넘어 성서의 내용을 문자적으로 철저하게 지키는 삶을 강조했다. 이현필은 이곳에서 어비슨과 강순명의 영향을 받아 농업과 공동체 생활에 대한

---

164) 위의 책, 19.

경험을 얻었다.

이현필은 강순명을 통해 예수를 닮아 예수처럼 살기를 배웠고, 가난하고 병들고 헐벗은 과부와 고아와 걸인들을 차별 없이 사랑하는 인생을 살고자 결심했다.[165] 그는 이사야 1장 17절의 성서 내용을 중심으로 "과부를 사랑하라"는 제목의 설교에서 "하나님께서는 극빈자를 우선적으로 돌보신다"며 빈곤층을 대한 우선적인 선택(preferential option for the poor)을 강조했다.[166]

22) 헌신짝 사랑으로 평생을 살다

광주의 농업실습학교에서의 경험은 이현필이 농사와 자연에 대한 관점을 새롭게 형성하는 것에 영향을 주었다. 특히 농사를 통해 하나님께 "기도와 회개와 감사와 영광을 돌리는 것"의 소중함을 깨닫게 된다는 그의 생각은 욕심을 버리고 모든 생명이 하나님의 은혜로 존재한다는 믿음을 갖도록 했다. 그는 참된 인격을 소유한 그리스도인으로서 절제의 삶을 강조하면서 "모든 것이 풍부해도 아무것도 갖지 못한 것처럼 절약해서 쓰고 아끼는 생활"은 모든 것에 풍부를 부른다고 역설했다. 나아가 "사람이나 동물이나 풀이나 나무나 돌이나 무엇이든지 천하게 여긴 만큼 자기가 천해진다"라고 하면서 이세종의 영성에서 발견한 생태친화적 면모가 그에게도 이어지고 있음을 우리는 알 수 있다.[167] 그는 존귀보다 겸손이 먼저 있고, 풍부

---

165) 위의 책, 20.
166) 엄두섭, 『순결의 길, 초월의 길』, 63.
167) 위의 책, 105.

가 있기 전에 절약이 먼저 있으며, 빈핍이 있기 전에 낭비가 있다면서 아무리 작은 존재라고 해도 그의 내재적인 가치를 인정하여 귀하게 여기는 사람이 참된 인격을 소유한 것이라고 강조했다.

이현필이 청년 시절에 단원이 되어 훈련을 받았던 독신전도단은 강순명을 중심으로 광주에서 활동했으며, 누가복음 14장 26절의 "무릇 내게 오는 자가 자기 부모와 처자와 형제와 자매와 더욱이 자기 목숨까지 미워하지 아니하면 능히 내 제자가 되지 못하고"라는 말씀을 문자적으로 해석하여 가정에 대한 책임을 초월한 극단적인 실천으로 기성 교단과 교회의 비난을 받게 되었다. 본래 강순명은 일본에서 잠시 유학하던 시절에 알게 된 일본의 노동과 농민 운동가인 가가와 도요히코의 저서인 『가난한 자의 눈물』, 『농민운동의 실제』, 『노동운동사』, 『한 알의 밀』, 그리고 『기독교 형제애사』 등을 통해 배운 그리스도교 사회복음운동(Social Gospel Movement) 정신을 농촌 현장에서 구현하려고 하였다. 하지만 이 운동이 민족주의 운동으로 발전하는 것을 두려워한 일제의 방해, 교인들과 지역 사회의 지지에 대해 위기의식을 느낀 기존 교회의 반대에 직면하게 되었다.[168]

결국 광주 독신전도단은 1934년에 근거지를 순천으로 옮기게 되었고, 강순명도 신학교에 입학하기 위해 광주를 떠나자, 이현필은 서서평 선교사와 최흥종 목사의 추천으로 재매교회(현 광주 신안교회)에

---

168) 차종순, 『성자 이현필의 삶을 찾아서』, 52.

서 1934년부터 1936년까지 사역하였다. 비교적 젊은 나이에 사역을 시작한 그는 열정과 사랑으로 소임을 다했지만 교회에 오래 머물 수 없었다. 그 이유는 신학교에서 공부를 하지 않았다는 것과 이세종의 영향을 받아 새로운 유형의 성서 해석을 펼친다는 것 때문에 주변 교회의 비판을 받았으며, 무엇보다 스스로가 당시 신사참배를 독려하는 한국 교회의 분위기에 순응할 수 없었기 때문이었다.[169]

재매교회의 전도사직을 사임한 이현필은 어비슨과 최흥종 목사의 추천과 도움으로 서울 YMCA의 기숙사에 머물면서 그곳의 야간부 영어반에 입학하여 공부하게 되었다. 이 시기에 그는 풀무원의 설립자인 원경선을 만나 평생의 친구가 되었으며 현동완, 유영모와 교제하며 그들의 가르침을 받기도 했다. 주일이면 거지 목사로 알려진 김현봉 목사가 목회하는 아현교회에 출석했는데, 청빈과 절제의 특징을 가진 그 교회는 제대로 된 예배당이나 기본적인 교회의 기물과 목사관, 직분 제도조차 없었으며, 깊은 기도와 심방 목회에 주력하는 한편, 단순한 삶과 경건한 예배의 분위기가 이현필에게 깊은 인상으로 남아 이후 그의 삶과 사역에 영향을 주었다.[170]

이현필은 서울에서 약 2년 동안의 시간을 보낸 후에 다시 광주로 내려와 1938년 백영흠 목사의 처제인 황홍윤과 결혼하고 화순군 도암면에 살면서 의약품과 성경을 들고 다니며 나름대로 열심히 주변의 사람들을 도왔다. 그가 이세종의 가르침과는 달리 결혼을 하기로 마음먹은 이유에 대해서는 사람들의 의견이 분분하다. 하지만

---
169) 위의 책, 63.
170) 김재현, 『풍요의 시대에 다시 찾은 영적 스승』, 21.

화순을 떠나서 최흥종과 강순명의 도움을 받아 광주와 서울에서 활동하는 동안에 제도권의 교회에서 목회자로 활동하기 위해 이것은 필요한 조치였을 뿐만 아니라 창세기의 에덴동산에 대한 이세종의 성서 해석에 대한 일종의 반대 의사를 표현한 것으로 해석된다. 하지만 3년 정도의 시간이 지나 아내가 자궁외임신으로 인해 생사를 오가는 고통을 겪게 되었고, 응급수술로 태아를 잃게 됨에 따라 깊은 죄책감과 고뇌에 빠졌다. 이 사건을 계기로 그동안 가르침을 받아 왔던 최흥종, 이세종, 유영모 등이 선택했던 길을 따라 해혼을 선언하기로 마음먹게 된다.[171]

본래 해혼(解婚)은 결혼으로 맺은 부부의 관계를 다시 풀어주는 행사로, 인도에서 시작되었다는 설이 있다. 힌두교의 전통을 지닌 인도에서는 해혼식을 결혼식만큼이나 의미 있게 여긴다고 한다. 브라만의 남자들은 해혼을 한 후에 대부분 인간 세계와 동떨어진 곳이나 숲으로 들어가서 수행하는데, 죽음이 멀지 않은 한 인간으로서 죽음을 마주하며 삶과 죽음의 의미를 반추하는 것이라고 전해진다. 이처럼 해혼이 이혼과 다른 점은 부부가 불화로 갈라서는 것이 아니라 하나의 과정을 마무리하고 서로가 자유로워진다는 뜻을 담고 있다는 것이다. 1906년 37세의 간디는 부인 카스투라바이와 해혼을 한 뒤 아쉬람으로 고행의 길을 떠난다. 이러한 간디의 행동에 감명을 받은 당시 일본에서는 그리스도인들을 중심으로 주로 종교적 금욕을 실천하기 위한 방편으로 해혼이 유행했고, 그 흐름이 조선으로 유입된 것이다.

---

171) 차종순, 『성자 이현필의 삶을 찾아서』, 98.

1930년대 이세종은 성서의 진리를 만난 뒤 부부 동침을 하지 않는 해혼으로 아내가 여러 번 가출한 적이 있었다. 최흥종 목사도 1935년에 해혼을 선언했으며, 최흥종의 사위 강순명은 해혼으로 금욕을 실천하는 독신전도단을 만들었고, 1941년에 다석 유영모가 해혼을 결정한 비슷한 시기에 이현필이 선언한 해혼도 그런 시대적인 맥락 가운데 있던 것이라고 할 수 있다.[172]

언젠가 한국 사회에서 결혼 관계를 졸업한다는 의미의 졸혼(卒婚)이 사회적으로 관심을 불러일으킨 적이 있었다. 이것이 마치 급증하는 황혼 이혼의 대안처럼 언론에 보도되기도 했었다. 하지만 오랜 세월을 동반자로 함께 지내 온 부부의 관계가 일종의 계약을 해지하는 것처럼 시대적인 흐름이나 분위기에 따라 간단하게 정리할 수 있는 것은 아니다. 더구나 성서적인 결혼과 가정의 형성은 신성한 것이다. 인간의 계획과 결정에 따라 결정하기보다는 오래 참는 사랑의 의미를 되새기며 아름다운 결혼 관계의 결말을 다른 관점에서 모색하는 게 필요하지 않을까? 앞의 유래에서 설명한 것처럼 해혼은 본래 부부가 나이가 들어 각자의 인격적인 성숙을 도모하기 위한 상생의 방법이었다. 하지만 이현필을 비롯한 1930-1940년대의 종교계 인물들의 결정으로 인하여 해혼이 마치 자신의 대의를 이루기 위해 강요한 이혼의 대안인 것처럼 사람들에게 인상을 남긴 듯하여 아쉬움이 있다.

이 일을 계기로 이현필은 깊은 죄의식과 세상사의 헛됨을 깨닫고

---

172) 위의 책, 99.

기도에 몰두하여 새로운 회심과 회개의 길을 걸었다고 전해진다. 약 2년 정도의 기간을 화순군 도암면 청소골과 인근의 바위에서 수도 생활을 했고 금식과 기도, 명상에 깊이 들어가 영적인 고뇌를 경험했다고 한다. 그는 당시의 기도 시간을 통해 하나님의 영감과 계시를 받은 것처럼 그를 만나는 사람들에게 큰 감동을 주었다고 알려져 있다. 그는 기도하러 산을 오르는 길을 걸을 때는 신을 벗고 주로 맨발로 다녔다고 하는데, 심지어 겨울에도 눈 위를 맨발로 다녔고 아무리 추워도 단벌옷으로 지냈으며 난방도 하지 않은 채 추운 곳에서 생활했다고 한다. 그는 주로 쑥, 풀뿌리, 미숫가루와 물을 먹으며 살았고, 어쩌다 음식이 생기면 평소에 사랑하던 제자를 떠올리고 그를 위해 먼 거리를 마다하지 않고 걸어서 그를 찾아가 전해주는 사랑을 실천했다.

이현필은 자신을 '헌신짝'이라고 불러 달라며 세상에서 사람들의 존경과 칭찬받는 것을 거부했을 뿐만 아니라 자신이 '선생'이라고 불리는 것조차 마치 큰일을 당한 듯 싫어했다고 한다. 그는 자신은 죄인이라며 음식을 주어도 상에서 먹지 않고 바닥에 내려놓고 먹었다. 그는 일평생 모직물을 입지 않고 검소하게 직접 베를 짜서 입었다.[173] 그는 금식하는 날이 대부분이었으며 먹어도 하루 한 끼만 먹었고, 그것도 다른 사람이 보는 곳에서는 식사하지 않았다고 한다. 그는 하나님의 말씀을 생명처럼 소중히 여겼고 기도와 말씀으로 묵상하는 중에 어떤 일이 마음에 떠오르고 그 일이 하나님의 뜻이라

---

173) 엄두섭, 『순결의 길, 초월의 길』, 18-19.

고 깨닫게 되면 기다리지 않고 곧바로 실천했다고 전해지는 순종에 목숨을 건 사람이었다. 이처럼 이현필이 하나님의 말씀을 두려워하면서 절대적으로 순종하는 모습을 보고 제자들과 주변의 사람들도 그의 말을 신중하게 여긴 것이다. 그의 맨발의 영성과 순종과 실천의 신앙은 시대적인 환경과 분리해서 생각할 수 없다. 그는 일제 강점기, 남과 북의 분단 이후 여순 민중항쟁, 6·25 등 민족의 수난기에 청년 시절을 보내며, 사회적인 보호를 받지 못하고 소외된 사회적 약자들을 돌보는 것이야말로 그리스도교 사랑 실천의 최우선 과제라고 여겼으며, 이 정신은 무등신학의 영맥을 타고 지금도 여전히 흐르고 있다.

5.
동광원과 사회봉사

23) 동광원의 청빈, 순결, 순명

자생적인 신앙 공동체 운동으로 한국 개혁교회 전통의 개인적 영성과 사회적 영성을 조화롭게 통합하여 명맥을 이어오고 있는 특별한 곳이 있다. 바로 이현필과 그를 따르던 사람들이 1947년에 독신을 원칙으로 하여 수도원 형태의 공동체로 시작한 동광원이다. 그리스도의 구원이 사회적인 형태로 시작되었고 그 실체를 교회라고 한다면 그것은 넓은 의미에서 제도권의 교회에만 한정되어 있지 않고 그리스도의 몸과 하나님의 백성으로 형성되어 하나님 나라를 맛보는 모든 공동체를 포함한다고 할 때 동광원도 그들 중의 하나라고 볼 수 있을 것이다. 즉, 예수님의 이야기와 그리스도교 전통의 역사적인 경험을 구현하여 사회적인 실체가 되는 형태의 공동체는 보편적인 교회의 한 부류라고 할 수 있다. 기독교동광원수도회를 통해

2020년에 출간된 『나는 온전함을 따라 다르게 살기로 했다-김금남 동광원 수도원장의 꿈과 사랑 이야기』에서 소개하는 동광원은 "회개하고 예수 그리스도를 믿으며 자아를 부인하고 그리스도를 본으로 살아 하나님께 영광 돌리며 어려운 이웃을 내 몸같이 사랑으로 돌보는 영성 수도공동체"이다.[174]

   이현필은 아내와의 해혼을 선언한 후에 이세종의 도움을 받으면서 화순군 도암면의 화학산에 들어가 약 2년간의 영적인 고뇌와 깊은 기도의 시간을 가졌다. 이것은 자신의 청소년 시절에 스승이었던 이세종의 가르침을 따르지 않고 결혼을 선택하여 아내에게 고통을 주었던 일이 후회되어 자신의 죄를 깨닫고 회개하며 각성하는 시간이었다. 그는 고행을 통한 내면의 유혹과 육체적인 한계를 경험하며 하나님만을 구하고 찾는 찬송과 기도의 영적인 몰입으로 인해 물아일체의 경지에 도달하게 되었다고 전해진다.

   차종순에 의하면 이 시기에 이현필은 산중에서의 기도를 통하여 주변의 자연 만물과 하나가 되는 깊은 영적인 세계에 들어가게 되었다고 하는데, 예를 들면 구렁이나 각종 동물과도 하나가 되어 기도하고, 풀잎과 함께 하나님을 찬양하며, 날아가는 새들도 그의 기도하는 소리를 듣고 지저귀게 되어 새들에게 설교하는 한국의 프란체스코가 되었다. 이 기간을 통해 이현필은 자신의 정체성에 대해 하나의 답을 얻었는데, 그것은 "나는 죄인이며 아무것도 할 수 없는 무력한 존재이기에 주님의 은총과 권능에 전적으로 의지하여 살 수밖

---

[174] 기독교동광원수도회, 『나는 온전함을 따라 다르게 살기로 했다-김금남 동광원 수도원장의 꿈과 사랑 이야기』 (서울: 좋은땅, 2020), 251.

에 없는 죄인이면서 나약한 존재"라는 깨달음이었다.[175]

영적인 각성을 경험하는 금욕과 기도의 시간을 통해 이현필은 성서를 영적으로 깊이 이해하게 되었던 것으로 보인다. 산중에서의 기도를 마친 후인 1943년부터 이현필은 전북 남원에서 성서를 강해하기 시작했는데, 백영흠 목사의 친척인 오북환 집사가 신사참배를 피하려고 남원에 와서 운영하던 삼일 목공소에 그를 초청하여 모임이 이루어진 것으로 알려져 있다. 그리고 그의 가르침에 감동하여 그를 따르는 사람들이 점차 늘어나면서 이현필은 1944년 지리산 자락인 서리내와 갈보리로 사람들과 함께 들어가서 움막을 짓고, 농사와 노동을 하며 성서공부와 수도생활을 위주로 하는 공동체의 삶을 시작했다.[176]

무등신학의 영성 전통을 구축한 인물들은 주로 산에 들어가서 기도와 수도의 시간을 가졌다는 공통점이 있다. 이세종은 화순의 천태산에서, 최흥종은 무등산에서, 그리고 이현필은 화순의 화학산과 남원의 지리산에서 오랜 기간 동안 머물며 산중의 동식물, 곤충들과 함께 호흡하면서 창조의 영을 경험하는 시간을 보냈다. 물질과 권력에 중독되어 하나님을 경외하지 않는 당시 일부 교회의 잘못된 모습에 회의를 느낀 교인 중에는 이들의 가르침을 받기 위해 산으로 모여들면서 교회와 목회자들은 이들을 "산중파"(山中派) 이단이라고 정죄하기도 했고, 그들의 지나치게 허름한 외모와 고행과 금욕의 극단적인 수행, 그리고 사회적 약자를 우선으로 돌보는 헌신적인 실천

---

175) 차종순, 『성자 이현필의 삶을 찾아서』, 113.
176) 김재현, 『풍요의 시대에 다시 찾은 영적 스승』, 23.

을 비판의 눈초리로 바라보며 경계하기도 했다.

하지만 그리스도교 역사를 통해 교회의 개혁을 주도한 프론티어들은 대부분 그러한 고난을 경험해야 했다. 차종순의 지적대로 가톨릭의 성직 매매와 면죄부 발행 등으로 오염된 교권주의에 저항한 프로테스탄트(protestant), 기성 교회의 계층구조에 반발하여 모든 개인의 내면의 빛과 평등, 정의, 평화와 같은 사회적 선의 중요성을 강조한 퀘이커(quaker, 세상을 향하여 떨며 소란하게 하는 자), 그리고 존 웨슬리(John Wesley) 전통의 원칙과 방법론을 중시한다는 의미를 지닌 감리교(methodist) 등의 비하성 명칭과 마찬가지로 산중파도 비록 일부 교인들의 비난을 통해 생겨난 이름이었지만 결국 무등신학의 정수를 잘 표현하는 하나의 상징이 되었다.[177]

동광원의 생활수칙을 살펴보면 이현필의 중심사상과 무등영성의 마르지 않는 샘물이라고 할 수 있는 핵심가치를 확인할 수 있다. 그것은 종교를 초월하여 대부분의 수도원 공동체가 강조하는 세 가지 원칙인 청빈(淸貧), 순결(純潔), 순명(順命)과 아울러 깨끗한 사랑과 교제, 자급자족과 헌신의 노동과 봉사 생활이다.[178] 이것은 공동체의 구성원들이 특정한 시점에 함께 모여서 어떤 회의를 통해 결정한 내용이 아니라 이세종에서 이현필로 이어지는 토속적인 영성 전통이 계승되면서 자연스럽게 도출된 내용이다. 그중 몇 가지를 살펴보면 다음과 같다.

독신 혹은 순결은 구별된 수도자의 인생을 살기 위해 가정의 책

---

177) 차종순, 『성자 이현필의 삶을 찾아서』, 132.
178) 위의 책, 366.

임을 감당하는 길을 가지 않는 것이다. 동광원은 순결이란 마음뿐만 아니라 몸까지 깨끗해야 한다고 가르쳤다. 당시 한국 교회에는 1930년대에 유영모와 최흥종의 경우처럼 해혼이 유행했고, 이현필의 스승 이세종도 자신만의 창세기 1-3장에 대한 해석에 기초해서 성적인 관계에 따른 자녀 출산을 음란으로 규정하여 가르쳤다. 이현필도 결혼을 강제로 금하지는 않았지만, 가능하면 순결을 지킬 것을 권장했다. 그는 짧은 기간의 결혼 생활을 통해 아내가 태아를 잃고 나서, 해혼과 정절의 의미를 깊이 생각했다. 이현필은 이세종의 가르침과는 달리 결혼하는 것을 반대하지는 않았지만, 정절을 지키는 삶의 고귀함을 거듭해서 강조했다. 동광원에서 이현필의 시대가 지나간 지 60년이 넘었지만 그곳의 사람들은 아직도 독신을 강조하고 있으며, 예수 그리스도가 그들 모두의 진정한 신랑으로 자리하고 있다.[179]

"배부르고 등이 따뜻하면 영성은 죽는다"는 이현필의 가르침을 따라 청빈은 수도자들의 필수적인 요소다. 이현필과 그의 제자들은 자급자족을 원칙으로 삼았는데, 이는 최소한의 생계수단을 확보하는 차원에서 강조된 것이다. 이현필의 하루 한 끼를 먹는 일식 습관은 한 가지 사례에 불과하다. 그는 저녁 무렵에 하루 한 끼를 먹었는데 그것도 종종 금식하면서, 미숫가루나 오이, 쌀가루, 물 등으로 겨우 연명하는 정도로 살았다. 이현필은 청빈을 넘어 가난을 하나님의 복으로 간주했다.[180] 어린 시절에 가난 때문에 원하던 교육을 받지

---

179) 위의 책, 362.
180) 김재현, 『풍요의 시대에 다시 찾은 영적 스승』, 174-175.

못했지만, 예수의 삶과 영성을 깨달은 그는 가난과 심지어 질병과 같은 육체적인 고통도 하나님의 복으로 여겼다. 그는 시대가 생산한 삶의 질곡 속에 있는 사람들의 아픈 현실을 함께 나누고, 그것들을 있는 그대로 받아들여 오히려 자신의 신앙을 돌아보는 기회로 삼고자 했다.

그는 "극히 조심해서 가난과 무식과 천대를 달게 은혜롭게 감사하게 걸머지고 나아가길 바란다"며 그 길이야말로 진정 거룩한 길이고 천사들이 기뻐하고 찬송하며 환영하고 존경하는 길이니 사람들이 무시하고 몰라준다고 해도 원통해하거나 손해라고 생각하지 말고 오히려 안전한 길로 여기라고 권면했다. 나아가 이 길을 갈 때 참목자께서 우리의 이름을 부르고 계시니 그 음성을 듣고 따라간다면 우리의 심령이 마르지 않는 방초 동산과 맑은 시냇가로 인도될 것이라고 강조했다. 이현필은 정신적인 청빈으로서의 가난의 영성만이 아니라 물질적인 청빈과 재물에 대한 관심의 초월을 강조했다.[181] 이것은 이세종과 이현필을 관통하는 동광원의 핵심적인 영성이었으며, 넘치는 풍요로 인해 위기 불감증을 앓고 있는 한국 교회에 지금 당장 필요한 요소이다.

동광원이 강조한 순명은 기존의 수도원에서 엄격한 규율로 강조하는 내용과는 다른 차원의 것이다. 그들이 수칙으로 정한 순명은 순수하게 자발적인 마음가짐으로 소명을 따르는 것을 의미하며 거기엔 즐거운 동의에 따른 순종이 핵심이다. 이것은 자의식을 모두 내려놓고 오직 주님께 받은 넘치는 사랑을 생각하며 전적으로 그분

---

181) 위의 책, 175.

께 순종하는 법을 배우는 것이다. 이를 통해 이현필이 강조한 것처럼 "참 사랑은 주려는 것이며 받으려는 것은 미움"이라는 깨달음에 도달하는 것이다.[182] 이현필의 스승인 이세종은 예수를 믿은 후에 개인의 판단이 아닌 예수의 가르침대로 재산을 다른 이들에게 모두 나누어주고 평생 예수의 길을 본받아 따라갔다. 이현필과 동광원도 사회적 약자가 넘쳐나는 환난의 시대를 지나며 "그리스도께 받은 사랑은 받고자 하는 마음이 아니고 베풀려는 마음"이라는 믿음으로 하나님 나라의 온전한 사랑의 영성을 구현하고자 했다.[183]

24) 무등영성의 마르지 않는 샘물

이현필은 1947년부터 남원에서 15세 내외의 청소년을 대상으로 성서와 기도를 본격적으로 가르치며 그들과 함께 수도의 삶을 시작했다.[184] 본인이 스스로 터득하고 이세종에게 배운 성서 해석의 내용을 중심으로 그들에게 성서공부와 함께 생활과 순결에 관한 교육을 시행한 것이다. 어린 수련생들은 자신들이 거처할 움막을 직접 만들고 겨우 연명할 정도의 식량으로 함께 생활하면서도 누군가 자신들의 미래를 진정으로 생각해주고 내면에 숨겨진 소망의 광맥을 채굴할 수 있도록 안내해주고 있다는 믿음을 가지게 되었다. 이현필은 산중에서의 깊은 기도와 고행에 의한 몸으로 보여주는 수련을 통해 그들에게 죄인 됨과 낮아짐의 영성을 실천적으로 가르쳤을 뿐

---

182) 위의 책, 40-41.
183) 위의 책.
184) 김재현, 『풍요의 시대에 다시 찾은 영적 스승』, 23.

만 아니라 예수의 삶을 사랑으로 실현하려고 노력했다. 그리하여 그는 역사적으로 암울한 시대에 제자들이 그리스도를 따르는 인생의 기쁨을 맛보게 해주면서 그들이 하나로 결속하도록 도왔다. 당시에 이현필의 가르침을 받은 수련생들 가운데 대부분은 그 후로도 독신의 수도 생활을 계속해서 이어갔고 동광원을 중심으로 펼쳐진 사회봉사와 구제 사역의 주도적인 일꾼들이 되었다.

1946년부터 공동체의 구성원 중에서 일부는 광주로 거점을 옮기기 시작했다. 1948년에 남원에서 합숙하던 모든 수련생들이 광주로 이주했고, 1949년에는 현재의 귀일원이 위치한 방림동에 정착하게 되었다. 1950년에는 광주의 뜻있는 사람들 70여 명이 합심하여 여순항쟁 등으로 급격하게 증가한 고아들을 돌보기 위해 고아원을 설립했는데 그 명칭이 "동광원"이었고, 여러 과정을 거쳐 1980년 이후 오늘날의 수도원 공동체로 분립, 정착하였다.

엄두섭에 의하면 동광원의 의미는 "동방의 햇빛으로 빛나는 동산," "하나님의 사랑으로 빛나는 에덴동산"이며, "순결하고 아름다운 신앙공동체"를 지향하는 목표를 갖고 시작하였다고 한다.[185] 사람들이 당시 광주YMCA 총무를 맡고 있던 정인세에게 원장직을 부탁했는데, 처음에는 망설였지만 이현필이 오늘날 동광원 영성의 핵심이 된 성서 본문인 야고보서 1장 27절 말씀으로 설득하자 결국 그는 직분을 수락했다고 한다. 이현필과 수도 공동체의 구성원들이 동광원의 운영과 실무를 담당하게 되었고 6·25전쟁 이후 급격하게 고아들

---

185) 엄두섭, 『한국적 영성』, 130.

의 수가 늘어나서 한때 수용 인원이 600여 명에 이르기도 했다.

동광원 사람들은 고아들을 예수의 사랑으로 헌신적으로 돌보면서 그들을 그리스도교 신앙으로 바르게 이끌기 위해 정성을 다했다. 하지만 그들이 본래부터 지켜오던 육식을 멀리하는 채식 위주의 습관이나 질병 치료를 위해 약을 되도록 사용하지 않는 것, 결혼보다는 독신의 삶을 지향하는 점, 남원에서 산중파 이단으로 오해를 받았던 부정적인 시선이 광주에서도 비슷한 양상으로 나타난 점, 그리고 세속의 가치관에 물들지 않게 하려고 자체적으로 교육하고 공교육을 제대로 받지 않게 했던 것을 문제로 제기한 사람들로 인해 결국 원생들은 전남의 여러 지역으로 분산하여 배치되었고 고아원으로 기능하던 동광원은 1954년에 해체되고 말았다.[186]

그동안 고아들을 위한 사역에 매진하던 공동체의 일부 구성원들은 남원, 함평, 진도, 곡성, 능곡 등으로 흩어져서 분원을 만들기도 했으며, 다수는 그대로 남아 있으면서 흩어져 배치되었던 지역을 떠나 되돌아오는 고아들을 맞이했다. 그들을 위해 자급자족할 수 있는 농토를 개간하고 개별적으로 노역에 참여하여 받은 임금으로 그들을 돌보는 책임을 다하였다. 당시 일부 사람들이 비판한 것처럼 만일 그들이 이단 사상에 현혹되어 고아들을 잘못된 길로 인도하려고 했다거나 개인적인 욕심으로 고아원을 운영한 것이었다면 강제로 해산되었던 고아들이 주저하지 않고 머나먼 길을 걸어서 원래의 장소로 돌아오지는 않았을 것이다. 누구보다 그들을 사랑과 믿음으로 힘껏 돌보며 그들이 미래를 향한 꿈을 품을 수 있게 도와준 동

---

186) 차종순, 『성자 이현필의 삶을 찾아서』, 248.

광원이 그리웠던 것이 아닐까? 아이들은 결국 수도 공동체의 일원이 되어 믿음으로 성장한 후에 장애인들을 돌보는 귀일원을 위해 일하게 되었다.[187]

동광원은 이 시점을 계기로 하여 고아들을 돌보는 단체가 아니라 그리스도교 신앙을 중심으로 하는 본격적인 수도 공동체로 변모하게 되었다. 그 형태는 개혁교회의 전통을 기반으로 하지만 독신 생활을 원칙으로 했으며, 특히 이현필이라고 하는 탁월한 영적 지도자에 의해 시작되었어도 그가 독단적으로 운영하는 것이 아니라 모두의 자발적인 참여와 헌신으로 이루어졌다. 이현필은 제자들이 자신의 말이 아닌 하나님의 말씀에 순종하기를 원해서 종종 "나 이현필은 죽었습니다. 동광원은 죽어야 합니다"라고 외쳤다고 한다. 그러한 철저한 겸손과 순종의 자각은 동광원이 특정 교파나 교단에 소속되지 않고 그리스도교 신앙을 순수하게 따르고자 하는 사람들의 모임이면서, 서구 신학이나 일본 교회의 영향을 거의 받지 않은 한국의 자생적인 영성 공동체로 존속하는 것을 가능하게 했다.

동광원은 기본적으로 성서의 가르침을 순수하게 믿는 신앙적인 토대를 갖고 있으며, 동시에 그 말씀을 문자대로 실천하려는 삶의 결단이 철저했고, 신학 수업의 필요성도 별로 느끼지 않았다고 한다. 기록에 의하면 어느 목사가 이현필에게 신학을 어떻게 생각하는지 묻자, 그는 대답하기를 "깨 씨를 인조로 잘 만들어서 한 말을 뿌릴지라도 싹이 나지 않습니다. 병이 들었을지라도 씨를 뿌리면 싹이

---

187) 위의 책.

나옵니다"라고 하며 자신이 오랜 시간 동안 영성 수련과 기도를 통하여 하나님과의 신비적인 만남을 통해 터득한 성서 해석을 더 중요하게 여겼다.[188]

하지만 동광원은 신비주의적인 형태에만 머물지 않고 사회적 약자들을 돌보는 참여적 나눔과 섬김의 디아코니아 영성을 실천하기 위해 적극적으로 지역의 교회나 단체와 협력했을 뿐만 아니라, 그러면서도 자신들이 우선으로 여기는 순수한 신앙을 잃지 않기 위해 기꺼이 소수의 집단으로 남기를 선택한 것이다.

이와 같은 동광원의 균형 잡힌 영성이 지역 사회의 현장에서 활기차게 발휘되는 것을 관심 있게 지켜본 가톨릭에서는 한때 그들을 가톨릭 수도회의 한 형태로 편입시키려고 설득했다고 한다. 만약 그렇게 되었다면 경제적으로 안정된 가톨릭 교회의 지속적인 지원을 받아 육체적으로나 환경적인 면에서 더 나은 조건에서 살아갈 수 있었을 것이다. 하지만 그들은 비록 편해질 수 있을지는 몰라도 초심을 잃지 않기 위해 그들의 제안을 거절했다고 전해진다. 그들은 육체의 풍요를 누릴 달콤한 제안을 거절하고 비록 결핍의 현실에 직면해도 내면의 영적인 풍요를 과감히 선택한 사람들이었다. 그리고 누구보다 무등신학의 평등이 크게 이루어져서 차별과 계급의 개념조차 사라지는 하나님 나라를 앞서서 맛본 지혜로운 신앙인들이었다.

어떤 강물이든지 근원을 찾아 거슬러 올라가면 하나의 샘물이 솟아 나오는 시작점을 발견할 수 있다. 그곳은 비록 많은 수량을 내

---

188) 위의 책, 281.

보내지는 않지만 마치 오랜 세월이 흘러도 영원히 마르지 않을 것처럼 계속 맑은 물을 흘러서 내보내는 곳이다. 세상을 변화시키고 선한 영향력을 발휘하며 생명의 가치를 드높이기 위해서는 꾸준함과 인내가 필요한데 그것은 어떤 스펙이나 프로필의 화려함이 가져다주는 것이 아니다. 자본주의에 중독된 사람들의 관점에서는 존재감이 미약해 보일지 몰라도 하나님의 시각으로 볼 때는 한 시대의 역사를 좌우할 수 있는 열쇠가 있다. 영적으로 혼탁한 이 시대에 던져주는 동광원의 의미는 바로 여기에 있다. 그들은 사람들이 존경할 만한 많은 교육을 받았거나 두려워할 만한 권력을 지녔거나 부러워할 만한 많은 물질을 소유하지도 않았으면서, 더구나 몇 사람이 채 되지 않는 작은 공동체이지만 이 시대에 조용히 자기 십자가를 지고 주님과 함께 자기의 길을 가는 맑은 사람들이다.

미국의 초월주의자 헨리 데이비드 소로는 『월든』에서 "시간의 얕은 시냇물은 금세 흘러 가버릴지라도, 영원은 그 자리에 살아남는다. 나는 더 깊은 물을 들이마시고 싶다"며 자아성찰을 위한 포기와 낮아짐의 단순함으로도 채워질 수 없는 영적인 갈급함을 표현했다.[189] 그러면서 그는 『시민의 불복종』에서 "인생의 (진정한) 사과 맛을 알기 위해 야생의 식욕이 필요하다. 뜨거운 여름의 작용에 의해 생긴 사과 위의 줄무늬와 점들을 음미할 수 있어야 한다"라고 하면서 그 갈증은 결국 인생을 통해 겪는 뜨거운 여름날의 햇살을 피하지 않고 오히려 그것에 직면하여 그 결과물을 음미할 수 있을 때 가

---

[189] 헨리 데이비드 소로, 『월든』, 강승영 옮김 (서울: 은행나무, 2011), 141.

능하다고 고백한다.[190] 대천덕 신부는 한국의 그리스도교가 너무 서구화되어 있고 모든 것을 서구 신학의 잣대로 재려는 경향을 아쉬워했다고 한다. 그는 "동광원 같은 한국인의 자생적인 공동체는 매우 귀하며 계속 발견되기를 원하는 마음으로 지켜보고 있다"라는 말을 남겼다.[191] 소유에 집착하고 감정노동과 스트레스에 매몰되어 삶의 영원성을 점차 잃어가는 현대인의 갈증을 해소해 줄 수 있는 무등신학의 마르지 않는 샘물을 찾아 좋은 사람들과 함께 여행을 떠나고 싶다.

25) 온전함을 따라 다르게 살기로 하다

동광원 사람들은 자신들만이 사용하는 호칭으로 서로를 부른다. 다석 유영모 선생이 동광원 사람들을 위해 만들었다고 알려진 순우리말 용어인 '눈님'과 '언님'이 그것들이다. 눈님이란 동광원의 여성 수도자를 부르던 말이었는데, 그들의 영혼의 눈이 눈처럼 깨끗하고 맑다고 하여 표현한 호칭이었다. 그리고 남성 수도자에게는 형이요 언니요 어른이요 영적인 사랑을 지닌 얼이 되신 분이라는 의미로 언님이라고 부르기 시작했다고 한다.

현재 동광원에서는 남녀에 따라 눈님과 언님을 다르게 구분하여 사용하기보다는 남녀 수도자들 모두에게 언님이라는 호칭을 사용한다. 어떤 나이나 성별이나 출신이나 지식의 많고 적음과 상관없이

---

190) 헨리 데이비드 소로, 『시민의 불복종: 야생사과』, 강승영 옮김 (서울: 은행나무, 2011), 194.
191) 「복음과 상황」, 1994년, 4월호.

모두를 언님이라고 부르며 서로를 존중하고 존경하는 마음으로 사랑하는 공동체를 만들어 온 동광원의 지난 75년의 역사는 이런 의미에서 무등신학의 핵심이 되는 정신과 영성을 집결한 결정체라고 할 수 있다.

이현필을 중심으로 형성된 영성 공동체가 가족과 사회에서 소외된 고아와 난치병자들을 돌보기 위해 시작한 동광원은 1965년에 사회복지법인 귀일원으로 이름이 바뀐다.[192] 이곳에서 정신장애 및 지체장애인들을 보살피던 언님들이 정년 퇴임하여 갈 곳이 없게 되자 남원 서리내 인근의 대산면 운교리에 터를 잡고 이주하여 1980년에 신앙공동체를 이루었다. 그것이 현재의 기독교동광원수도회이다. 이 공동체가 처음부터 귀일원을 설립하여 운영하고 있으므로 둘은 하나라고 볼 수 있으며, 이 두 곳은 이현필의 제자들이 세웠고 지금까지 이어지고 있는 신앙과 삶의 일치를 상징하는 수도공동체이자 사회복지기관이다.

2010년부터 귀일원에서는 귀일사상의 연구와 전파를 위해 귀일사상연구소를 운영하고 있으며 심중식이 소장을 맡고 있다. 그는 공동체에 대하여 설명하면서 "동광원은 이현필 선생이 가르치신 거룩한 십자가 정신, 오직 하나님의 말씀을 따라 청빈과 순결과 순명을 실천하여 가난하고 병들어 소외된 이웃들을 내 몸같이 돌보며 헌신하는 사랑의 공동체이다. 이런 동광원의 영성은 천만 년 전의 빙하가 녹아 흐르는 때 묻지 않고 오염되지 않은 순결하고 정갈하며 맑고

---

[192] 김재현, 『풍요의 시대에 다시 찾은 영적 스승』, 65.

찬 샘물"이라고 표현했다.[193]

그들이 오랜 세월을 단순하고 소박하게 일상에서 수도자로 살아갈 뿐만 아니라 시대마다 달리했던 사회적 약자들을 위해 적극적으로 그리스도의 사랑을 실천하는 균형 잡힌 영성의 능력을 발휘할 수 있었던 원동력은 어디에 있었을까? 만일 사람들이 동광원 사람들처럼 검소한 생활을 할 수만 있다면 이 세상에는 도둑이나 강도가 사라질 것이고 전쟁도 필요하지 않게 될 것이다. 아니, 이 사회에서 그리스도인만이라도 자발적으로 청빈을 실천한다면 빈부의 격차로 인해 고통받는 사람들은 모두 사라질 것이다. 어떤 이들은 지나치게 많이 소유하는 반면에 어떤 이들은 최소한의 생계도 꾸릴 수 없는 부조리한 구조를 지닌 사회이기 때문에 각종 범죄와 다툼이 끊이지 않고 발생하는 것이고, 더 많이 갈망하고 더 많이 소유하려는 인간의 이기적인 욕심이 세상의 각종 정의롭지 못한 문제를 유발한다.

옛날이나 지금이나 한결같이 조금 덜 소유하고 조금 덜 가까이 있고 조금 덜 경쟁하면서 조금 천천히 가는 삶을 시작하라고 동광원의 무등영성은 우리를 교훈한다. 물론 그들처럼 모두가 독신이 되어 수도자로서의 인생을 평생 살아가거나, 도심지를 떠나 산중에 머물며 기도와 말씀으로 매진하는 영성가는 될 수 없을지라도, 그저 평범하게 삶의 현장에서 예수를 따르는 일상의 수도자가 되어 작은 것의 아름다움에 감동하며 살아가길 기대해 본다.

---

193) 차종순, 『성자 이현필의 삶을 찾아서』, 364-365.

이처럼 무등신학의 영성은 때로는 자신의 관점에서는 아무리 독특해도, 아무리 이해할 수 없어도, 아무리 엉뚱해 보여도 있는 그대로의 모습을 서로 이해하고 용납하며 나아가 환대하는 것이 예수의 십자가 사랑으로 인해 가능하게 되는 것이다. 오늘날 우리가 기후위기와 생태계 붕괴의 시대에 직면하여 어떻게 이 상황을 극복할 수 있을까? 하나님께서 만드신 아름다운 창조세계를 온전하게 지켜낼 수 있는 지혜는 어디에서 얻을 수 있을까? 무등신학이 품는 사회생태적 창조 영성은 세상을 단지 아름답거나 인간 사회에 유익한 것으로만 바라보는 것이 아니다. 그보다는 관계적 상호의존의 생태계 전체를 더 깊이 이해하고, 그들의 신음에 귀를 기울여서 아픔에 공감할 뿐만 아니라 고통받는 세상의 모든 생명이 흘리는 눈물을 닦아주기 위해 현실에 머물지 않고 과감하게 방랑하는 사람이 되어 구원의 길을 떠나는 것이다.

가는 도중에 만나서 오르는 산은 하나님의 임재를 경험하며 그분의 구원과 해방을 위한 음성을 듣는 특별한 장소다. 호렙산에서의 모세가 그랬고 감람산에서의 예수도 마찬가지였다. 출애굽기 2장 22절을 보면 모세가 미디안에서 십보라를 통해 아들을 낳고 그의 이름을 게르솜(sojourner)이라고 하였는데 그것은 자신이 외국에서 방랑하는 사람이 되었다는 뜻이며, 어쩌면 오늘 광야교회에서의 하루하루를 살아가고 있는 우리 모두의 정체성을 잘 나타내는 말일 것이다.

우리가 필요와 편리에 충동이 되어 어떤 물건을 살 때 잊지 말아야 할 것이 있다. 그것은 우리의 구매행위가 단지 경제적인 지출에만 머물지 않는다는 사실이다. 돈을 지불하고 새롭게 구입한 물건을 관리하고 보관할 우리 노동 시간을 함께 저당잡힌다는 사실을 우리는 미처 고려하지 못한다. 예를 들어 자동차가 여러 대 있으면 용도에 따라 다르게 사용할 수 있으니 우리의 삶이 더 편리해질 것이라고 생각하지만, 현실은 그것들을 유지하고 관리하기 위해 더 많은 수고와 노력을 기울여야 한다.

예수의 십자가를 바라보고 광야를 지나며 방랑하는 무등의 삶을 이어가는 천국의 나그네들은 이 세상에서 얽매이기 쉬운 많은 것들에서 벗어나서 단순한 실존을 추구할 필요가 있다. 스탠리 하우어워스의 지적처럼 우리가 소유한 것들이 우리 폭력의 원천이므로 적게 소유할수록 폭력성에서 벗어나 평화를 실현하기가 더 수월해진다. "우리는 다른 사람들이 내가 가진 것을 원할까 봐 두려워하거나, 자신이 과분한 것을 가졌다는 부담감에 시달리면서 자기 기만적 정당화를 추구"하는 연약한 존재들이다.[194] 십자가는 예수의 궁극적인 자기 포기의 상징이면서 동시에 하나님은 그것을 통해 이 세상에 평화를 성취하셨다.

이현필은 청빈과 절제의 삶을 추구했을 뿐만 아니라 가난을 찬양하고 감사하게 여겼다. 그의 글인 '가난을 감사하나이다'에서 다음과 같이 고백한다.

> 가난을 감사하나이다. 가난의 자유여! 아! 얼마나 가벼운 짐입니까? 헛된 기쁨을 누리지 않게 되는 이 자유로운 시간, 헛된 인사를 주고받지 않는 이 행복! 깊이깊이 인생의

---

[194] 스탠리 하우어워스, 『평화의 나라』, 193.

밑바닥까지 가치를 들추어 볼 수 있는 이 가난함의 복이여! 참말 복되도다…세상 사물에 가난해지면 믿음에 부해지나이다. 세상에서 가난하면 천국에서 무한으로 부해지나이다…가난은 천국이요 참으로 천국은 가난한 마음의 소유입니다.[195]

이 고백은 무한경쟁과 소비를 최고의 미덕으로 여기는 오늘날의 경제 관점으로는 도저히 이해할 수 없는 내용이지만 그의 글에서 예수의 향기가 진동하는 이유는 무엇 때문일까?

당대의 석학이었던 다석 유영모는 1946년에 이현필을 처음으로 만나 계속 교제하면서 그를 통해 영성의 빛을 보았다며 광주를 '빛고을'이라고 부른 최초의 인물로 알려져 있으며, 서울에 살면서 종종 광주 동광원에 내려와서 동광원 사람들을 위해 강의했다고 한다. 이현필도 유영모의 동정과 순결사상에 동의하면서 전폭적으로 그를 신뢰하고 지지했다고 전해지며, 인격과 말씀에 매료되어 그를 스승으로 여겼다고 한다.

유영모의 영성이 종교를 초월한 믿음으로 하나님과 나와의 관계를 강조한 것이라면, 이현필의 영성은 이웃에 대한 이타적인 사랑의 적극적인 실천이었다. 두 흐름의 만남을 통해 자칫 신비적이고 고립된 개인적 영성만을 추구할 수도 있었던 동광원이 사회복지와 이웃을 향한 봉사를 실천하는 사회적 영성의 면모를 아울러 갖출 수 있었다.

---

195) 이현필, 『나는 너를 사랑하고야 말 것이다』 (서울: 키아츠, 2019), 14-15.

동광원과 같이 개혁교회 전통에 기초한 수도원적 영성을 지향하면서 평화와 화해의 상징으로 에큐메니컬 정신을 구현하고 있는 프랑스의 떼제 공동체도 한국의 동광원에 대해 알게 된 후로 깊은 관심을 나타낸 것으로 알려져 있다. 떼제 공동체의 지도자였던 로제 수사는 이현필의 제자였던 김준호와 서신을 주고받으며 교제를 나누었고, 현재 동광원에서는 예배 시간에 떼제 찬양도 병행하여 사용하고 있다.

2대 원장이었던 정인세에 이어 3대 수도원장을 지낸 김금남은 18세에 어머니와 함께 이현필의 가르침을 따라서 평생을 헌신했고, 2020년 하나님의 부르심을 받기까지 74년을 독신으로 수도자의 길을 걸어간 동광원의 가장 오랜 증인이다. 그의 삶을 기록한 책인『나는 온전함을 따라 다르게 살기로 했다』는 진솔한 고백으로 명징하게 무등의 영성을 보여준다.

26) 사랑으로 모여서 사랑으로 지내다가 사랑으로 헤어지다

불의가 만연한 사회일수록 정의에 대한 개념이 어떤 절대적이며 불변의 가치를 지닌 것이 아닌 상대적이며 때로는 주관적인 것으로 흘러가는 경우를 보게 된다. 이런 상황에서 때로는 누가 그 정의를 개념화하는가, 혹은 어떠한 방식으로 우선순위를 정하는가에 따라 현실에서 정의를 수립하는 것이 전적으로 다른 양상을 띠게 된다. 하지만 분명한 것은 헨리 데이비드 소로의 지적대로 실천하는 정의는 혁명적이며 필연적으로 관계를 변화시킨다. 마치 마지막 시기에 대한 예수님의 말씀처럼 이것은 심지어 가족을 갈라놓고 개인의 중심을 악으로부터 분리시키는 일이다. 소로는 『시민의 불복종』에서 다음과 같이 설명한다.

> 원칙에 입각해 행동하고 무엇이 옳은지를 인식하고 스스로 행하면 사물을 변화시키고 관계에 변화를 가져온다. 이는 본질적으로 혁명적이며 기존의 것과는 완전히 다르다. 이러한 행동은 정치와 교회뿐만 아니라 가족도 갈라놓는다. 원칙에 입각한 행동은 심지어 한 개인에 내재된 선과 악을 분리시킨다.[196]

이것은 현실 세계에서의 정의에 대한 참으로 예리하고도 정확한 분석이다. 정의를 실천한다는 것, 그것은 반드시 변화와 혁명적인 성격을 드러낼 때 가능하다. 때로는 겨자씨 한 알의 희생과 헌신일지라도 언젠가는 그곳에 많은 새들이 찾아와 안식을 취하는 장소가 되듯이 말이다.

지금까지 동광원과 이현필의 가르침을 통해 발견한 통합적 영성으로서의 무등신학은 세상에서 하나님 나라의 정의를 실현하기 위한 혁명적이고 근본적인 변화를 향한 하나의 도전이라고 할 수 있다. 수도자들은 가족이나 세상과의 관계를 단절하고 개인적으로는 내면세계에서 일어나는 시험과 갈등의 상황에서 끊임없이 십자가의 길을 선택하라는 도전과 부름에 응답한 사람들이다. 이세종에서 이

---

[196] 헨리 데이비드 소로, 『월든-〈시민 불복종〉 수록』 (서울: 웅진씽크빅, 2010), 418.

현필로 이어지는 동광원의 한국 개혁교회 고유의 토착적 영성 전통을 지켜왔던 대표적인 인물들은 이 과정을 거치며 케노시스와 디아코니아가 균형 있게 구현되는 공동체와 사역의 현장에 헌신한 사람들이었다. 그리고 남원 출신으로 동광원의 3대 수도원장을 지낸 김금남도 그들 가운데 한 사람이었다.

전도서 1장 2-3절의 "모든 것이 헛되도다. 해 아래에서 수고하는 모든 수고가 사람에게 무엇이 유익한가"라는 말씀을 중심으로, 로마서 12장 1절의 "몸을 하나님이 기뻐하시는 거룩한 산 제물"로 날마다 드리기 위해 평생을 살아온 김금남 원장이었다. 그녀는 무상한 물질로 이루어진 헛된 세상의 질서와 가치관을 따르지 않고 영원한 진리의 빛을 추구하고자 수도자의 길을 택한 자신의 삶을 돌아보며 순간마다 깃든 하나님의 은총을 고백한다. 김금남은 사는 동안 죽을 것같이 힘든 순간도 있었고 때로는 주님의 임재 앞에서 한없는 떨림과 환희를 누리기도 했다면서 영적인 단련의 과정에서 그리스도의 섬세한 사랑으로 자신을 이끌어 준 맨발의 스승 이현필을 회고한다.[197]

이현필은 보통 걸어서, 그것도 맨발로 다녔지만, 여러 곳에 흩어져 있던 동광원 사람들을 찾아가서 사랑으로 위로하고 성서를 가르치기 위해 때로는 기차나 버스를 이용하기도 했다. 그럴 때마다 그는 제자들에게 "우리는 제일 나중에 타자"라고 하며 다른 사람에게 자리를 다 양보하고 문간에 서서 다니곤 했다고 한다. 한번은 기차를 탔는데 어떤 사람이 이현필에게 다가와서 이름을 물으니 자신의 성

---

[197] 기독교동광원수도회, 『나는 온전함을 따라 다르게 살기로 했다』 (서울: 좋은땅, 2019), 19-20.

은 '헌'가요, 이름은 '신짝'이라고 대답한 일이 있었다고 한다. 이뿐만 아니라 제자들이 그를 선생님이라고 부르는 것을 보면 종종 "나보고 선생이라 하지 말고 헌신짝이라고 부르시오"하고 부탁하기도 했다고 전해진다. 세상에 계시는 동안에 "고아와 과부와 나그네의 친구"로 불리며 사회적 약자를 위한 우선적인 선택을 삶으로 보이셨던 예수님과 같이, 이현필은 자신이 헌신짝이라고 불리는 것을 기뻐하며 그것을 마치 예수를 닮는 지름길로 여긴 작은 예수였다.[198]

우리가 세상에서 선생이 되어 누군가에게 복음과 하나님 나라의 신비를 가르치기 위해 할 수 있는 가장 효과적인 방법은 무엇일까? 말로만 하는 것이 아니라 예수의 길을 행동으로 따르며 그 여정에 동행할 수 있도록 삶으로 가르치며 권면하는 것이다. 김금남은 어린 시절의 어느 추운 계절에 여러 날이 걸려 지리산에서 출발하여 광주로 가기 위해 이현필을 따라서 맨발로 걸었던 일을 추억하며 굶주림과 고난의 여정에서 경험한 천국의 평화를 회상한다. 그것은 마치 새장에 갇혀 있던 새가 새장을 벗어나 하늘로 날아가는 듯한 기쁨이었으며, 세속적 욕망과 집착으로 만들어진 세상을 벗어나는 자유와 평안을 체험한 날이었다는 것이다. 그날의 고통스러웠어도 영원히 잊을 수 없었던 스승과의 동행을 통하여 김금남은 이스라엘 백성이 애굽에서 탈출할 때의 기쁨을 온몸으로 이해했고, 예수님이 십자가를 지셨을 때 품으셨을 뜨거운 사랑의 마음을 깨닫고 큰 위로와 힘을 얻었다고 한다.[199]

---

198) 엄두섭, 『순결의 길, 초월의 길』, 17-18.
199) 기독교동광원수도회, 『나는 온전함을 따라 다르게 살기로 했다』, 67-68.

가르치는 일에는 막중한 책임이 따르기 때문에 야고보서 3장 1절에서는 "선생 된 우리가 더 큰 심판을 받을 줄 알고 선생이 많이 되지 말라"고 경고한다. 그렇다면 이미 선생이 된 사람은 어떠한 인생을 살아야 이처럼 엄중한 심판을 면할 수 있을까? 그것은 비록 세상이 알아주지 않아도, 누군가의 인정을 받지 못해도 자신의 길을 계속 가는 것이다. 그 어떤 성공의 가능성조차 보이지 않는 희미한 안개 속에 있어도 어딘가에 선명하게 존재하고 있을 진리의 빛을 믿으며 모든 실패와 좌절의 기억을 딛고 올라서서 하나님 창조의 손길이 닿은 만물을 향한 경탄과 사랑을 지속하는 것이다. 아무리 세상이 험악해지고 환경이 나빠진다고 해도 영원히 변하지 않는 소중한 것들이 있다. 방랑하는 사람의 무등신학을 일구며 진행하는 여정은 이처럼 세월이 흘러도 변함없이 중요한 것들을 찾아 떠나는 것이다.

이현필은 말을 하지 못할 정도로 심한 후두 결핵을 앓았다. 그는 서울에 있는 제자인 한영우를 찾아가서 필담으로 자성적인 다음과 같은 글을 남겼다.

> 저는 그동안 잘못 믿어온 점을 고백합니다. 제게 있어선 선행이 귀한 것이 아니라 예수님의 보혈이 귀할 뿐입니다. 그동안 저는 저를 따르는 이들을 온통 철저한 율법주의자들로 만들어 버렸습니다. 저는 위선자입니다. 저도 그리스도의 보혈을 의지하여 구원 얻은 사람이지 선행이나 금욕, 고행으로 구원을 얻으려는 사람이 아닙니다. 저는 앞으로

주의 보혈을 의지하는 신앙으로 뛰어 들어갈 것입니다.[200]

그리고 그는 제자에게 무슨 고기든지 좋으니 구해오라고 부탁했다. 한영우가 굴비 한 마리를 사와 깡통에 물을 붓고 끓여서 가져오자 이현필은 국물을 떠서 자기 입에 넣어 달라고 했다. 그동안 육식을 전혀 하지 않았던 그가 의도적으로 파계하기 위하여 고깃국을 마신 것이다.[201] 이것은 혹시라도 그의 철저한 고행과 금욕주의적인 모습이 제자들에게 마치 율법주의자처럼 보이거나, 또는 하나님의 은총이나 그리스도의 보혈보다 철저한 절제를 통해 자기완성을 추구하는 사람으로 오해받을 것을 염려하여 의도적으로 행한 일이라고 한다. 질병으로 인해 고통스러운 순간에도 제자들의 믿음을 위해 자기 의를 한순간에 내려놓은 이현필의 결정은 사람을 의지하지 않고 그리스도의 십자가를 바라보도록 만드는 일종의 이정표가 되었다.

1964년 이현필은 광주 동광원에서 마지막 집회를 열었다. 몸이 극도로 쇠약해져서 스스로 몸을 가누지도 못할 정도였지만 제자들의 부축을 받으며 하루에 세 번씩 성서를 가르치는 시간을 가졌다. 보통 그의 강의는 두세 시간 동안 계속해서 진행되었는데 어디서 힘이 생겼는지 우스운 이야기를 하기도 하고 질문도 하면서 때로는 "아, 기쁘다, 참, 기쁘다"라는 고백으로 제자들에게 용기를 심어 주었다고 한다.

---

200) 엄두섭, 『순결의 길, 초월의 길』, 22.
201) 위의 책, 23.

이현필은 이 집회에서 누가복음 14장 25-35절의 말씀으로 예수의 참된 제자가 되는 길을 가르치며 "정절을 지켜야 그리스도의 은혜를 갚는 일이 된다", "음란과 돈을 이기는 일이 곧 세상을 이기는 일이다", "물질 없어도 살 수 있다고 믿어지면 그것이 천국"이라고 전했다.[202] 그는 제자들과 자리에 모인 사람들에게 농부가를 부르자고 제안하며 함께 춤도 추고 노래도 불렀고, "아, 사랑으로 모여서 사랑으로 지내다가 사랑으로 헤어지자! 이번에 헤어지면 우리는 언제 또 만날지 모른다"라고 하면서 마치 천국의 어린이처럼 행동했다고 한다. 이러한 영적인 희열은 그의 임종의 순간에도 터져 나왔는데, "오, 기쁘다! 기쁘다! 오 기뻐! 오매 못 참겠네. 아이고 기뻐!"를 외치며 주변의 제자들에게 "제가 먼저 갑니다. 다음에 오시오!" 하고 무릎을 꿇고 앉은 채로 얼굴은 하늘을 쳐다보면서 눈을 감았다고 전해진다.[203] 이사야 58장의 내용과 같이 굶주린 자에게 정성을 쏟으며 불쌍한 자의 소원을 충족시켜 주는 일에 헌신해온 이현필과 동광원 사람들의 물 댄 동산, 물이 끊어지지 않는 샘처럼 흐르는 무등영성을 통해 제2, 제3의 동광원이 이 땅에 나오길 기대한다.

---

202) 위의 책, 25.
203) 위의 책, 26-27.

6.
5·18민주화운동과 교회의 역할

27) 푸름과 붉음이 공존하는 광주의 오월

봄의 기운이 완연한 5월을 사람들은 계절의 여왕이라고 부르며 푸른 생명력을 발산하는 아름다운 달로 기억한다. 하지만 광주의 5월은 여전히 붉다. 1980년의 민주화운동을 상징하는 거룩한 희생을 기억하는 사람들에게는, 그리고 각종 역사 왜곡과 날조된 유언비어에 의한 모독으로 오랜 세월을 고통과 인내로 보내야 했던 희생자들과 그들의 가족에게는 더욱 그렇다.

빼앗긴 5월 광주의 푸름을 되찾기 위한 지난 42년간의 노고와 희생은 여전히 진행형이고, 더구나 개혁교회 전통을 지닌 광주 지역 교회들의 참여와 관련하여 연구를 위한 구체적인 자료 조사도 시작 단계여서 아직 5·18광주민주화운동을 신학적으로 구성하기에는 쉽지 않은 면이 있다. 그렇지만 시대를 초월하여 도도히 흘러온 무등신학의 정신은 5·18에서 정점에 이르렀다고 해도 과언이 아닐 것이다. 왜냐하면 공적 신앙으로 적극적인 사회 참여를 실천한 개인과 교회의 기록들이 당시의 민주화운동을 목격하고 경험한 그리스도인들을 중심으로 계속 드러나고 있기 때문이다.

1995년 서울지방검찰청과 국방부 검찰부가 발표한 '5·18 관련사건 수사결과'에 의하면 5월 18일 이후로 열흘간의 유혈 사태에서 민간인 166명, 군인 23명, 경찰 4명이 사망하였다. 그 외에 행방불명으로 공식 인정된 사람은 47명에 달하였다. 광주에서의 참극은 광주시민이 신군부의 쿠데타에 저항한 민주화운동이었다. 민주주의를 회복하고 정의를 수립하려는 학생과 시민의 시위대를 공수부대가 무차별 가격으로 진압하고 인권을 유린하여 인명 피해가 발생한 것이 평화적인 시위를 진행하려고 했던 시민의 무장 항쟁을 불러일으켰다. 이것은 시민이 자발적으로 불의한 정부에 대해 저항한 것으로, 헨리 데이비드 소로의 『시민 불복종』에 나오는 다음의 글을 생각나게 한다.

> 그러나 법이 본질적으로 우리로 하여금 다른 사람에게 불의를 행하는 역할을 하도록 강요한다면 그 법은 즉시 위반하라. 우리의 생명을 걸고 기계의 작동을 멈추게 하는 대항 마찰력이 되자. 우리가 비난하는 바로 그 불의가 자행되는 것을 도와서는 안 된다.[204]

---

[204] 헨리 데이비드 소로, 『월든-〈시민 불복종〉 수록』, 419.

무등신학은 공공신학적인 성격이 강하다. 앞서 연구한 광주와 전라권을 중심으로 활동했던 다양한 신앙인들의 적극적 참여를 통해 나타난 신행일치(信行一致)와 통합적 영성으로 요약되는 이 지역의 영적 전통이 그것을 충분히 보여준다. 그러므로 무등영성의 풍부한 자원을 신학적으로 정립하기 위한 구성신학적 접근(constructive theological approach)은 사회의 공동선을 위한 교회의 공공성을 어떻게 수립할 것인지의 고민과 깊이 관련되어 있다. 몇몇 학자들을 통해 5·18민주화운동과 관련하여 당시 광주에 있던 교회와 교단들의 활동에 대한 조사와 연구가 진행되었지만, 아직도 아물지 않은 상처를 만지는 것은 고통스러운 일이기 때문에 여전히 많은 당면 과제를 안고 있다. 그렇지만 이것은 그리스도의 십자가를 따르는 상처 입은 치유자를 지향하는 무등신학이 우선적으로 감당해야 할 사명이다.

5·18광주민주화운동과 관련하여 가장 널리 읽히면서 내용이 세밀하여 '고전'이라고 평가를 받는 책이 있다. 소설가 황석영의 기록에 의존하여 1985년에 처음 출판되었다가 2017년에 이재의, 전영호 등의 기록을 추가하여 전면개정판으로 출간된 『죽음을 넘어 시대의 어둠을 넘어』이다. 이 책의 제목은 황석영이 시인 문병란의 시 가운데 일제 강점기 이래 민주화와 통일의 길 위에서 수많은 위기와 장애를 극복해온 민중의 근현대사를 함축적으로 나타내주는 말이라고 생각되어 인용한 것이다.

1997년 12·12, 5·18 재판 등을 통해 전직 대통령이었던 전두환과 노태우에 대한 사법적 단죄가 시작되었다.[205] 1997년에 5·18은 특별

---

205) 황석영, 이재의, 전용호, 『죽음을 넘어 시대의 어둠을 넘어』 (파주: 창비, 2017), 5.

법 및 국가기념일 제정과 더불어 국가기관에 의해 '민주화운동'으로 공식적으로 명명되었다. 그뿐만 아니라 2011년에는 5·18민주화운동과 관련한 기록물이 국내 현대사 관련 기록물로는 최초로 '유네스코 세계기록유산'으로 등재되었다. 이것은 5·18민주화운동이 영국의 『대헌장』(Magna Carta, 1215), 미국의 『독립선언문』(1776), 그리고 프랑스의 『인간과 시민의 권리 선언』(1789) 등과 같은 인류사의 인권 신장을 위한 주요 업적으로 세계에서 공식적인 인정을 받았다는 일종의 증거라고 할 수 있다.[206]

필자가 기억하는 5·18은 왜곡과 현실의 상황이 극명하게 대조되어 있다. 초등학생 시절이었던 1980년 텔레비전을 통해 시청한 왜곡된 장면과 언론의 날조된 보도는 남파된 북한의 특수군과 북한의 지령을 받은 불순세력에 의한 것이라는 터무니없는 내용이었다.

하지만 2015년 사역을 막 시작했던 광주의 어느 교회에서 만난 권사님에게서 머리를 쇠파이프로 가격당한 일을 전해 들었다. 그때의 일은 권사님께 큰 충격과 깊은 상처가 되었다. 당시 전남대학교 학생이었던 권사님은 영문도 모른 채 도망가는 도중 군인에 의해 입은 상처로 아직도 트라우마에 시달리고 있다는 고통스러운 고백을 처음 만난 자리에서 털어놓으셨다. 그때의 일을 회상하며 시민과 학생들은 민주화의 열망과 평화적인 해결을 위해 각자가 처한 상황과 장소에서 점차 동지가 되어갔다고 전했다.

진실은 힘이 있지만 때로는 그 진실이 악한 세력에 의해 왜곡되

---

206) 위의 책.

어 우리를 혼란스럽게 만들기도 한다. 그러므로 불변의 진실이 존재한다고 고집스럽게 주장하기보다는, 가끔 그 이면의 가능성을 살펴보고 인정할 필요가 있다. 성서의 진리도 마찬가지다. 우리가 지금 진리로 믿고 따르는 것이 모든 시대와 맥락을 초월하여 항상 같은 방식으로 현장에 적용되지는 않는다. 그런 면에서 진리란 고정된 그 무엇이 아니다. 오히려 참 진리는 불확실성을 배제하지 않으면서 질문과 도전받기를 환영한다. 진실을 규명하고 진리를 수호하는 일은 거짓과 불의에 맞서는 용기 있는 행동과 더 깊이 관련된 경우가 많다.

방랑하는 사람의 무등신학 구성은 진리의 실재를 의심하지 않으면서 현실에 안주하지 않고 때로는 불편한 진실이나 역사의 고통과 상처에 직면하여 과감히 하나님의 선과 온전한 뜻을 찾는 일이다. 그리스도인은 사회와 문화에 대한 공적인 책임을 져야 하고, 교회는 세상에서 공공성을 확보할 사명이 있다. 이것은 개인으로서의 그리스도인과 공동체로서의 교회의 정체성과 관련한 끊임없는 요구사항으로 초기 교회 이후로 계속 강조된 본질적인 과제다.

행동하는 그리스도인의 공적 신앙(public faith)과 관련하여 예일대학교 교수인 미로슬라브 볼프(Miroslav Volf)는 장기간의 사회 갈등과 평화를 위한 화해의 과정을 모두 경험했던 데즈먼드 투투(Desmond Tutu)에게 배운 무조건적인 존중이 공적 참여에 필수적임을 다음의 글을 인용하여 강조한다.

우리가 적들도 존중하고, 그들을 괴물로 보지 않고, 인간성을 말살시키지 않고, 악마로 만들지 않고, 그들의 인간성 때문에 존중받을 자격이 있는 동료 인간으로 볼 때만, 우리는 갈등을 막는 담화를 할 수 있을 것이다.[207]

5·18민주화운동의 순결한 붉은 희생이 거룩한 한 알의 씨앗이 되어 이 땅에 평화를 수립하고 푸른 생명의 문화를 이루기 위해서는 증오와 미움보다는 열린 대화의 장이 필요하다. 때로는 도저히 용서할 수 없는 상황에서도 문제의 해결과 진실을 투명하게 밝히기 위해 용기를 내어 공적인 자리에서 만나 공동의 선을 추구하는 결단이 요청된다. 소로의 지적처럼 "그러나 우리는 자신이 자기 고집만 피우며 편파적으로 행동하지는 않는지, 혹은 다른 사람의 의견에 지나치게 좌지우지되지는 않는지 항상 살피고 경계를 게을리하지 말아야 한다. 그리고 각자 자신이 처한 상황에서 자신의 소신에 따라 행동해야 한다."[208]

5·18민주화운동의 역사적 진상규명은 여전히 쉽지 않은 일이다. 더구나 가장 밀접하게 연관된 전직 대통령의 죽음과 보수 정권의 득세로 인해 자칫 과거의 날조와 왜곡의 역사가 다시 반복되지는 않을까 우려된다. 하지만 진리의 빛은 결코 쉽게 사라지지 않는다. 아무리 깊은 어둠 속에 감추려고 해도 진실은 세상에 드러나게 마련이고 결국엔 모두를 자유롭게 할 것이다.

---

207) 미로슬라브 볼프, 라이언 매커널리린츠, 『행동하는 기독교』, 김명희 옮김 (서울: IVP, 2017), 293.
208) 헨리 데이비드 소로, 『월든-〈시민 불복종〉 수록』, 432.

5·18기념재단은 2006년부터 5·18을 경험한 인물들의 기억을 수집하여 단체별로 정리한 『구술생애사를 통해 본 5·18의 기억과 역사』를 출간하고 있다. 제7권이 '개신교편'으로 여기에는 22명의 개혁교회 전통의 그리스도교 신앙을 지녔던 민주화운동 참가자들의 증언이 수록되어 있다.[209] 명단에는 광주YWCA의 설립과 회관 건립을 위해 평생을 헌신했고, 다양한 사회적 약자들을 섬긴 무등의 어머니 소심당 조아라 장로가 포함되어 있다. 소심당은 5·18민주화운동 당시 신군부가 광주의 시민을 무자비하게 탄압하자 광주YWCA 건물을 개방하여 시민항쟁의 근거지가 되게 하였다. 그는 69세의 나이에도 5·18 수습대책위원으로 활동하다가 6개월간 옥고를 치렀으며, 출감한 후에는 피해자 가족과 구속자, 부상자들을 돌봤던 5·18의 산 증인이었다. 어떤 상황에서도 희망을 포기하지 않는 마음은 비록 앞이 보이지 않아도 당장 우리 곁의 아픈 누군가를 돌보는 사랑을 실천하게 한다.

28) 우는 자들과 함께 울고 서로 마음을 같이하며

　1980년 광주의 5월 하늘을 정의와 민주주의와 평화 수립을 위한 학생과 시민들의 외침으로 채운 것은 역사적으로 면면히 이어져 내려오는 민중의 오랜 저항의식과 관련이 깊다. 광주와 전라권을 배경으로 하는 무등신학의 정수는 그것을 바탕으로 하여 형성되어 왔다. 봉건적 신분제도를 타파하여 평등을 이루고 외세를 배격하여 조

---

[209] 5·18 기념재단 편, 『구술생애사를 통해 본 5·18의 기억과 역사 7: 개신교편』, 2015.

국의 자주권을 수호하기 위해 1894년에 일어난 동학농민혁명에서부터 시작하여, 1919년의 3·1만세운동, 1948년의 제주 4·3 항쟁, 1960년의 4·19혁명, 그리고 1980년의 5·18광주민주화운동으로 꽃을 피운 자유와 민주화를 향한 열망은 1987년의 6월 민주항쟁과 평화적 시민운동의 상징인 2017년 촛불혁명을 일궈 냈다. 이처럼 근대화의 시기를 거쳐 현대로 넘어오면서 한민족은 대략 20-30년을 주기로 절망적인 역사의 시점에서 민중이 주체가 되어 수난을 딛고 일어서는 고통스러운 사건들을 겪었는데, 그 주된 현장이 바로 무등신학이 형성된 곳이다.

5·18광주민주화운동은 대한민국의 현대사에서 가장 비극적인 사건 가운데 하나로, 이제는 비록 사람들로부터 점점 희미해지고 있는 기억이지만 시민 정신을 고양한 의미와 민주주의 구현의 원동력이 되었던 상징성은 시대가 흘러도 사라지지 않을 것이다.

당시의 배경이 되었던 국내의 상황을 간략하게 서술하면 다음과 같다. 오랜 군사독재와 억압의 상황이 1979년 10월 26일에 발생한 대통령 암살로 순식간에 종결되자 통제와 현실 왜곡으로 억눌려 있던 국민의 민주화를 향한 열망은 본격적으로 자라나기 시작했다. 그러나 같은 해 12월 12일 신군부는 비밀스러운 모의와 일방적인 군사작전으로 군사 반란을 일으켰고, 그 후 정권을 장악하기 위해 비상 계엄령의 전국적 확대를 도모하며 국민의 불안감을 가중했다. 결국엔 국민의 기대가 한순간의 물거품이 되는 것처럼 보였으며, 이에 전국적인 규모의 학생운동을 중심으로 곳곳에서 시위가 발생했다. 특히 1980년 5·16쿠데타 기념일인 5월 16일에 전국에서는 유일하게 광주의 전남도청 앞 광장에 3만여 명의 대학생과 시민들이 모여 평화적인 횃불시위를 벌였고, 이것은 뜨거운 열기 속에서 박정희의 군사쿠데타에서 유신독재로 이어진 18년간의 암흑의 역사를 민주화의 횃불로 밝히겠다는 확고한 의지의 표현이었다. 하지만 이러한 노력에도 불구하고 신군부의 정권 찬탈을 위한 야욕으로 인해 광주의 수많은 학생과 시민들이 참혹하게 희생되었고 결국 제5공화국이 수립되었다.[210]

그해 5월의 광주를 뜨겁게 달군 민주화의 열기는 신군부에 대항하여 진행된 시민 항쟁을 촉발하였고 열흘째를 맞이한 27일 새벽 계엄군의 잔인한 작전으로 사그라들었다. 하지만 당시 광주에서 죽어 갔던 생명은 무의미하게 희생된 것이 아니었다. 오히려 패배처럼 보였던 역사의 아픔은 더 강인한 생명력을 얻어 반독재와 민주주의 쟁취를 향해 중단 없이 전진하며 대한민국의 민주 정신을 성장시키는 자양분이 되었다.

특히 그 기간의 항쟁에서 보여준 광주의 성숙한 시민의식은 외국에서도 비슷한 경우를 찾아보기 어려운 모범적인 사례로 알려졌다. 병원들은 민주화운동이 진행되는 기간에 발생한 많은 부상자를 치료하는 데 필요한 혈액이 부족하여 잠시 곤란을 겪기도 했지만, 이 소식을 듣고 달려온 시민들의 자발적인 헌혈로 인해 혈액원마다 피가 남는 상황이 되었다고 한다.

또 치안 유지능력이 매우 열악해진 상황이었음에도 은행이나 각종 금융기관, 그리고 귀금속 취급점이나 상점 등에서의 사고가 발생

---

210) 차종환, 김인철 편, 『5·18 민주화운동의 왜곡과 진실: 5·18 광주민주화운동』 (서울: 프라미스, 2020), 277-287.

하지 않았을 정도로 높은 윤리적인 성숙함을 보여주었다. 오히려 이 기간에 범죄 발생률이 평소보다 더 낮았고, 더구나 수백 명에 이르는 시민군과 항쟁 지도부를 위한 식사도 시민들이 주먹밥과 빵을 자발적으로 마련하여 해결했다고 전해진다.[211]

특히 피해를 복구하는 과정에서 지역의 많은 교회가 주도적으로 참여해서 도왔는데, 그들은 비록 적극적인 무장투쟁이나 무기 사용과 같이 문제 해결을 위한 구체적인 방법에는 의견을 달리하기도 했지만 우는 자들과 함께 울고 서로 마음을 같이하며 높은 데 마음을 두지 말고 도리어 낮은 데 처하는(롬 12:15-16) 참된 화해와 상생의 섬김을 실천했다. 이것은 차별과 소외가 없는 세상을 꿈꾸는 무등신학을 형성한 중심인물들인 남장로회 선교사들과, 최흥종 목사, 강순명 목사, 조아라 장로, 그리고 이세종에서 이현필로 이어지는 적극적인 실천과 참여의 사회적 영성을 실현한 현장의 모습이라고 할 수 있다.

광주대학교 교수이며 역사학자인 한규무는 "5·18 민중항쟁과 1980년대 광주·전남 개신교계 동향"이라는 제목의 논문에서 1980년 5월 23일 광주의 15개 교파 200여 교회 62명의 목사와 장로들이 광주제일교회(예장통합)에 모여서 결성한 '광주시기독교수습대책위원회'가 '광주시기독교구호대책위원회'로 이름을 바꾸어 활동의 방향을 수습보다는 구호에 맞추어 진행했던 사실에 주목한다. 당시 신앙 노선이나 사회적 참여의 입장을 달리했던 보수와 진보의 여러 교파의 교회들이 연합하여 구호금을 모금하고 총기를 회수하며 협상을 통해 연

---

211) 위의 책, 100-101.

행자들을 석방하도록 협력한 사실은 강도를 만난 것과 같은 위급한 상황에 놓인 광주를 위해 모두가 선한 사마리아인이 되는 일에 공감대를 형성한 것이다. 계엄군의 도청 진입으로 열흘간의 항쟁이 끝난 이후에 전면 금지되었던 대중집회나 단체활동과는 달리, 구호에 적극적으로 나서는 교회의 예배는 허용되었다고 한다.[212] 당장 시급하게 해결해야 하는 사망자와 부상자에 대한 장례와 치료 및 구호를 위해 계엄 당국에서는 이 위원회의 활동을 통해 당면 과제를 풀어가려고 했던 것이 아닐까 생각된다.

당시 구호대책위원회에서는 광주의 모든 교회에 다음과 같은 문구로 시작하는 공문을 발송하여 성금을 모금했다.

> …금번 5·18 광주시민궐기사태에 따른 피해 사항(사망·부상)에 대처해서 시내교회(초교파)가 일치단결하여 이 시기에 교회의 사명을 다하기 위해 구호사업을 추진키로 하였사오니 적극 참여하여 주시기 바랍니다.[213]

구호대책위원회는 광주뿐만 아니라 전국 각지에서 보낸 성금으로 병원에 입원 중인 시민, 군인, 경찰들을 도왔고, 사망자들을 위한 묘지를 망월동에 지정해 줄 것을 광주시장에게 요청했으며, 교도소와 경찰서에 구금된 사람들을 위해 영치금을 전달하고 그들의 석방을 건의했고, 사망자 유족에게 위로금을 전달했다. 한규무의 조사에 따

---

212) 한규무, "5·18 민중항쟁과 1980년대 광주·전남 개신교계 동향," 「한국기독교와 역사」 39(2012. 9), 100.
213) 위의 글, 100-101.

르면 이와는 별도로 각 교단이나 교회별로도 진보·보수 성향의 구별 없이 한 뜻이 되어 구호에 지속적이며 적극적으로 참여했다고 한다.

하지만 정작 5·18의 가해자인 전두환 등 신군부 세력에 대해 가진 입장과 태도는 일치하지 않았다. 심지어 광주민주화운동의 아픔이 여전히 생생하게 남아 있던 1980년 여름 서울 롯데호텔에서 '국가와 민족의 장래를 위한 조찬기도회'라는 명칭으로 전두환 국가보위비상대책위원회 위원장이 참석한 기도회를 20여 명의 목사들이 모여서 가진 것은 큰 아쉬움으로 남는다.[214]

그해 5월 광주를 중심으로 일어난 민주주의를 위한 싸움은 비록 막강한 군사력으로 무장한 신군부의 진압 작전으로 인해 패배한 듯 보였지만 열흘간의 항쟁과 상처를 치유하는 과정에서 보여준 인권과 민주주의를 향한 열정, 그리고 수습과 진상규명을 위해 노력하는 정의와 평화를 위한 선한 마음의 영향력은 점점 커지고 있다. 그것은 종교와 인종, 이데올로기와 정치적 성향 등을 초월하여 모두가 소중하게 여기는 생명과 모든 살아 있는 것들의 존엄성, 그리고 그들을 끊임없이 사랑하고 보살피며 아끼는 일의 가치를 생생하게 일깨워주는 독특한 무등신학의 내러티브가 되었기 때문이다.

1980년 5월 신군부는 광주의 학생과 시민들을 폭력과 억압으로 다루면 그들이 고통에서 벗어나기 위해 독재정권의 명령을 순순히 들을 것이라고 믿었다. 신군부의 하수인으로 전락한 군인들은 광주 시민들을 무자비하게 탄압하면 그들이 자유롭지 못하리라고 생각

---

214) 위의 글, 103.

했다. 하지만 정말 중요한 것은 시민들의 찢기고 상하여 거동이 불편해진 육신이 아니라 민주주의와 평화를 열망하는 그들의 자유롭고 강인한 정신이었다. 그들이 아무리 끔찍한 군사작전으로 최후의 한 사람까지 찾아내어 저항하는 학생과 시민들을 모두 소탕한다고 해도, 또 다른 깨어 있는 시민이 품을 사그라지지 않는 정의와 민주주의에 대한 열정은 어찌할 수 없다는 것을 신군부 세력은 미처 깨닫지 못하였다.

5·18광주민주화운동은 우리 모두의 가슴속에 평등과 평화가 완벽하게 이루어져서 계급의 개념조차 사라지는 무등(無等) 세상의 아름다운 하나님 나라가 실제로 있음을 보여준다. 그해 5월, 10일간의 숭고한 희생과 그 후로 계속 진행되고 있는 진상규명을 위한 노력을 통해 우리는 희망을 존재의 바깥에서 찾을 필요가 없고 오히려 우리 안에 이미 뿌려진 씨앗을 통해 자라고 있음을 발견한다.

29) 트라우마와 죄의식의 기억을 넘어 무등 세상을 향해

성서에서의 하나님은 고난받는 인간의 현장에 직접 찾아오셔서 그들의 빼앗긴 자유를 찾아주시고 정의를 회복하여 해방과 구원을 이루신다. 하나님의 부르심과 인도하심을 따라 방랑하는 민족으로 살다가 이집트에 정착한 야곱의 후손들은 세월이 흘러 고된 종살이 때문에 고통을 호소한다. 그들은 물질적인 풍요가 아닌 영적인 자유를 향한 예배를 위해 막막한 광야를 향해 전진해 갔다. 그곳에서의 광야교회 생활은 비록 많은 역경을 겪어야 했으나 하나님의 백성으로서의 정체성을 발견하는 유익한 영적 훈련의 경험이었다.

그 후로 이 사건은 예언자들을 통해 이스라엘이 구원을 희망하는 순간마다 소환되어 기억하는 하나님에 의한 해방의 상징이 되었다. 복음서에 나타난 예수의 구원 선포도 비슷한 맥락에서 해석할 수 있다. 누가복음 4장 18-19절은 "주의 성령이 내게 임하셨으니 이는 가난한 자에게 복음을 전하게 하시려고 내게 기름을 부으시고 나를 보내사 포로 된 자에게 자유를, 눈 먼 자에게 다시 보게 함을 전파하며 눌린 자를 자유롭게 하고 주의 은혜의 해를 전파하게 하려 하심이라"고 선포하여 이사야의 예언 전통을 기억하고 계승한 구원의 성취로서의 그리스도를 소개한다. 사회적 약자와 억울하게 압제를 당하는 이들을 자유롭게 하는 메시아의 오심은 그 자체가 모두에게 은혜였다.

이와 마찬가지로 우리가 5·18광주민주화운동을 기억하는 것은 이 사건이 지닌 한민족의 역사를 통해 흐르는 억압과 핍박의 현장에서 끊임없이 해방을 추구한 구원 전통의 정점으로서의 상징성이 크기 때문이다. 사실 광주와 전라권은 소외와 저항의 정신이 오랫동안 존재해 왔던 땅이다. 임진왜란이 한창이던 1593년에 이순신 장군이 전라권을 근거지로 하여 왜적들과 싸우면서 사헌부 지평이었던 현덕승에게 보낸 편지에 "호남은 나라의 울타리라. 만일 호남이 없으면 그대로 나라가 없어지는 것이다"(若無湖南 是無國家)라는 내용의 글이 나올 정도로 애국과 저항 정신이 특별한 지역이었다.[215] 그 이후로도 근대화의 상징인 1894년 동학농민운동의 진원지였고, 항일 의병투쟁의

---

215) 차경춘, "약무호남(若無湖南) 시무국가(是無國家)—만약 호남이 없으면 국가가 없을 것입니다", 「한글+한자 문화」, 270권 0호 (2022): 52.

본거지였으며, 3·1운동 이후 최대의 독립운동으로 1929년에 시작하여 전국으로 퍼진 광주학생운동의 발원지이기도 하다. 이 지역은 장구한 세월을 민족의 자주성, 민중의 생존권과 평등, 평화와 민주주의를 지키기 위해 외세와 권력자들에게 끊임없이 저항한 역사의 숨결이 흐르는 곳이고, 구원과 해방을 위해 항쟁해 온 무등 세상 실현의 주 무대이다.

특히 복음이 전해진 이후로는 일제 강점기와 6·25전쟁을 치르면서 전국적으로 가장 많은 순교자를 배출하여 희생과 헌신의 피가 진하게 녹아 있는 지역이기도 하다. 실제로 광주광역시 양림동의 호남신학대학교 선교사 묘역의 옆자리에는 한국인으로 전·남북 지역에서 순교한 그리스도인들의 희생을 기억하는 공간이 마련되어 있다. 거기에는 전라권의 순교자 850여 명이 속해 있던 교회와 지역이 기록되어 있는데, 한 연구에 의하면 이는 개혁교회에서 나온 전국 그리스도교 순교자의 90% 정도에 해당하는 인원이라고 한다. 이것은 비록 광주와 전라권이 다른 지역에 비해 복음이 비교적 늦게 전해진 곳이었지만 이곳이 지닌 강한 저항 정신이 빚어낸 결과라고 생각되는 부분이다.

1980년 광주에서 시위가 계속된 직접적인 발단이 되었던 사건은 서울에서 발생했던 강력 시위의 책임을 물어 이 지역 출신의 대표적인 정치인이었던 김대중을 체포한 것에 있었다. 김대중은 그해 3월 1일 기자 회견을 통해 자유, 민주주의, 사회정의 실현과 우방국과의 친선 강화, 조국의 민주적 통일 추진 등을 강조했고 이것은 학생들의 시위와 아울러 노동자들의 동맹파업을 불러일으켰다. 곳곳에서

시국선언이 발표되었으며, 이런 흐름 가운데 진행된 것이 광주에서의 항쟁이었다.[216]

5·18광주민주화운동은 처음에는 평화적인 시위로 시작되었다. 하지만 평화적 항쟁이었던 시민운동이 폭력에 의한 저항으로 전개된 것은 신군부의 명령에 순응한 공수부대의 잔인한 탄압 때문이었다. 남녀노소를 가리지 않고 무차별하게 총기로 난사하고 진압봉으로 구타하여 수많은 살상을 유발한 그들의 야만적인 폭력에 흥분한 시민들이 학생들과 합세하여 가족과 이웃의 생명을 수호하기 위해 방어한 것이다. 거기에는 당시 광주시 인구의 40% 정도의 인원에 해당하는 약 30만 명의 시민과 학생이 광주를 비롯한 전남의 여러 지역에서 찾아와 자발적으로 참여했다고 기록되어 있다.[217]

조국이 히틀러의 악마적인 증오에 휩둘려 유대인을 비롯한 수많은 사람을 공포에 휩싸이게 할 때 신학자와 목사로서 공적 참여와 현실적합성에 대하여 고민한 디트리히 본회퍼(Dietrich Bonhoeffer)는 저서 『제자도의 대가』에서 다음과 같이 고백한다.

> 그리스도께서 한 사람을 부르시며 내게로 와 죽으라고 명하신다. 나 스스로 대단한 일을 이루려는 게 아니다. 다른 이들을 섬기고 돕기 위해서다. 이러한 섬김은 십자가에 달려 돌아가셨다가 부활하신 구주에 속한 모습이다.[218]

---

216) 차종환, 김인철 편, 『5·18 민주화운동의 왜곡과 진실: 5·18 광주민주화운동』, 144-148.
217) 위의 책, 90.
218) 디트리히 본회퍼, 『제자도의 대가』, 최예자, 백요한 옮김 (서울: 프리셉트, 2021), 17.

그는 미국에 머물며 자신의 역량을 발휘하여 세계 신학계에 이바지할 수 있었지만, 안전과 편안한 삶을 포기하고 위기의 조국 독일에 돌아가 행동하는 신앙인의 모델이 되었다. 그는 "우리의 임무는 국가가 법과 질서를 제대로 행사하지 못하고 남용할 때 바퀴 밑에 깔린 희생자들의 상처를 치료하는 것을 넘어, 그 바퀴 자체가 지나가지 못하도록 막는 것이다"라고 하며 긴박한 상황에 타자를 우선으로 보호하는 것이야말로 그리스도의 십자가를 따르는 일이라고 강조했다.[219] 그는 비폭력저항의 운동가였고 평화주의자였지만 국가의 참혹한 인종 말살정책과 조직적인 폭력에 맞서 그리스도인으로서의 공적인 역할을 감당하기 위해 다른 방향으로 결단했다. 그는 당시 자신이 처한 특수한 현실 세계를 투쟁의 장소로 여기지 않았고, 대신 그곳에 적합하게 하나님 나라와 뜻을 실현하는 책임의 영역으로 이해했다.

1980년 5월 광주를 중심으로 전남권에서 일어난 자유와 민주주의를 위한 시민군의 항쟁은 비록 비폭력저항의 평화적인 정신에 기초한 시민운동은 아니었지만, 히틀러의 폭정에 맞선 본회퍼의 숙고에 따른 결정과 마찬가지로 현실 적합성에 의한 행동이었다고 해석할 수 있다. 외부의 지원이 전혀 없는 상황에서 조직화도 제대로 되지 않은 시민군이, 그것도 낡은 개인 화기로 무장하여 공수부대에 저항한 싸움은 시작부터 승산이 없는 일이었다. 하지만 그들이 가족과 이웃과 친구와 동료 시민의 무고한 생명을 지키기 위해 목숨

---

219) 위의 책, 121.

을 건 항쟁을 감행한 것은 책임감과 희생정신에서 이루어진 행동이었다. 또 신앙의 공공성이 전쟁과도 같은 긴급한 상황에서 어떻게 구체적으로 발휘될 수 있는지 생각해 보게 만드는 저항이었다.

  5·18과 관련하여 책임자에 대한 엄중한 처벌이 중요하다. 하지만 우리에게는 과거에만 머물지 않고 미래 세대를 향한 평화와 민주의 비전을 제시하는 과제가 남아 있다. 항쟁 당시의 성취나 패배를 떠나 미래를 준비하고 계획하는 일에 도움이 되도록 광주시민만이 아닌 국민 전체가 역지사지의 마음으로 함께 고민하고 합력해야 할 것이다. 무엇보다 명확한 진상규명이 필요한데, 그 이유는 오직 진실만이 치유와 화해의 능력을 지녔기 때문이다. 때로는 우리에게 안정감을 준다고 여기던 것들이 진실에 기초하지 않는다면 우리를 착각과 환상에 빠지게 하여 불안감을 조성하기도 한다. 5·18과 관련하여 무성했던 각종 음모론도 그렇게 작용해 왔다. 사실에 근거하지 않고 각종 가짜뉴스와 조작으로 만들어진 음모는 인간에게 막연한 공포와 불안감을 불러일으키고, 결국엔 군중심리의 취약한 점을 노려 진실이 밝혀지는 것을 오히려 두려워하게 만든다. 5·18과 관련하여 우리는 터무니없는 음모론을 그치고 정확한 진실에 기초하여 미래 세대를 위한 바른 비전을 제시할 수 있어야 한다.[220]

  5·18민주화운동은 일회적인 사건이 아니라 어떠한 차별이나 등급이 없는 무등신학을 형성하는 거대한 역사의 흐름 가운데 우뚝

---

[220] 실제로 일부 보수 단체와 수구 논객 지만원 등은 북한 특수부대 600명이 광주에 내려왔고, 그들이 광주 시민들에게 총질을 했다고 역사 날조를 한 적이 있다. 참고 『5·18 민주화운동의 왜곡과 진실: 5·18 광주민주화운동』, 167-211.

선 실천의 극대화이자 오늘날에도 여전히 유효한 시대정신이다. 항쟁과 진상규명의 과정에서 발생한 기억의 많은 부분은 누군가에게는 죄의식으로, 또 다른 누군가에게는 회복이 어려운 트라우마로 남아 있다. 하지만 두 측면은 분리되지 않고 혼재되어 수시로 사라진 것처럼 보였던 우리의 아픈 과거를 생생한 현재로 소환하여 성찰과 반성의 도구로 삼게 한다. 이러한 관점에서 본다면 스탠리 하우어워스의 지적처럼 기억은 일종의 "도덕적 훈련"으로 작용한다.[221] 우리는 자신과 공동체의 실패와 죄를 비록 고통스러운 현실이라고 해도 잊지 않고 기억할 줄 알아야만 비로소 우리가 전해야 하는 진리의 이야기를 바르게 들려줄 수 있다. 그 과정이 때로는 자신과 공동체의 죄를 드러내야만 하는 진통의 과정을 거쳐야 할지라도 용서를 통해 화해와 치유를 가져오는 진리의 능력이 존재한다는 것을 우리는 믿는다. 이것이야말로 역사 속에서 예수를 닮은 상처 입은 치유자가 되어 가는 과정이다.

30) 한 알의 밀알이 영원한 오월의 꽃으로 피어나다

그리스도교는 생명과 죽음의 갈림길에서 두려움을 초월한 희생을 중심으로 형성된 역설의 신앙 체계다. 십자가의 사랑은 가장 낮은 곳까지 내려가는 생명의 포기를 통해 죽음을 극복하여 완성될 수 있었고, 하나님의 나라는 생명을 유지하기 위해 먹고 마시는 물질세계의 관심이 아닌 성령을 통해서 죽음도 두려워하지 않는 정의

---

221) 스탠리 하우어워스, 『평화의 나라: 예수 그리스도의 비폭력주의』, 164.

와 평화와 기쁨(롬 14:17, 공동번역)의 세상을 뜻한다. 예수의 복음이 2천 년이 넘는 세월을 넘어 유지될 수 있었던 것도 구원의 진리에 내포된 뜻밖의 역설 때문이 아닐까? 이것은 "한 사람이 죄를 지어 모든 사람이 유죄 판결을 받은 것과는 달리 한 사람의 올바른 행위로 모든 사람이 무죄 판결을 받고 길이 살게 된"(롬 5:18, 공동번역) 그리스도교 신앙이 지닌 독특한 신비이다. 5.18광주민주화운동이 지닌 무등신학적인 면모는 이와 유사한 역설의 신비적인 능력을 실천한 사람들의 숭고한 희생을 통해 발견되며 그 가운데 대표적인 한 사람이 문용동이다.

전남 영암군 출신인 문용동 전도사는 1952년에 태어나 고등학생 시절에 처음으로 교회에 출석하여 성실히 신앙생활을 하다가 1973년에 호남신학교(현, 호남신학대학교)에 입학했다. 5·18 당시 그는 군복무를 마치고 4학년에 재학 중이었으며, '전투교육사령부'(전교사)에 소속된 군인과 가족들을 위한 교회인 상무대교회에서 교회학교와 학생회를 지도하고 있었다.

그는 주일이었던 1980년 5월 18일 예배를 마치고 귀가하는 길에 전남도청 앞에서 공수부대원들에게 폭행을 당해 쓰러져 있던 시민을 전남대 병원으로 옮기면서 항쟁에 참여하기 시작했다. 처음에 그는 부상자 후송과 헌혈운동의 활동을 돕다가 시민들의 힘에 밀린 계엄군이 잠시 철수한 22일 이후에는 도청 지하에 구축한 무기고에서 탄약과 무기를 관리하는 임무를 맡았다. 그곳에 보관되어 있던 TNT는 시민군이 계엄군에게 맞서기 위해 화순광업소에서 가져온 것으로 항쟁을 위한 최후의 무기이기도 했으나, 만일 이를 실제로 사용할 경우 광주 시가지의 절반이 희생될 정도의 엄청난 재앙을 가져올 분량이었다고 한다.

아마도 폭약을 본 문용동과 일행은 불과 3년 전에 발생했던 이리역 폭발 사고가 생각났을지도 모른다. 1977년 당시에 약 1,400여 명의 사상자와 1만여 명의 이재민이 발생한 이 사고는 마치 전쟁 상황을 연상하게 만드는 엄청난 일이었기 때문이다. 도청 무기고에는 이리역 폭발 사고 당시에 터진 폭약의 두 배에 해당하는 폭발물이 있었으니 끔찍한 재앙을 가져올 수 있을 것이라고 판단했을 것이다. 신군부의 지시를 받은 계엄군이 시민군의 마지막 보루인 전남도청 진입을 망설인 것은 바로 이것 때문이었다.[222]

수도경비사령부 헌병으로 복무하는 중에 총기와 폭약류에 대한 교육을 받았던 문용동은 위험한 임무를 감당하면서 광주시민의 생명을 지키기 위한 행동을 감행하기로 마음먹었다. 만일 자신과 동료들이 지키고 있던 다이너마이트와 수류탄이 폭발한다면 모두가 큰 피해를 입게 될 것을 감지하고 동료들과 함께 뇌관 분리작업을 실시하기로 한 것이다. 하지만 함께 그곳을 지키고 있던 사람들 가운데 폭발물 전문가는 없었을 뿐만 아니라 관리에도 위험이 따르는 일이었기 때문에 24일에 그는 전도사로 사역하고 있던 교회가 위치한 상무대에 찾아가 도움을 요청했다. 이에 전교사에서 파견한 기술문관한 사람이 25일에 도청의 지하 무기고에 잠입하여 문용동을 포함한 5명의 폭약관리반원과 함께 밤을 새워 다이너마이트와 수류탄의 뇌

---

222) 고 문용동 전도사 추모비 건립위원회, 『새벽길을 간 이』 (광주: 푸른인쇄사, 2001), 2-3.

관을 분리하는 작업을 진행했다.

그는 동료들과 함께 위험을 감수하면서 광주시민의 생명을 지키기 위해 기지를 발휘하여 막대한 피해를 가져올 수도 있던 재앙을 막았지만, 공교롭게도 그에게 돌아온 것은 계엄군의 프락치라는 누명이었다. 더구나 계엄군이 1980년 5월 31일 발표한 '광주사태의 전모'에서 문용동을 '군이 매수한 부화뇌동자'로 기록했기 때문에 광주의 시민들은 그를 한동안 오해한 것이다.[223]

26일 늦은 밤에 그동안 계엄군과 협상을 진행하던 일이 결렬되었다는 사실이 알려지고 계엄군을 대항하기 위한 무기가 시민군에게 지급되었지만 27일 새벽에 시행된 계엄군의 전남도청 진압 작전을 막기에는 역부족이었다. 빗발치는 총알을 피해 숨어있던 문용동과 그와 함께 무기고를 지키던 김영복은 무기를 버리고 투항하라는 확성기의 소리를 듣고 난 후에 잠시 총성이 멈추자 상황이 끝난 것으로 판단하여 안심하고 두 손을 든 채로 건물의 문을 열고 밖으로 나갔다. 하지만 그 순간 소총의 조준 사격은 다시 시작되어 문용동은 3발의 실탄을 맞고 즉사했고, 그의 뒤를 따르던 김영복은 파편에 맞아 의식을 잃었지만 생존할 수 있었다. 그들은 항쟁 기간의 마지막 희생자들이었다.[224]

당시 문용동과 함께 무기고를 지켰던 양홍범은 '광주특위 청문회'가 열렸지만 정작 자신들이 담당했던 폭발물에 대한 일은 보고되지 않았다면서 자신들의 목숨을 건 노력에도 불구하고 정작 시민군에

---

223) 위의 책, 20-21.
224) 위의 책, 3.

게 불신을 받은 일과 관련하여 누명을 벗게 해달라는 증언을 했다. 또 문용동의 호남신대 동기인 윤상현 목사는 언론사와의 인터뷰를 통해 그는 평소에도 약자들을 위해 헌신적으로 봉사하던 사람이었는데, 민주화운동 당시 전남도청의 무기고에 있던 폭발물을 지키기 위해 죽으면 죽으리라는 믿음으로 마지막 순간까지 버티겠다는 각오의 말을 26일에 자신에게 직접 했다고 증언했다. 그의 누나와 형수도 그를 26일에 찾아가 계엄군이 곧 쳐들어올 것이니 집으로 돌아가자고 문용동을 설득했지만 자신은 남아서 그곳을 지켜야 한다면서 거절했다고 전했다.

자발적인 평화운동으로 시작했던 광주민주화운동은 공수부대의 무자비한 살상으로 희생당하는 다수의 시민을 보호하기 위해 어쩔 수 없는 상황에서 시민군을 결성하여 저항하는 것으로 전개되었다. 그 가운데 문용동의 희생은 시민군과 계엄군, 그리고 광주시민 전체를 지키기 위한 최선의 선택이었다. 그는 누구보다 생명을 고귀하게 여기고 보호하기 위해 자신의 목숨을 바친 평화의 순교자였다.[225]

문용동은 자신의 일기를 통해 "세상이 어렵고 민중이 고통을 당하고 있을 때 목사들이 앞장서서 나가야 한다. 모세를 보라. 고통받던 백성들을 인도해가지 않았느냐"라고 하면서 실천하는 신앙과 목회자의 대사회적인 책임성을 강조했다. 또 "진정한 민주주의 승리를 보여줘야 한다. 나의 불참이 나의 방관, 외면이 수습을 더 늦게 지연시키는 것이다. 역사의 심판을, 하나님의 심판을 받으리라"는 말로

---

225) 위의 책, 34-35.

민주주의를 향한 열망을 드러내며, 한편으로는 역사를 정의롭게 주관하시는 하나님의 섭리를 믿었다.[226]

그는 4·19혁명을 생각하면서 기록한 글에서 히틀러의 압제와 유대인 학살의 만행에 저항한 디트리히 본회퍼를 기억하며 "우린 불의 앞에 좀 더 용감해야 한다. 불의와 부패와 위선으로 가득찬 '기성세대' 예루살렘 지도자들. 예수는 바른 말, 그들은 그 말이 두려워 그를 죽였다. 불의가 잠시 승리, 그러나 정의를 죽이지 못한다" 하면서 하나님의 정의를 세상에서 구현한 그리스도의 영원한 승리를 희망하며 묵상했다.[227]

이어서 그는 "우린 한 알의 밀알이 되어야 한다. 조그맣고 하찮은 일일지라도 우린 희생, 봉사, 썩어질 때 사회와 국가가 바르게 존속되어 간다. 우린 정의와 자유의 조그만 밀알 되어 나에서 벗어나야 한다"는 고백으로 마치 자신의 죽음을 예견이라도 한 듯 정의와 자유의 가치를 지키기 위하여 타자를 위해 희생하는 인생의 고귀함을 강조했다.[228]

더불어 그는 당시 한국 교회가 지닌 문제점을 지적하며 신행일치의 통합적 영성의 면모를 잘 보여주었던 무등신학의 기여자였다. 그는 일기장에서 "교회가 불우한 이웃의 울부짖음과 병들고 갇히고 억눌리고 소외당한 자의 내민 손을 외면할 때, 교회 행사로 그쳐 버릴 때 진노와 책벌(이 있을 것이다). 교회가 진짜 교회인 것은 이웃을 위할 때이다. 물량적이고 숫자적이고 형식적인 교회, 진정 메마르고

---

226) 위의 책, 169.
227) 위의 책, 120-121.
228) 위의 책, 119.

이웃을 대하는 마음이 고갈된 현대교회"의 병폐를 지적했다.[229]

　5·18민주화운동 최후의 희생자이면서 목회자로서는 유일한 희생자였던 문용동의 묘지는 5·18 구 묘역에 방치되어 있다가 1997년 5월 국립5·18민주묘지로 이장되었다. 2000년 문용동의 모교인 호남신학대학교는 그에게 명예 졸업장을 수여했고, 다음 해에는 교정에 추모비가 건립되었다. 또 그는 예장통합 총회에서 순직을 인정받아 2016년 101회 총회에서 순직자로 추서되었으며, 2017년에 그의 모교에서 순직자로 지정하는 예식이 있었고, 현재는 교단 차원에서 순교자로 지정하기 위한 연구가 진행 중이다.

　호남신대의 정문으로 들어와서 언덕을 올라 오른쪽을 바라보면 한 그루의 고목과 함께 뒷편에 문용동 전도사 추모비가 자리하고 있는 아름다운 정원이 있다. 거기에는 히브리서 11장 4절 "그가 죽었으나 그 믿음으로써 지금도 말하느니라"는 내용이 기록된 아담한 비석이 세워져 있다. 어떤 장소를 아름답게 만드는 것은 그곳에 깃든 이야기다. 28년의 짧은 인생을 치열하게 살다간 문용동은 무등 세상의 아름다운 이야기가 새롭게 피어나는 5·18의 영원히 시들지 않는 꽃이다.

---

[229] 위의 책, 129.

7.
시대정신으로서의 정체성

31) 거대 소비문화에 맞서는 신학적인 결단

근대의 과학기술을 통해 일궈온 서구의 인간중심적이고, 지배적이며, 소수에 의해 조정되는 산업사회에서 그동안의 인류는 소비를 미덕으로 여기는 문화에 기초하여 상대적으로 약한 국가나 인종, 그리고 생물군을 지배하고, 정복하며, 착취해 왔다. 그런데 그 저변에는 모든 생명체를 약육강식과 적자생존, 승자독식에 의한 경쟁의 이분법과 갈등의 관계에서 파악하는 폭력과 대립의 이념이 자리 잡고 있었다. 이로 인해 물질적인 가치로 환원될 수 없는 정신적이며 영적인 가치는 점차 무시되었으며, 지구 생태계를 대규모로 파괴하고 진보라는 명목 아래 지구를 구성하고 있는 모든 존재를 멸절시켜왔다.

현재의 지구 공동체를 위협하는 상황은 이념과 종교를 초월하여 상생을 위한 새로운 형태의 정신을 요청하고 있다. 생태계의 문제가 지구 전체의 이슈가 된 것은 그 파괴의 규모와 영향의 정도가 광범위할 뿐만 아니라, 그 해법 또한 지구에 거주하는 모든 인류의 근본적인 문제에 대한 자각과 일치된 노력이 없이는 불가능하기 때문이다.

지구 곳곳에서 사용한 플라스틱이 대양의 한가운데 거대한 규모로 섬을 이루거나 미세 조각으로 분해된 후에 지구상의 모든 어패류에 유입되어 점차 모든 생물종의 세포에 흡수된다. 인간의 욕망을 충족시키기 위한 과소비와 무분별한 오염은 지구 열화(heating)를 가속하여 해를 거듭할수록 기록적인 폭염과 초특급 규모의 태풍, 그리고 급격한 기후변화와 기후 불안정을 유발하고 인류를 포함한 지구상의 모든 생명체의 생존을 위협하고 있다. 이는 오늘날 지구 공동체가 인간만을 중심으로, 또는 특정한 국가나 이념만을 중심으로 삼아 따로 존재할 수 없다는 깨우침이기도 하며, 모든 인류가 생태계 문제에 대한 위기의식과 책임감으로 연합하여 시급하게 해결해야 한다는 자각이기도 하다.[230]

지구 전체가 오염되고 생태계가 파괴되는 오늘날의 상황에서 만일 지구에 대한 인간의 영향을 최소화하여 현재의 흐름을 바꾸는 결정적인 전환점을 형성하지 않는다면 인류를 포함한 모든 생명체는 종말을 맞이할 수밖에 없다. 점점 심화되고 있는 지구의 기후위기는 인류가 해를 거듭할수록 충분히 체감할 수 있을 만큼 이전과는 다른 기후의 급격한 이상 징후들을 유발하고 있고, 이러한 변화

---

[230] 박용범,『기독교 사회생태윤리』, 229.

에 대처하여 생존하기 위한 인류의 대응책은 여전히 과학기술의 진보를 추구하며 에너지와 자원의 대량 생산과 소비에 의존하는 방향에서 크게 벗어나지 못하고 있다. 만일 기후위기가 점점 더 악화된다면 지구에 거주하는 전체 생물군(biota)의 생존은 심각한 도전을 받게 될 것이고 다수의 생물종은 결국 인간의 활동에 의한 치명적인 부작용으로 멸종을 맞이할 수밖에 없을 것이며 인류도 예외가 될 수 없다.

인류는 현재 물질문명의 풍요로움을 누리고 있음에도 불구하고 이러한 위기에 직면하여 근대 자본주의의 선도자라고 할 수 있는 서구 문명의 물질 중심의 가치 체계와 소비 지향적 경제 구조, 그리고 이를 옹호하는 윤리의식에 대한 회의가 점점 증가하고 있는 현실이다. 특히 글로벌 경제 구도는 지구 공동체를 하나의 상업적인 공동 구역으로 만들어 원거리에 있는 자원까지 착취하게 하고 그에 따른 부작용에 대한 책임을 회피하게 만든다. 이러한 구조는 모순어법인 지속가능한 개발과 발전이라는 명목으로 인류의 미래 세대와 다른 생물종에 대한 책임을 경제적인 측면만이 아니라 생태적으로도 감당할 수 없게 만들 뿐만 아니라 때로는 의도적으로 무시하게 한다.

현재 우리가 겪고 있는 이와 같은 문제들은 어떤 특정한 지역이나 영역에만 국한된 것이 아니라 보편적인 글로벌 이슈이기 때문에 모든 생태계와 인류, 인류 사회를 위한 대안을 공동으로 모색해야만 한다. 제임스 러브록은 이미 1970년대 후반에 이 세 영역을 하나의 유기체로 보는 것이 필요하다고 지적하면서, 새로운 생활양식을 이루기 위해 하나의 몸을 구성하는 전체의 일부분으로 보는 관계적인 가치의 중요성에 대해 강조했다.[231] 생태학은 지구의 모든 구성원이 상호작용하며, 역동적이고 관계적인 방식으로 서로 연결되어 있다는 이해에 기초한다. 이는 생태계를 하나의 시스템으로 여기면서 이것을 이루고 있는 모든 존재를 주체로만 인식하는 것이다.

오래전에 이러한 사실을 관찰하고 "인간은 더 이상 미래를 예견하고 그 미래를 제어할 수 있는 능력을 상실했다. 지구를 파괴함으로써 그 자신도 멸망할 것이다"라고 했던 슈바이처의 말을 서두에 인용하면서 저술된 『침묵의 봄』이라는 책이 있다. 1962년 저자인 레이첼 카슨(Rachel Carson)은 생태학의 고전이라고 할 수 있는 이 책을 통해 인간과 생태계 사이의 관계 변화를 가져올 것과 인간의 자각을 자신의 전문적인 과학지식을 활용해 대중이 이해하기 쉬운 문제로 촉구했다. 그녀는 "제 힘에 취해서 인류는 제 자신은 물론 이 세상을 파괴하는 실험으로 한 걸음씩 더 나아가고 있다"라고 지적하면서 과학기술이 인류의 도덕적인 책임감보다 훨씬 더 빠르게 움직이고 있는 상황을 우려했다.[232] 카슨은 과학과 기술의 산물은 '전체 생명계'의 안전과 이익에 따라 평가되어야 한다고 주장하면서 당시 과학계에서 별로 관심을 두고 있지 않았던 생태계의 구조적인 안정성에 주목하였다. 동시에 카슨은 "그저 침묵하고만 있다면 나에게 평화란 존재하지 않을 것이다"라고 하며 강한 어조로 인류의 생태적 각성을 위해 행동할 것을 주장했다.[233]

---

231) 위의 책, 231.
232) 레이첼 카슨, 『침묵의 봄』, 김은령 옮김 (서울: 에코리브르, 2011), 18.
233) 위의 책.

그 이후로 에드워드 윌슨이 지적한 바와 같이 결과적으로 서구의 인간중심적인 이데올로기는 문명세계의 여러 곳에서 비판을 받으며 점차 거부되고 있으며, 신학의 영역에서도 새로운 방향을 설정하고 대안을 찾기 위한 활발한 논의들이 부상하고 있다.

이처럼 자본주의가 함의하고 있는 거대 소비문화에 맞서 '무력하게 사회의 저속함에 휩쓸려 들어가지 않으려고' 노력하는 신학적인 결단이 바로 무등(無等)신학의 정신이다. 그러다 보니 무등신학을 구성하는 길에서 우리는 저항과 단절을 통한 갈등의 상황에 필연적으로 직면하게 된다. 세상의 가치관에 지배당하지 않으면서 세상 문화와 분리되어 스스로 고립되지 않고, 때로는 모순을 경험하면서도 창조세계를 향한 원래의 복(original blessing)을 회복하고자 했던, 무등의 정신을 지향하고 우선적인 가치로 여긴 인물들의 공통점은 무엇일까? 그들은 더할 수 없을 정도로 정의롭고 평화로운 하나님 나라에 근접한 세상이 창조세계에 실현될 수 있다는 희망을 품었다. 즉, 어떤 등급이나 차별이 없는 인간 사회의 성숙이야말로 그리스도의 복음이 궁극적으로 추구하는 시대정신이라는 비전을 공유했던 사람들이었다.

오늘날의 기후위기나 생태계 파괴의 문제는 단순히 과학기술이나 자본의 힘으로 해결될 수 있는 것이 아니다. 각종 오염의 광범위함과 긴밀하게 연결된 의식의 부재와 무감각성은 이제 아무리 최첨단의 과학기술을 동원한다고 해도 이미 글로벌 규모로 진행된 파괴 상황을 복원시키는 일은 결코 간단한 일이 아님을 예측하게 한다. 더구나 상업주의적인 경제 논리에 의해 지배되는 현재의 자본구조에서 어느 개인이나 국가가 이 문제에 적극적으로 개입할 리 만무하다.

그러므로 단기간에 어떤 결과물을 얻지 못하더라도 본질적인 의식과 가치관의 변화를 위해 무등신학을 오늘날의 시대정신으로 삼을 필요가 있다. 즉, 사회정의와 생태정의를 동시에 고려하는 사회생태윤리적 차원에서 무등신학을 구성하여 생태계 문제에 대한 책임을 자각하도록 자연과 생명의 가치에 대한 의식과 관점의 변화를 이루는 것이 시급하다. 다시 말해 생명의 가치에 대한 우리의 태도와 삶의 우선순위를 결정하는 것이 중요하다. 이를 통해 우리는 자신의 사고와 삶의 가치관을 교정하는 방향으로 나아가야 할 것이다.

창조와 관련하여 래리 라스무센(Larry Rasmussen)은 그동안 사회정의를 위한 인류의 노력이 인간 공동체를 제외한 다른 생명의 공동체나 생태계의 무생물을 고려하여 진행되지 않았음을 지적하면서, 인간의 참살이만을 위한 사회정의를 비판적으로 고찰하였다.[234] 그에 의하면 정의에 대한 편협한 시각은 인류의 생존을 위한 기초 단위가 인간 사회에만 국한되었음을 전제하는 것이므로 옳지 않은 판단이라는 것이다. 반면에 그는 토양, 공기, 에너지, 물 등이 고려되어야 할 진정한 일차적인 요소임을 언급하면서 지구의 이러한 공유지가 없이는 인간의 모든 재화도 존재할 수 없음을 강조한다.

기후위기에 직면한 인류가 무등신학을 새로운 시대정신으로 채택하려면 인종차별이나 성차별과 마찬가지로 인류와 비인류 사이의 장벽을 허무는 일에 우선 관심을 기울여야 한다. 결국은 모든 피조

---

234) Larry Rasmussen, "From Social Justice to Creation Justice", John Hart ed., *The Wiley Blackwell Companion to Religion and Ecology* (UK: John Wiley & Sons Ltd., 2017), 245.

물을 사랑으로 창조하고 지금도 유지하고 있는 그분의 정의롭고 지속가능한 미래를 향한 섭리에 더욱 집중하는 것이 무등신학의 중점 사항이다.

32) 과잉된 집착과 소유욕에서 벗어나는 시대정신

때로는 아무리 애를 써도 앞으로 나아가는 것이 아니라 오히려 퇴보하고 있는 것은 아닌지 불안할 때가 있다. 사람들은 각종 미디어를 통해 비춰지는 세상의 급변하는 흐름에 편승하지 못하고 정체된 채로 살아가는 것처럼 보이는 자신을 돌아보며 답답해하거나 심지어 두려워한다. 과학기술의 발전에 따른 편리와 풍요로움이 오히려 더 많은 대중을 상대적 박탈감과 소외, 절망에 빠지게 하는 것인지도 모른다. 그렇다고 현세에서 벗어나 은둔자로 살아가는 것도 모두의 대안이 될 수는 없다.

누구나 더 나은 삶을 창조하고 싶은 열망이 있다면 가끔 불확실한 미래를 향해 도전하고 불안을 견디며 외로움을 극복하는 용기가 필요하다. 앞서 살펴본 무등신학을 구성하는 과정에 기여한 대부분의 인물들은 깊은 기도와 말씀 묵상으로 수행하는 중에 이러한 시기를 거쳤다. 특히 무등산을 중심으로 광주와 전라권의 여러 창조세계에서 사계절을 거치며 경험한 생명과의 친밀함은 그들이 창조 안에 계신 하나님을 발견하는 원동력이 되었다.

무등신학의 대표적인 영성가인 이세종의 경우 주로 스스로 연구하여 성서에서 터득한 인간과 창조세계와의 관계성을 만물을 향한 사랑과 넘치는 감수성으로 표현했다. 그는 평소에 우거진 산천을 바라보며 "만물들아, 하나님의 은혜를 찬양하자!"라고 큰 소리로 외치면서 기뻐했다고 전해진다. 가끔 자신의 발밑에 개미 한 마리가 밟혀서 버둥거리는 것을 보면 "하나님 앞에서 하는 행위를 보아서는 오히려 내가 죽어야 마땅한데 네가 내 발에 밟혀 죽다니…" 하면서 슬퍼했다.

이세종은 사람을 괴롭히는 이나 빈대도 죽이지 않았다. 어느 날에는 부엌에서 풍덩하는 소리가 났다. 구정물을 모아놓은 통 속에 무엇인가 빠져서 헤엄치는 소리가 들렸다. 가보니 구정물 통에 쥐가 빠져서 나오지 못하고 있었다. 그는 즉시 막대기 하나를 가져와서 쥐가 그곳에서 기어오르도록 다리를 놓아 주었다. 그리고 빨리 도망가지 못하는 쥐에게 먹을 것을 주었다. 이세종은 모든 생물을 사랑하는 일은 그들을 해방시키는 것이라고 했다. 심지어 파리도 죽이지 않고 밖으로 내보내기만 했다. 어느 해 가물어 논에 물이 마를 때, 이세종이 길을 가다가 웅덩이를 보니 그 속에는 송사리, 미꾸라지, 올챙이들이 죽어 가며 파닥거리고 있었다. 그는 자신이 입고 있던 옷을 벗어 그들을 담아 냇가로 가서 물에 놓아 주었다. 말라 죽은 올챙이도 주워 담으면서 "이것들이 이렇게 물 없이 죽듯이, 인간들도 그렇게 되는 시기가 올지 모른다"라고 했다.

그는 세상을 떠나면서 부인에게 유언하기를, "언덕으로 벗 삼고, 천기로 집 삼고, 만물로 밥 삼으라"는 말을 했다고 전해지며, 자연으로 돌아가서 대자연을 떠나지 말라고 당부했다고 한다.[235] 그는 하나님의 창조세계를 지키며 사랑하는 마음을 통해 생태적 감수성을 풍

---

235) 농어촌선교연구소, 『이세종의 삶과 신앙 그리고 지역사회의 변화』 (서울: 한들출판사, 2020), 156-163.

부하게 지니게 되었고, 이것은 가난하고 소외된 이웃을 향한 사회적 영성을 실천하는 것으로 자연스럽게 이어졌다.

　동광원을 설립한 이현필의 스승이면서 최흥종 목사와 교류했던 이세종은 예수를 믿은 후에 신앙심이 깊어지면서 어렸을 때 남의 밭에서 오이 한 개를 몰래 따 먹은 것까지도 기억해 내어 직접 찾아다니면서 모두 갚아 주었다고 한다. 그는 자신이 살던 동네에 경제적으로 어려운 사람이 생겼다는 소문을 듣기라도 하면 자신과 아내는 호박죽으로 연명하더라도 그들에게는 곡식을 가져다 줄 정도로 철저하게 타자를 위한 인생을 살았다.

　젊은 시절에 부지런히 일하여 상당한 재산을 모았지만 그리스도의 사랑을 체험하고 나서는 자신의 창고 문을 열어 그동안 쌓아두었던 양식과 재물을 주위의 가난한 사람들에게 모두 나눠주었다. 동네마다 다니면서 직접 구제를 하였고 때로는 행인이나 걸인들이 자신의 집에 들어오면 모두 대접해서 보냈다고 한다.

　어느 날에는 누군가가 그를 위해 찰밥을 만들어서 가져왔는데 그 찰밥을 지니고 있으려니 불현듯 가난한 사람들이 생각나서 차마 먹지 못했다고 한다. 결국 그는 추운 겨울날 눈길을 걸어 가난한 집들을 직접 찾아다니며 그 찰밥을 모두 나눠주었다고 전해진다. 흉년에는 한밤중에 몰래 동네의 가난한 집들을 돌면서 식구들의 수를 헤아려 거기에 적당하게 메주와 소금을 나눠 주기도 하였다. 걸인이 이세종의 집에 찾아오면 자신은 마당에 앉아서 먹고 걸인은 집 안으로 들어오게 하여 좋은 상을 차려서 대접했다. 이외에도 수많은 일화를 통해 알려진 것처럼 이세종 자신은 춥고 굶주려도 그것을 오히

려 복으로 알고 타인을 대접하는 일이 그리스도의 사랑을 실현하는 길이라는 것을 삶으로 실천했다.[236]

그의 사회적 영성에 의한 나눔의 실천을 가장 잘 나타내는 말은 그의 호(號)인 '이공'(李空)이다. 이공의 비움(空)에 의한 실천적 영성의 면모는 그의 삶에서 나타났는데, 특히 그의 파격적인 '나눔'에서 구체적으로 드러났다고 할 수 있다. 노력하여 모은 자신의 재산을 전부 가난한 이웃들에게 제공한 것은 빌립보서 2장 5-9절에 나타난 케노시스의 자기 비움과 디아코니아의 신행일치가 이세종의 자기 초월을 통해 균형을 이룬 것이라고 할 수 있다. 결국 그의 생태적 영성과 사회적 영성은 분리되지 않고 조화롭게 통합되어 세상을 향해 예수의 십자가를 선명하게 보여주는 무등신학의 정수가 되었다.

세상에서의 정의에 대한 관심은 이웃을 위한 우리의 책임을 상기시킨다. 예수님을 따르는 자로서 우리는 이기적인 삶이 아닌 자비롭고 이타적인 인생을 위해, 그리고 소외된 존재들을 위한 정의를 위해 부름받았다. 기후위기의 시대에 가난하고 연약한 이들이 급격한 기후 변화로 인해 이미 불평등한 피해를 경험하고 있고, 다수의 생물종이 죽어 가고 있으며, 어린이들과 미래 세대들은 지구 온도가 계속 올라가면서 점점 더 혹독한 상황에 이를 것이라는 두려움에 사로잡히게 된다.

어떻게 하면 우리가 용기를 내어 이러한 현실을 대면할 수 있고, 이러한 현실의 영향을 제대로 분별함으로써 우리의 믿음을 온전하

---

236) 위의 책, 139-141.

게 드러내며, 세상에 대해 하나님이 의도하신 사랑을 보여주는 말과 행동으로 책임 있게 대응할 수 있을까?

기후 변화의 결과가 인류의 예측을 뛰어넘고 지구 생태계가 지구 온난화의 영향에 굴복하는 상황에서 사랑에 빠진다는 것은 무엇을 의미하는가? 생명이 줄어들고 창조세계의 영광이 사라지는 것처럼 보이는 상황에서 하나님을 사랑하고 이웃을 사랑한다는 것은 무슨 의미일까? 끝이 보이지 않는 재난이 닥쳤을 때 고통받는 이웃을 긍휼히 여겨서 손을 뻗는다는 것은 무슨 뜻일까? 우리가 어떤 어려움에 직면하더라도 하나님의 사랑이 우리를 감싸고 있으며 우리에게 길을 보여준다고 단언하기 위해서는 하나님과 이웃에 대한 사랑이 우리에게 창조세계를 존중하고 인간 가족, 미래 세대, 그리고 모든 창조물을 위한 정의를 확립하라고 요청하는 목소리에 귀를 기울일 필요가 있다. 이것은 라스무센의 지적대로 지구상의 모든 존재를 상호의존적인 전체(interdependent wholes)로 생각하고 서로가 서로에게 속해 있다는 현실을 인정할 때 가능하다.[237]

에드워드 윌슨은 지질학자들이 구분한 지질 시대를 살펴보면서 신생대의 마지막 시기라고 보았던 홀로세가 끝나고, 새로운 지질 시대로 대체되었다고 인정할 수 있을 만큼의 변화가 발생한 지금의 시대를 지칭하는 인류세 개념을 소개한다. 그에 의하면 대륙 빙하가 마지막으로 물러나기 시작한 11,700년 전에 시작된 홀로세는 온화한 기후 덕분에 생물종의 수가 가장 많았던 시기였지만 지금은 인간의

---

[237] 박용범, 『기독교 사회생태윤리』, 272.

활동으로 인해 대멸종의 새로운 국면을 맞이하고 있다는 것이다. 만일 먼 미래에 인류가 우리 시대의 지층을 탐사한다면 어떤 결론을 내리게 될까? 그들은 인류세로 표현되는 지금의 시대에 이루어진 과도한 개발과 물질의 남용, 이로 인해 무분별한 오염물질과 쓰레기의 대량 배출이 만들어 낸 참혹한 상황을 보고하며 불행했던 과거의 한 단면으로 평가하지는 않을까 상상해본다.[238]

과잉된 집착과 소유욕에서 벗어나고자 애쓰는 모습은 현대인에게서만 발견되는 것은 아니다. 우리의 가치관이나 세상을 바라보는 관점에 주목하여 '세계관'을 강조하던 시기나, 역동성과 변혁에 관심을 가지고 '패러다임'의 전환을 논의하는 흐름에서도, 그리고 역사의 어느 시점에서의 문제점을 포착하고 그 해법을 위한 방향을 설정하는 것을 표현하는 '시대정신'(zeitgeist)을 키워드로 사용하는 담론에 공통적으로 등장하는 화제는 집착과 과도한 소유욕이 빚어낼 미래에 대한 '예측 불가능성'이었다. 사람들은 이것을 위기의 한 징표로 보기도 하는데, 그 이유 중 하나는 어느 한 지역의 문제가 전체 지구에 영향을 주거나 파멸을 야기할 수 있다는 것과, 다른 하나는 미래의 세계가 일정한 규칙으로 예측하고 통제하기에는 이미 너무 복잡해졌다는 것이다.

즉, 인류 문명의 산물이지만 제어할 수 없는 과학의 결과물, 언제라도 상업적으로 이용될 수 있는 기술력, 도덕과 인간의 가치에 대한 혼란, 종교와 윤리에 대한 신뢰의 상실 등이 어우러지면서 불현듯 어떤 일이 일어날지 모르는 시대라는 것이다. 이에 대해 그리스도교는

---

[238] 위의 책, 217.

오히려 종말을 기다리는 희망을 역설하는데, 그것이야말로 시대정신으로서의 무등신학이 품는 하나님 나라의 예측 가능한 미래상이다.

33) 신앙과 삶을 연결하는 창조중심적 영성

"문학비평용어사전"의 정의에 따르면 '시대정신'(zeitgeist)이라는 말은 독일어의 시간이나 시대를 의미하는 zeit와 정신이나 영혼에 해당하는 geist가 결합된 단어이다. 역사적으로는 독일의 철학자 J. G. 헤르더가 처음으로 사용했다고 전해지며, 괴테는 희곡『파우스트』에서 제자 바그너와의 대화를 통해 이 말을 사용하였다. 주인공 파우스트는 제자 바그너에게 이렇게 말한다. "그대들이 시대정신이라 부르는 것은, 실로 매 시대를 반영하고 있는 저자(著者) 양반들 자신의 정신이라네. 그래서 실로 한탄할 만한 일들이 종종 벌어지지!" 이러한 파우스트의 탄식에 대해 바그너는 다음과 같이 대답한다. "그러나 이 세계! 인간의 마음과 정신! 모두가 이것들에 대해 무언가를 알고 싶어 합니다."

시대정신이라는 말을 오늘날의 사용법과 비슷하게 역사의 보편적인 과정으로서의 세계를 이해하는 기준으로 본 사람은 헤겔이었다. 그는 "어느 시대나 그 시대를 이끄는 시대정신이 있고, 이를 구현하기 위하여 인생을 거는 사람들이 지도자다"라고 말했다.

사회학의 창시자로 불리는 어귀스트 콩트는 어린이에서 어른이 되기까지 개인의 정신적인 성장과정과 비교하여 고대에서 근세까지의 정신이 발전해온 단계를 세 단계로 나누어 신학적, 형이상학적, 실증적 단계로 설명하는데, 이것도 시대정신을 구분하는 한 가지 방

법이라고 볼 수 있다.[239]

코로나19를 겪으면서 인류는 지금까지의 여러 시대정신을 통해 과학기술이 많은 것을 제공하지만 때로는 불가피하게 치명적인 부산물을 생산할 수도 있다는 값비싼 경고를 받았다. 특히 그리스도교 신자들에겐 마지막 때의 실재와 종말을 향한 마음을 다시 한번 진지하게 품는 계기가 되었다.

마태복음 24장의 시대 분별과 관련하여 주께서 무화과나무 비유를 통해 엄중히 경고하신 깨어 있으면서 동시에 종말을 준비하고 있어야 함에도 그동안의 교회 공동체와 그리스도인들은 편리와 풍요에 도취되어 너무 안일하게 살아온 것은 아닌지 반성하는 시간을 가져야만 한다. 아울러 더 나은 세상을 위한 하나님의 의도는 창조세계인 지구 공동체 전체의 안위와 결코 분리될 수 없다는 자각을 하면서 신학이 시대의 어둠을 밝히는 등불이 되고 미래를 위한 길잡이가 되기 위해서 어떠한 실천을 구체적으로 이루어가야 하는지 도전을 받는 경험이었다.

그리스도교 영성에 대해 언급할 때 중요한 점은 참된 영성이란 결코 현실의 상황이나 문제의식과 분리된 것이 아니라, 영성이 깊어질수록 삶의 현장에서 구체적인 실천으로 열매를 맺는 것을 강조하는 데 있다. 참으로 세상에서 하나님을 경험한 사람은 자연스럽게 사랑을 실천하게 되는데, 하나님을 깊이 경험한 사람은 하나님의 자비와 사랑을 맛보게 되고, 그럴수록 자연스럽게 하나님의 성품과 인격을

---

239) https://terms.naver.com/entry.naver?docId=1530386&cid=60657&categoryId=60657 2022년 12월 19일 접속함.

닮아 세상에서 자비와 사랑을 더욱 적극적으로 실천하려고 한다. 그러므로 우리의 신앙생활과 관련하여 영성훈련을 통해 우리의 믿음이 자라는 것을 확인할 수 있는 일종의 척도가 되는 것은 행함과 실천이라고 할 수 있을 것이다.

이에 대해 야고보서 4장 13-17절에서는 경제적인 이익에만 치중하여 인생의 가치관을 품는 허탄한 생각을 경고하면서, 때로는 우리의 수고가 선행과는 거리가 먼 헛되고 악한 자랑에 머물 수도 있음을 경계하고 있다. 즉, 우리가 이때에 선을 행할 줄 알고도 행하지 않는다면 그것은 죄라고 지적하며 온전한 영성의 뿌리를 가졌다면 반드시 선을 실천해야 함을 말씀하고 있다.

이 시대에 우리가 직면한 각종 위기는 지구 공동체 전체를 위협하고 있으며, 따라서 지금이야말로 이념과 종교를 초월하여 모두가 협력하는 가운데 더불어 살기 위한 새로운 형태의 윤리의식이나 신학을 구성해야만 한다. 그런데 지금까지 살펴본 무등신학의 정신에 의하면 그것은 한마디로 이기적(egoistic)이거나 인간중심적(anthropocentic)인 윤리에서 벗어나서 생태중심적(ecocentric)이며 관계중심적(relational)인 것으로 나아감을 뜻한다. 이것은 성서의 내러티브에 기초한 생태적 창조 의식(creation consciousness)이며, 생명망(web of life)을 강조하는 성례전적 공유지의 신학적 사고라고 할 수 있다.[240]

아울러 이것은 심층 생태주의와 같은 기존의 근본생태론(radical

---

240) 박용범, 『기독교 사회생태윤리』, 263.

ecology)이 지닌 다양성을 존중하지 못하는 전체론적인 결함이나 정치적인 비판의 결여를 극복할 수 있으며, 에코페미니스트들이 지적하는 가부장적이고 자본주의적인 편향에서 벗어나기 때문에 단순한 생태중심주의와는 본질부터가 다르다. 나아가 이것은 그리스도교 신학의 중심인 창조 내러티브에 입각하여 전개되는 신학이므로 변증법적인 방법이나 사회정의에 입각한 행동에 초점을 두는 사회생태론자들의 입장을 넘어서는 새로운 형태의 신학윤리라고 할 수 있다.

이는 보스톤대학교 명예교수인 존 하트가 오랫동안 강조해 온 사회생태윤리의 핵심적인 내용이다. 무등신학을 형성한 다양한 인물들이 강조했던 내용을 오늘날의 시대정신에 맞게 달리 표현하면 생태계에 대한 성례전적 공유지로서의 중요성을 깨닫고 책임적이고 통합적으로 보호하기 위해 "생태계에 대한 인간중심적인 지배에서 벗어나 창조세계와의 관계적 상호의존성으로의 의식 전환"을 수행하는 것이라고 할 수 있으며, 이것은 인간사회를 위한 사회정의와도 긴밀히 연관된다. 하트는 공유지의 성례전적인 성격을 설명하면서 "만일 인간이 공유지를 성령이 존재하는 성례전적인 것으로 여긴다면, 우리는 마치 우리가 성령을 대하는 태도와 같이 생태계를 존중해야 하고, 책임감으로 돌봐야 하며, 그 안에서 성령의 표식을 찾아야 할 뿐만 아니라, 나아가 그 모든 산물을 정의롭게 분배해야 한다"라고 강조했다.[241]

오랫동안 동방 정교회나 켈트(celtic) 기독교를 제외하고 교회와 신

---

241) John Hart, *Cosmic Commons: Spirit, Science, & Space* (Eugene, OR: Cascade Books, 2013),181.

학의 윤리적인 규범으로서의 공동선(common good)은 주로 인간 사회만을 위한 것이었다. 그러나 1970년대 이후 주로 로마 가톨릭교회를 중심으로 전 지구적 공유지의 공동선에 대한 관심이 부각되었다. 이와 관련하여 최초로 작성된 미국 가톨릭의 생태신학 관련 공식 발간물이라고 할 수 있는 "Renewing the Earth: An Invitation to Reflection and Action on Environment in Light of Catholic Social Teaching"은 1991년 존 하트에 의해 대부분의 내용이 저술되었다. 생태계에 대한 미국 가톨릭교회의 공식적인 입장으로 인정받은 이 문서는 지구를 하나의 성례전으로 여기며 조밀하고 역동적인 관계성에 기초한 생명망인 거룩한 공동체로 이해한다. 즉, 하나님의 거처로서의 창조세계는 주체와 객체로 분리된 것이 아니라 라스무센이 강조한 것처럼 주체들의 친교(a communion of subjects)가 이루어지는 곳으로 상호성을 강조하는 창조세계의 원리가 우선되는 곳이다.[242]

라스무센은 자아보다는 공동체가 우선되고 폭력과 분열보다는 샬롬에 입각한 자기희생과 포용을 강조하는 그리스도의 십자가 사랑을 인권운동가이자 목사인 마틴 루터 킹으로부터 확인한다. 그는 아가페 사랑을 설명하면서 모든 생명이 서로 연결되어 있다는 사실을 강조하는 한편 '세계라는 집'(the world house)에서 '사랑의 공동체'(beloved community)의 회복을 꿈꾸는 킹 목사의 비전을 모든 피조물에 나타난 "창조적 사랑"이라고 표현한다. 킹 목사는 창조세계를 구성하는 모든 존재들의 상호성을 강조하는 창조중심적 생태신학을 기초로 하여 1960년대 미국의 시민권리 운동과 가난 철폐, 그리고

---

242) 박용범, 『기독교 사회생태윤리』, 281.

전쟁 반대 운동을 주도했으며, 이것으로 그리스도교 영성이 감당할 진정한 시대정신의 실체를 보여주었다.[243]

아가페 사랑으로 사랑의 공동체를 형성한 이야기는 무등신학의 핵심적인 인물인 이현필 선생이 설립한 귀일원에 잘 나타나 있다. 1949년 여순사건 이후 갑자기 늘어난 고아들을 돌보기 위해 전남 화순에서 "동광원"이라는 이름으로 시작된 이 공동체는 1951년에 귀일원으로 이름이 변경되었으며, 한국전쟁 직후에는 고아 600여 명과 광주천변의 노숙인들을 돌보기도 하였다. 이후 1965년에 사회복지법인으로 체계화되어 현재까지 그 정신을 이어가고 있으며, 광주광역시 남구 봉선동의 '귀일정신요양원'에서 정신장애인들을, '귀일민들레집'에서 지적장애인들을, 그리고 '귀일향기일굼터'에서 장애인의 재활을 도우며 활발하게 모범적인 활동을 전개하고 있다.

본래 귀일원 운동은 그 출발이 하나님께로 돌아가고자 하는 운동이었다. 귀일원은 이현필 선생이 묵언 수도를 하면서 유영모 선생의 영향을 받아 지은 이름으로 모든 것의 근원이신 사랑의 "하나님 한 분께로 돌아가자"는 뜻을 담고 있고, 귀일원은 "하나님께 돌아가 하나 되어 사는 공동체"라고 자신들의 정체성을 규정하고 있다.[244] 이현필의 삶은 철저하게 하나님을 구하는 삶이었고, 이것은 그의 "평생을 통해 구할 것은 하나님이시며, 하나님을 아는 것은 영생을

---

243) 위의 책, 282.
244) 차종순, 『성자 이현필의 삶을 찾아서』, 376-381.

얻는 일입니다"라는 말을 통해 잘 나타나 있다.[245] 이와 같이 시대정신으로서의 무등신학은 귀일원을 통해 확인하는 것처럼 영성과 삶이 분리되지 않고 긴밀하게 연결되어 세상을 향한 책임적인 존재로 살아가게 하는 통합적인 윤리의식이다.

34) 무등신학의 원리인 사회생태윤리

오늘날의 시대정신으로서 무등신학이 기반을 두고 있는 이론의 신학적인 근거는 하나님의 '처음 창조'(creatio prima)와 '계속되는 창조'(creatio continua)가 분리되지 않고 연속적으로 작용하여 창조세계와 인간사회가 긴밀하게 연결되어 있다는 점을 강조하는 '사회생태윤리'(socioecological ethics)이다. 처음 창조가 세상의 존재와 위상에 대한 설명이라면, 계속되는 창조는 현 세대의 관점에서 관찰할 때 주로 창조세계에 대한 인간사회의 기능과 역할에 대한 것과 밀접하게 관련이 되어 있다.

사회생태윤리는 기독교윤리학자인 존 하트(John Hart)가 오랜 기간 동안 발전시켜온 개념이다. 생태계를 구성하고 있는 모든 존재가 차별 없이 동등하게 사용해야 한다고 여기는 공기, 물, 토양, 광물, 숲, 습지, 바다 등과 같은 공유지(commons)를 하나님의 거룩한 피조물로 여겨 성례전적인 관점에서 보다 신중하게 지키고자 고안한 용어인 성례전적 공유지(sacramental commons)의 아이디어에 해방신학의 실천 윤리(praxis ethics) 개념을 적용하여 만들어낸 신생 용어다.[246] 또

---

245) 김재현, 『풍요의 시대에 다시 찾은 영적 스승』, 114.
246) 박용범, 『기독교 사회생태윤리』, 113-114.

그가 본래 그리스도교 신앙을 기초로 한 적극적인 사회 참여를 강조하여 학교와 지역 사회에서 운동가로 활동해온 배경을 가지고 있기 때문에 그의 사회생태윤리는 무엇보다도 행동(conduct)과 실천성(praxis)이 두드러진 것이 특징이다.

무등신학도 마찬가지로 삶의 현장에 대한 깊은 관심과 참여, 모든 존재에 대한 긍휼과 사랑, 그리고 변혁을 위한 개인과 공동체의 연대와 실천을 강조하고 있다는 점에서 사회생태윤리와 맥을 같이 한다고 할 수 있을 것이다.

하트의 이러한 적극적인 사회참여적 윤리관의 뿌리는 그가 뉴욕의 유니온 신학교에서 박사과정 학생으로 있을 때 해방신학의 창시자인 구스타보 구티에레즈(Gustavo Gutierrez)에게서 배운 영향이 크다. 비록 그가 사회를 해석하는 이론적인 기초를 해방신학의 마르크스적인 유물론보다는 성경에 기초한 긍휼과 사랑의 해법에 두고 있다. 특히 실천적인 면에서 마틴 루터 킹으로 대표되는 비폭력 시민불복종운동과 평화주의 전통에 더 가깝지만, 해방신학의 대표적인 특징인 사회구조적인 죄를 진지하게 인식하여 그것을 사회과학적인 방법으로 분석하고 비판하는 점은 구티에레즈의 신학과 상통하는 점이라고 할 수 있다.[247]

지금까지 살펴본 무등신학의 기여자들이 지닌 공통적인 특징도 현세의 문제를 개인의 죄에서만 찾는 것이 아니라 사회의 구조적인 측면을 면밀히 관찰하여 비판적으로 분석하고 있다는 것을 발견할 수 있다. 그들은 해방신학이 태동하기 이전부터 그것의 가장 중심이

---

247) 위의 책, 114.

되는 사회의 구조적인 측면에 대한 관찰과 분석을 통해 세상에서 하나님 나라의 정의를 실현하는 구체적인 해법을 추구했던 것이다.

하트는 오랜 기간 북아메리카 원주민의 생태영성에 깊은 관심을 가지면서 인디언의 전통 악기 연주에도 조예가 깊고, 그밖에 라틴 아메리카, 흑인, 여성, 아시아의 생태윤리와 생태영성 연구에 집중하는 한편, 한국의 민중신학, 특히 탈춤과 판소리에 담긴 한(恨)의 문화에도 깊은 관심을 갖고 연구했다.[248] 이처럼 하트가 서양의 어떤 학자보다도 한국적인 상황에 대한 이해가 깊은 점을 감안할 때 그의 사회생태윤리가 한국적인 형태로 발전할 수 있을 것으로 전망했기 때문에 필자도 그에게 8년간 가르침을 받았던 것이다. 그는 오랜 기간 동안 북미 사회에서 생태정의와 정치적인 이슈에 관련한 사회 참여 운동을 주도하는 학자이자 사회운동가로 왕성하게 활동해왔다.

그는 저서 『Sacramental Commons: Christian Ecological Ethics』에서 초월과 내재 사이의 관계 의식을 설명하면서 민중신학을 설명하기 위해 예시된 한국 탈춤을 소개하고 있다. 그에 의하면 탈춤은 공동체 구성원들이 삶에서 통제된 역할의 상호 작용을 그들을 통제하는 정치 통치자, 경제 지배자, 그리고 전통적인 종교 지도자들의 자유와 권위와 함께 묘사하는 연례행사다. 탈춤은 그들에게 권력을 행사하는 사람들을 조롱하고 동시에 그들을 놀림감으로 할 수 있는 기회를 제공한다. 탈춤이 마칠 즈음에 관객들은 배우들과 함께 춤

---

248) 위의 책.

을 추며 행사에 직접 참여한다. 그들은 자신들의 사회적 위치를 이해하고 분석하는 이 초월적인 장소에서 다른 사회적 현실을 상상할 수 있다. 하트가 관찰한 민중신학의 상징인 탈춤에서의 연기와 춤은 억압된 감정과 생각의 배출구를 제공하며, 사람들이 그들의 사회적 위치와 고통에 대해 더 진지하게 성찰하고, 이 현실을 바꿀 수 있는 가능성을 고려하도록 돕는다.[249]

그런데 이것은 이현필이 생애의 마지막 시기에 가진 동광원 집회의 마지막 순간 자리에 모인 사람들과 함께 농부가를 부르면서 춤을 추며 하나님 나라의 해방을 몸으로 표현했던 장면이 떠오르는 부분이다.

사회생태윤리의 근간이 되는 하트의 성례전적 공유지에 대한 이해의 신학적인 기초는 그가 1984년에 저술한 『The Spirit of the Earth: A Theology of the Land』에서 유래한다. 그는 이 책에서 "지구와 함께, 지구 안에, 지구 위에, 그리고 지구 주변에 존재하는 모든 것은 창조주의 것이다. 하나님은 지구 위에 성육신하셨고, 일차적으로 그의 손으로 만드신 피조물로서의 인성과 창조주로서의 신성을 동시에 경험하셨다. 하나님은 무한한 존재 안에 유한한 지구를 품으셨기 때문에 하나님의 영은 지구에 스며든다"라고 말한다.[250]

그는 하나님을 "지구의 영이시며, 위대한 영이시고, 초월적이며 내

---

249) John Hart, *Sacramental Commons: Christian Ecological Ethics* (NY: Rowman & Littlefield, 2006), xxi.

250) John Hart, *The Spirit of the Earth: A Theology of the Land* (Ramsey, NJ: Paulist Press, 1984), 155.

재적인(transcendent and immanent) 분으로, 세상을 창조하셨고, 창조주로서의 관계를 회복하셨으며, 지속적으로 그 관계를 회복해 가시는 분"으로 이해한다.[251] 이런 면에서 그의 성례전적 공유지 개념은 처음 창조와 계속되는 창조에서 동일하게 발견되는 하나님, 인간, 그리고 창조세계 사이의 상호의존적인 특징을 지닌다고 볼 수 있다.

하트에 의하면 사회적 상호작용은 고립된 채 나타나는 것이 아니라 관계를 형성하는 가운데 발생한다. 그는 이러한 관계성을 고려하여 인간이 다른 사람의 참살이, 생물권의 참살이, 그리고 생태계의 참살이에 관심을 두고 창조세계의 보존을 향한 사회정의 구현을 위해 투쟁하는 것이 사회생태윤리의 중요한 특징이라고 설명한다. 그리하여 사회생태윤리는 사회와 지구의 참살이를 위해 인간의 책임적인 실천을 통한 사회정의와 생태정의의 구현을 동시에 가능하게 하는 대화체의 통합적이고도 역동적인 이론과 실천을 제공한다. 다시 말해 그는 사회생태윤리가 "관계적이고, 이론적이며, 은유적인 기초"를 인간의 정의로운 행위에 제공하는데, 이는 인간 공동체와 모든 생물권을 위한 생태정의, 그리고 지구의 생태 참살이를 위한 사회정의 실현을 돕는다는 것이다.[252]

그의 사회생태윤리는 한마디로 성령의 섭리를 통해 창조의 하나님과 창조세계를 긴밀하게 관련시키는 창조중심적(creartiocentric 또는 creation-centered)인 것이다. 이것은 인간 공동체 안에서의 바른 행동을 의미하는 사회정의를 위한 인간의 분투를 격려하는 한편, 비생물과 생물로 이루어진 창조세계를 향한 올바른 태도인 생태계의 지

---

251) 박용범, 『기독교 사회생태윤리』, 115.
252) 위의 책, 116.

속성에 대한 인간의 지속적인 헌신을 자극하는 윤리적 이론과 방법에 대한 성찰적인 통합(reflective integration)이다. 이 과정에서 사회정의와 사회윤리의 고려사항은 생태적 참살이와 의미 있게 통합되며, 윤리적 원칙은 한편으로 인간 공동체 내에서, 그리고 다른 한편으로 인간, 지구, 그리고 인간을 제외한 생명체 간의 정의를 촉진하는 맥락 속에서 형성될 것이다.[253] 그런 의미에서 사회생태윤리는 명백하게 그리스도교 신학의 한 분야라고 할 수 있다. 즉, 오늘날의 기후위기와 생태계 파괴의 현실에 응답하는 삶과 실천의 신학적이고 윤리적인 하나의 새로운 흐름이다. 이러한 특징을 지니고 있기 때문에 무등신학의 신학적인 기초로 사회생태윤리를 활용하려는 것이다.

사회생태윤리는 사회학의 변혁성(transformation)과 생태학의 관계성(relationship), 그리고 해석학과 방법론의 역할을 감당하는 윤리학의 융합 학문이라고 할 수 있다. 이는 초월성(transcendence)과 내재성(immanence), 보편성(universality)과 특수성(particularity), 그리고 이론(theory)과 실천(praxis) 사이의 격차를 극복할 수 있는 윤리적 패러다임으로, 기존의 생태윤리학에 사회윤리학의 장점을 보완하는 하나의 통합적이며 창의적인 분야라고 할 수 있다. 즉, 사회생태윤리는 생태, 정의, 영성, 실천, 대화 등의 개념을 통섭적으로 아우르며 그리스도교 신학의 실천력을 극대화시키는 방안으로서의 사회학적인 분석과 역동성을 더하는 독특한 분야라고 할 수 있다.[254] 결론적으로 이러한 사회생태윤리는 바로 지금 제4차 산업혁명과 기후위기, 인공

---

253) John Hart, *Cosmic Commons: Spirit, Science, & Space*, 185.
254) 박용범, 『기독교 사회생태윤리』, 117.

지능과 팬데믹의 시대를 살아가는 우리에게 윤리적인 가치관으로서의 새로운 가능성을 제공할 것으로 기대한다. 특히 광주와 전라권을 중심으로 형성되어 온 무등신학의 특징인 소외나 배제, 등급 혹은 차별이 없는 세상을 이루는 데 필요한 시대정신을 구성하는 작업에 적실하게 기여할 것이다.

8.
대멸종과 기후위기시대의 새로운 흐름

35) 사회정의와 생태정의를 동시에 구현하는 무등신학

그동안 지구의 생태계 붕괴 문제와 기후위기에 대한 그리스도교의 신학적 응답은 우주론이나 창조중심적인 시각으로 거시적인 관점에서 접근하거나, 또는 탄소중립과 절제운동과 같은 실생활에서의 개별적인 실천에 집중하는 미시적인 방법으로 진행되어 왔다.

하지만 이미 극도로 소비지향적이고 자본주의를 중심으로 의식체계가 굳어진 인간의 패러다임을 전환하려면 이러한 방식은 양자 모두 현실적으로 한계가 있어 보인다. 왜냐하면 전자는 자칫 지나치게 추상적이거나 사회구조 중심적이고 주로 각성한 지식층을 중심으로 논의될 가능성이 있고, 후자는 비록 참여적이기는 해도 일부 의식이 있는 소비자들의 관심사로만 한정될 수 있기 때문이다. 이러한 이유로 양자를 상보적으로 연결할 방안이 필요하다. 인간사회의 현장을 중심으로 소외와 차별의 문제에 대처해 왔던 사회정의적인 교정이 그 역할을 감당할 수 있을 것이다.

지금까지 살펴본 바에 의하면 무등신학을 구성하는 데 기여한 인물들은 모두 세상에서 사회정의와 생태정의를 동시에 구현하려고 노력해 왔다. 그들은 창조세계에서의 인간의 역할에 대해 진지하게 고민하면서 생태계의 모든 구성원들이 하나님의 피조물이라는 신앙고백이 삶으로 이어지려면 그들이 지닌 내재적 가치에 대해 성례전적으로 인정하는 것이 중요하다는 점을 강조했다. 그들이 공통적으로 실천한 청빈과 절제, 나눔과 비움, 낮아짐의 영성은 인간사회만이 아닌 모든 피조물에 대한 생태적인 자각에서 비롯된 것이었다. 그러므로 생태정의와 사회정의를 동시에 균형 있게 추구하는 특징을 지닌 무등신학이야말로 포스트 코로나 시대의 생태적 각성과 반성을 위해 필요한 하나의 신학적인 대안이 될 수 있을 것이다.

현재 지구 공동체는 어느 때보다 생태적으로 지속가능하지 않을 뿐만 아니라 사회적인 차원에서도 지속가능하지 않은 상황이다. 예를 들어 우리는 지금 경제적인 빈곤과 인권의 사각지대에 놓인 계층이 생태적으로도 위험한 환경에 처할 확률이 더 높은 시대에 살고 있다. 그렇기 때문에 양 측면 모두의 지속가능성을 증진하기 위한 방안이 모색되어야 한다. 생태적이고 사회적인 두 측면이 분리되어 있지 않고 긴밀하게 서로 연결되어 작용하고 있다는 것이 필자를 비롯한 많은 사람들이 공통적으로 주목해 왔던 현실이다.

본래 이러한 통찰은 미국의 헨리 데이비드 소로, 인도의 간디와, 미국의 마틴 루터 킹 목사 등을 비롯하여 인권과 생물권을 동시에 고려하여 정의를 수립하고자 했던 인물들이 지속적으로 주장해 왔던 것이기 때문에 비교적 오랜 전통을 지니고 있다. 킹 목사는 미국 흑인의 시민권 운동을 위한 비폭력이지만 적극적인 저항투쟁으로 인해 버밍햄 형무소에 수감된 시기에 기록한 편지에서 "우리는 벗어날 수 없는 상호성의 그물망 안에 잡혀 있고, 단 하나의 운명이라는 옷에 묶여 있다. 어느 하나에 직접적으로 영향을 끼치는 것이 무엇이든, 그것은 곧바로 모두에게 간접적으로 영향을 끼친다"라는 말로 이것을 잘 표현했다.[255]

이처럼 지구를 위한 생태정의와 모든 사람을 위한 사회정의는 동시에, 그러나 종종 다른 영역에서 일어나는 두 종류의 진지한 담론이었지만 결코 분리될 수 없다. 인간의 일상 생활과 지구 상태와의 상호연관성은 종종 연구되거나 주목받지 않고 그냥 지나쳤지만, 인류 역사에서 현재 우리는 이러한 대화를 결코 분리하여 고려해서는 안 되는 비상사태에 직면해 있다. 계몽주의 이후 서구 그리스도교 세계(Christendom)에서 많은 사람들이 주로 형성해 왔던 태도라고 볼 수 있는 지구 시스템은 인간과 분리되어 있고 따라서 착취당할 수 있다는 가정은, 동시에 어떤 인종, 성, 지위, 계층을 지닌 사람들은 자신들과 본질적으로 다르고 때로는 자신들의 목적에 맞게 이용할 수도 있다는 가정과 병행하여 존속해 왔다. 그리고 이것이 오늘날의 기후위기와 생태계 붕괴의 비상사태를 가져온 문제의 핵심이다. 생태계에 영향을 미치는 문제들은 그 현장에서 살아가고 있는 사람들에게도 영향을 미친다. 그리고 어떤 사람들은 그런 영향을 완화하

---

255) 박용범, 『기독교 사회생태윤리』 (서울: 새물결플러스), 2021, 18.

는 데 도움이 되는 자원들에 비교적 쉽게 접근할 수 있는 반면에 다른 사람들은 그렇지 못할 때, 그것은 사회정의의 문제가 된다.

특히 코로나19로 인해 촉발되고 고양된 이러한 인식은 오늘날 모든 분야의 학자들에게 자신들의 목소리를 사람들에게 들려주고 그들이 사회 변화를 일으키도록 고무시키는 설득력 있는 주장을 하기 위해 적극적으로 지역사회에 발을 들여놓을 필요성을 요구하고 있다. 학자는 종종 공정하고 가치중립적이며, 데이터 중심적이고, 객관적이어야 한다는 압박을 받는다. 하지만 글로벌 위기를 맞이하여 우리는 누구도 예외 없이 자신이 속한 지역사회의 대화에 참여하고, 변화를 위한 주장을 펼치고, 보통 활동가들만의 전유물로 여겼던 역할을 공동으로 감당하며 행동해야 하는 시대를 맞이했다.

이러한 일에 선구자적인 입장에 있던 학자가 미국 보스톤대학교에서 오랜 기간 동안 기독교윤리를 가르치며 동시에 사회활동가로 다양한 생태운동에 참여하다가 은퇴한 존 하트(John Hart)이다. 그는 본래 가톨릭 환경운동가로 활약하는 중에 해방신학과 생태윤리를 접목한 연구의 필요성을 느껴 학자가 된 활동가였다. 그가 전개하고 있는 사회생태윤리는 이런 고민을 집약한 신생 분야로 사회윤리와 생태윤리의 장점과 한계를 동시에 고려하여 통섭적으로 구성한 일종의 대안이다.

이것은 그동안의 사회윤리가 인간 공동체를 우선으로 고려하여 사회정의를 증진하기 위해 약자우선권과 빈곤층에 대한 우선적 선택에 집중했던 점과, 생태윤리가 지구 생태계에 존재하는 모든 구성원들 사이의 상호관계성에 주목하고 그들의 참살이를 증진하는 일에 강조점을 두었던 것을 통합하여 하트가 그리스도교의 유신론적인 대안과 전망으로 구성한 새로운 학문적 개념이다. 나아가 이러한 접근은 창조세계의 문제 해결을 위한 기존의 신학이나 생태학이 지닌 해법의 한계를 극복하려는 설명이며, 방랑하는 사람이 되어 구성신학적인 방법으로 인류가 직면한 생존위기를 해결하는 일에 적용하는 일종의 학문적인 시도라고 할 수 있다. 필자의 저서 『기독교 사회생태윤리』는 하트의 사회생태윤리를 한국에 처음으로 소개하였고, 이 방법을 기후위기 시대의 대안이 되는 신학과 윤리로 한국적인 상황에 적용하여 예시하였다.

지금까지의 논의를 통해 살펴본 무등신학의 자원에 근거한 윤리적 비전을 도출하여 전개한다면 사회생태윤리야말로 최적화된 서술이라고 할 수 있을 것이다. 그것은 무등신학과 사회생태윤리가 모두 도상의 신학이라는 정체성을 지니고 있고, 신학을 구성하는 작업에 참여하는 인물들 또한 방랑하는 사람들로 이루어져 있을 뿐만 아니라, 무등신학의 기원을 제외하면 신학적 방법과 추구하는 목표가 일치하기 때문이다.

즉, 사회생태윤리가 추구하는 학제 간 연구와 융합과 통섭을 통한 방법이 무등신학의 그것과 유사하다. 예를 들면 사회학의 변혁성과 생태학의 관계성, 그리고 윤리학에서의 비교윤리학적인 해석을 무등신학을 위한 학문적인 방법으로 동일하게 제시할 수 있기 때문이다. 이는 또한 사회생태윤리가 초월성과 내재성, 보편성과 특수성, 그리고 이론과 실천 사이의 간극을 극복하려는 윤리적 패러다임에서 출발했으므로 무등신학이 추구하고 있는 어떠한 차별이나 배제,

소외가 사라지고 계급이나 계층의 개념조차 없어진 완전한 평등을 구축하려는 신학적 목표와 긴밀하게 회통하기 때문이다.

우리가 직면한 현재의 생명과 생태계의 위기는 지구 공동체 구성원 모두의 생존을 위협하고 있기 때문에 인류는 상생과 공존을 위해 이념과 종교를 초월하여 새로운 윤리의식을 요청하고 있다. 이것에 대해 무등신학이 응답하는 것은 인간과 생태계의 관계적 상호의존성을 의식하고 미래 세대의 공동선을 위해 지금까지 문제 유발의 직접적인 원인을 제공한 인류가 과감히 결단을 내리는 것이다. 이미 오래전에 레이첼 칼슨의 지적한 것처럼 이를 위해 우리는 우선 겸손해질 필요가 있다. 그는 과학자로서 생명의 신비 앞에 선 인간의 자세를 다음과 같이 표현하고 있다.

> 생명이란 인간의 이해를 넘어서는 기적이기에 이에 대항해 싸움을 벌일 때조차 경외감을 잃어서는 안 된다. 자연을 통제하기 위해 살충제 같은 무기에 의존하는 것은 우리의 지식과 능력 부족을 드러내는 증거다. 자연의 섭리를 따른다면 야만적인 힘을 사용할 필요도 없을 것이다. 지금 우리에게 필요한 것은 겸손이다. 과학적 자만심이 자리 잡을 여지는 어디에도 없다.[256]

신학이 지금까지의 인간중심주의에서 벗어나 더 나은 세상을 위

---

256) 레이첼 카슨, 『침묵의 봄』, 김은령 옮김 (서울: 에코리브르, 2011), 304.

해 봉사하려면 그리스도를 닮은 이타적이고 자기희생적인 그리스도교의 본질로 돌아갈 필요가 있다. 오늘날의 기후위기와 생태적 붕괴 상황은 단지 과학의 문제일 뿐 아니라 영적이고 신학적인 도전이라는 교회와 그리스도인의 자각이 시급히 필요하다. 인류가 약해지고 가난해지는 것을 두려워하지 말고[257] 하나님의 정의를 실현하는 일에 우선순위를 두며 용기를 발휘할 때 하늘의 뜻이 땅에서도 온전히 이루어질 수 있을 것이다.

36) 창조세계의 청지기에서 돌봄의 역할로의 전환

전통적으로 창조세계에 대한 인간의 역할을 규정하는 용어는 창세기 1장 28절의 정복하고 다스리라는 내용에 근거한 '청지기'였다. 하지만 인구 증가와 산업화에 따른 생태계 붕괴와 기후위기는 점차 가속화되었고 적어도 지구에 대하여 인간은 책임적인 존재가 아니라는 신학적인 각성이 촉구되었다. 따라서 창조세계와 관련하여 인간의 핵심적인 이미지는 더 이상 청지기가 아니라 창세기 2장 15절에 근거하여 경작하며 지키는 '돌봄'으로 전환되었다.

얼핏 생각해보면 이것은 단순한 이미지의 변화처럼 보일 수 있지만, 사실 인간의 창조세계에 대한 생태적 회개의 촉구와 함께 중요한 태도의 변화를 의미한다. 청지기의 이미지는 하나님의 영향권 아래에서 인간의 책임감을 포함하면서도 본질적으로 중간 관리자로서의 인간의 위상을 나타낸다. 그러나 인간은 이미 역사를 통해 부패

---

257) 박용범, 『기독교 사회생태윤리』, 291.

하고 부적절한 관리자로 판명되었다. 반면에 지구 구성원 모두의 공동의 집을 돌보는 이미지는 인간이 아무리 강력해도 지구를 구성하는 많은 피조물 가운데 하나일 뿐이고 지구라고 하는 커다란 생태계의 일부일 뿐이라는 것을 암시한다. 이런 차원에서 지구는 본질적으로 우리 모두가 함께 거주하는 하나님의 집(oikos)이므로 구성원은 모두가 상호의존적이라는 자각이 필요하다.[258] 우리는 서로 존중과 절제의 태도를 가지고 보살피는 역할을 겸손하게 감당할 필요가 있다. 우리는 돌봄을 주고 또한 지구상의 다른 존재들로부터 돌봄을 받는다.

창조세계에 대한 돌봄은 더 이상 사회정의나 그리스도교의 사회적 실천과 관련한 원칙들 가운데 하나가 아니다. 이러한 관점이 부각된 것은 생태문제와 사회문제 사이의 밀접한 연관성에 대한 글로벌 규모의 구조적인 부정의를 관찰한 결과라고 볼 수 있다. 우리는 하나의 문제를 독립적으로 해결할 수 없다. 인간 삶의 질 저하는 우리 주변의 창조세계의 질 저하와 함께 간다. 오늘날 필요한 것은 지구의 생태계, 인간, 그리고 사회적 차원을 고르게 존중하는 통합적인 생태학을 고려하는 것이다.

그리스도교는 무엇보다 신학에 대한 사회적이고 생태적인 해석과 적용에 총체적인 관심을 집중해야 할 시점에 이르렀다. 창세기 1장에 나타난 하나님께서 창조하시고 보시기에 좋았던 바로 그 세상은 요한복음 3장 16절에서 한마디로 요약하여 표현하는 것처럼 유일한

---

[258] 박용범, 『기독교 사회생태윤리』 (서울: 새물결플러스, 2021), 17.

아들을 주실 정도로 극진히 사랑했던 대상이다. 그 범위를 그동안 인간사회에만 한정하여 고려해 왔던 인간의 편협성과 이기심을 반성하고 창조의 본래 의도로 돌아가서 세상의 영역을 회복하는 신학을 구성하는 것이 무등신학의 주요 과제라고 할 수 있다.

그렇다면 이처럼 지구를 돌보는 것이 보편적으로 그리스도교 신학에서도 필수적인 요소인가? 코로나19 팬데믹 이후의 세상을 조망하고 있는 지금이야말로 이것을 명확하게 규명하고 구축해야 하는 시점이라고 할 것이다. 그럼에도 불구하고, 일부 신학자들은 여전히 지구를 돌보는 것이 교리적인 내용의 일부이거나 삶의 실천에만 국한된 것으로 여기는 경향이 있다. 하지만 신학의 사회적이면서 생태적인 차원의 고려는 그 자체가 우리 공동의 집인 지구를 중심에 두고 보살피는 일과 관련하여 신학적 관심의 중추가 되어야 한다. 이것은 세상을 향한 사명을 온전히 감당하기 위해 평화롭고 정의로운 세상을 건설할 책임이 있는 인류가 오히려 지구상의 모든 생명을 위협하고 있는 지금의 현실에서 아무리 강조해도 지나치지 않을 내용이다.

하지만 우리가 지구에 대한 '돌봄' 또는 '동정심이나 자비'의 역할에 대해 너무나 몽상적이거나 지나치게 열정적이어선 안 될 것이다. 왜냐하면 인간은 자신들의 음식과 거처를 위해 지금까지 동물, 식물, 곤충, 살아 있는 토양, 살아 있는 바다, 심지어 공기를 죽이는 일에 이미 너무나 익숙해져 있기 때문이다. 물론 그렇지 않았다면 인류는 지구상에서 살아남을 수 없었을 것이다. 문제는 우리가 그것을 너무나 지나치게 탁월하게 잘하게 되었고, 어떤 제한을 받지 않게 되었기 때문에, 이제 우리가 창조세계의 다른 존재들을 파괴하는 능력을 통제하기 위해서는 엄청난 윤리적인 노력과 결단이 필요할 것이라는 점이다.

인간은 지금까지 지구상에 존재했던 어떤 동물보다도 세상에서 가장 무자비하고 효율적인 최상위의 잡식성 포식자라고 할 수 있다. 동물에 대해선 공룡이나 어떤 맹수보다도 확실히 가장 잔인하고 무자비하며 효율적이고, 식물에 대해서는 가장 광범위한 수종이나 식생과 관련하여 파괴적인 존재가 되어 왔다. 그들에 대한 우리의 동정심으로 우리의 사리사욕을 극복하지 않는 한, 다른 어떤 생물종이나 생태계도 우리의 공격에서 살아남을 수 없다는 사실을 인류 역사는 잘 보여주고 있다.

이웃사랑을 윤리의 핵심적인 기준으로 여기는 그리스도인들은 예수의 희생에 의한 자비와 사회정의에 대한 가르침을 통해 고통을 겪는 인간에 대한 동정심을 세상에서 구체적으로 실천하는 법을 배워 왔다. 이제 이 시대에 우리가 시행할 수 있는 가장 중요한 영적인 일은 지구의 다른 살아있는 생물종과 생태계에 대한 동정심을 실천하는 행동일 것이다. 그렇게 함으로써 우리는 이미 얼마나 많은 다른 지구의 존재들이 우리를 보살피고 아끼는지 더욱 명확히 알게 될 것이다.[259] 인간의 무분별한 지구 구성원에 대한 남용과 폭력적인 개발은 마치 강도를 만난 이웃과도 같은 지구 생태계에 대한 만행이었다는 인식의 전환이 시급하다.

---

259) 위의 책, 18.

창조세계에 대한 우리의 학대는 우리 자신의 존엄성과 신성함을 떨어뜨린다. 이것은 우리가 단지 미래 세대의 인간이 필요로 하는 자원을 파괴하고 있기 때문만이 아니라, 인간이 된다는 것이 의미하는 것과 본질적으로 모순되는 행동이기 때문이다. 종교와 문화를 초월한 인류의 보편적인 전통은 인간의 생명과 존엄성을 보호하라고 끊임없이 요청하는데, 이 임무는 모든 창조세계를 돌보고 지키는 일과 결코 분리될 수 없다는 것이 점점 분명해지고 있다.

이 사실에 대하여 이미 오래전에 빙엔의 힐데가르트는 다음의 현실적인 말로 우리에게 잘 설명하고 있다.

> 태양을 바라보라. 달과 별을 보라. 초록 지구의 아름다움을 눈여겨보라. 그리고 이제 생각하라. 하나님이 이 모든 것으로 인류에게 주신 기쁨이 무엇인지를…모든 자연은 인류의 처분에 달려 있다. 우리는 그것과 함께 일해야 한다. 왜냐하면 그것이 없으면 우리는 살아남을 수 없다.[260]

디트리히 본회퍼는 자신의 『윤리학』에서 "윤리는 현실과 분리될 수 없다"라는 말로 그리스도교 신학의 윤리적인 요소가 언제나 실제 상황에 대한 올바른 인식과 그에 대한 진지한 반성의 문제라고 강조했다.[261] 학문으로서의 윤리학은 가치판단과 관련이 있다. 윤리학은 우리가 어떤 이유로 인해 특정한 방식으로 행동하는지 살펴볼

---

260) Matthew Fox, *Breakthrough: Meister Eckhart's Creation Spirituality in New Translation* (New York: Image Books, 1977), 395.
261) 디트리히 본회퍼, 『윤리학』, 정현숙 옮김 (서울: 복있는 사람, 2022), 369.

뿐만 아니라 그러한 행동의 옳고 그름에 대해서 묻는다. 인류가 창조세계를 보살피는 동반자로 여기지 않고 주체와 객체의 도식으로 구별하여 분리하는 태도를 취하기 시작하면서부터 창조세계에 대한 인간의 돌봄의 역할은 약화되었다.

적어도 서양에서는 최근까지도 윤리학의 주된 관심사는 인간에 관한 것이었다. 어떤 신자들은 인간만이 하나님의 형상으로 창조되었기 때문에 다른 생명체는 인간과 대등한 관계에서 상호관계를 맺는 것이 아니라 그들이 인간사회에 기여하기 위해 세상에 존재한다고 주장하기도 했다. 이러한 입장은 창조세계에 대한 보살핌의 역할을 부여받았다고 설명하는 성서의 내용과는 차이가 있으며, 일부 신학자들에게 영향을 미친 아리스토텔레스나 칸트와 같은 철학자들이 강조한 인간 이성의 독특성에 근거한다.[262]

창조세계의 돌봄에 대한 그리스도교적인 비전은 성서에 뿌리를 두고 있다. 예수님의 가르침에 의하면 세상에서 가장 중요한 계명은 우리의 마음과 목숨과 뜻과 힘을 다하여 하나님을 사랑하고 이웃을 우리 자신처럼 사랑하는 것이다(막 12:29-31). 그런데 우리는 세상에서 살고 있기 때문에 하나님에 대한 우리의 사랑은 하나님이 인류에게 주신 역할을 이행하는 데 반영되어야 한다. 하나님께서는 그분의 형상을 품도록 우리를 창조하시고(창 1:27), 그 사실이 인간을 포함한 모든 피조물에게 복이 되는 차원에서 세상을 보살피도록 우리에게 맡기셨다(창 2:15). 그러므로 하나님의 창조세계를 돌보는 것은 우

---

[262] 박용범, 『기독교 사회생태윤리』, 231.

리가 해야 할 가장 근본적인 일 가운데 하나다.

일부 그리스도인들에게 창조세계의 돌봄은 우리가 사람보다 지구를 더 소중히 여기는 것처럼 들릴 수 있다. 하지만 지구를 돌보는 것은 참으로 사람들을 돌보는 것이다. 생태계의 악화가 인간의 건강에 미치는 영향은 파괴적이다. 기후 변화가 관련이 없어 보일 수 있지만, 그것은 지구의 평균 기온이 몇 도 정도 따뜻해지는 것 이상의 문제다. 기후 변화는 모든 위협을 가중시킨다. 그것은 난민 위기, 기아, 질병, 빈곤, 생물다양성 손실, 삼림 벌채, 대기 오염, 자원 부족 등과 같은 많은 심각한 문제들을 더욱 악화시킬 것이다.

특히 지구상에서 가장 가난하고 가장 취약한 사람들은 가장 부유한 사람들의 선택과 행동에 부정적인 영향을 더 심각하게 받는다. 그들에게 우선적인 돌봄이 필요하다. 지구를 돌보는 것은 우리의 동료 인간들을 우선으로 돌보는 최선의 길이다. 우리가 이웃의 참살이와 선을 증진시키는 방식으로 행동할 때 우리는 이웃에 대한 사랑을 분명히 보여주는 존재가 되며, 무등신학의 핵심이 바로 여기에 있다.

37) 제4차 산업혁명시대에 대응하는 무등신학

우리는 과학기술의 급속한 발달에 따른 제4차 산업혁명이 인류의 삶을 이전보다 더욱 풍요롭고 편리하게 발전시켜 줄 것으로 기대하지만, 그와 더불어 우리의 행동 양식뿐만 아니라 정체성과 도덕성, 그리고 윤리관까지도 변화시킬 가능성이 크다. 따라서 윤리와 과학을 서로 보완하는 합의된 가치관을 제시하는 것이 더욱 중요한 과제가 되었다. 시대적인 쟁점들에 대한 우리의 윤리적인 관심과 정당한 합의로 약속을 실체화하기 위해 과학적 진리와 과학기술의 근본적인 의미를 재검토할 필요가 있으며, 특히 생명의 의미와 생태계의 도덕적 지위 등에 대한 논의가 신학 영역에서도 더욱 활발히 이루어져야 할 것이다.

제4차 산업혁명 시대를 이해하려면 그 주체라고 할 수 있는 인간에 대한 이해가 선행되어야 한다. 왜냐하면 본래 혁명이라고 하는 것이 인간의 욕망을 충족시키기 위한 기술의 발달에 따른 시대정신으로서의 세계관과 사회구조, 즉 패러다임의 변화를 의미하기 때문이다. 인류는 그동안 욕망을 극대화하기 위해 물량적이고 외면적인 성장을 추구해왔다. 인류가 지금까지 경험한 산업혁명들을 인간의 역할에 방점을 두고 간략하게 회고해 보면, 18세기 중엽부터 시작하여 약 100여 년간 이어진 제1차 산업혁명은 증기기관이라는 기계의 발명으로 인력보다 우세한 동력 에너지를 생산해냄으로써 인간의 손과 발을 대신했다. 19세기 말에서 20세기 초반까지 이어진 제2차 산업혁명은 전기의 힘으로 거대 동력 기관을 조작할 수 있도록 했으며, 1960년대에 시작된 제3차 산업혁명은 컴퓨터와 인터넷을 통해 대량의 정보를 획득하고 저장할 수 있게 만들어주었다.[263]

현재 인류는 제4차 산업혁명 시대를 살아가고 있는데, 인공지능과 기계학습, 생명공학, 사물인터넷, 블록체인, 그리고 모든 분야의 융합을 통하여 이전과는 비교할 수 없는 방대한 분량의 정보와 지식을

---

263) 박용범, 『기독교 사회생태윤리』 (서울: 새물결플러스, 2021), 179.

인지하고 공유하며 처리할 수 있는 능력을 점차 증대시켜가고 있다.

그런데 학자들은 제4차 산업혁명이 인류에게 엄청난 혜택을 제공해주기는 하지만 그 이면에서는 각종 윤리적인 문제들이 대두될 수 있다고 지적한다. 제4차 산업혁명의 진행과 함께 나타날 어두운 그림자에 대한 준비도 필요하다는 것이다. 실제로 클라우스 슈밥(Klaus Schwab)과 같은 경제학자들은 제4차 산업혁명에 대해 낙관적으로 평가하면서도 혁명의 체제적 요인으로 심화될 불평등과 노동자와 자본가 사이의 빈부의 격차, 그리고 정체성의 혼란이나 각종 윤리적인 쟁점들에 대해 우려하고 있다.

예를 들면 인간을 능가하는 로봇이 지배하는 새로운 세상에 대한 두려움과 거부감을 극복하지 못하는 사회는 몰락의 길로 향할 수밖에 없을 것이다. 개인에게도 재앙적인 상황이 발생할 수 있는데, 인간을 대신하여 인공지능이 그 자리를 차지하게 되어 기존의 직종이 감소하고 일자리가 줄어들면 빈부의 양극화가 심화될 것이고, 인간 소외와 차별의 문제는 더욱 심각해질 것이다. 인류 역사를 돌아볼 때 기술혁신과 혁명적인 변화가 인류 모두의 삶의 질과 복지에 동일한 수준으로 긍정적인 영향을 끼치지는 않을 것이라고 충분히 예측할 수 있다. 슈밥은 경제학자의 관점에서 제4차 산업혁명 시대에 더욱 가속화될 것으로 예상되는 불평등과 불공평의 문제를 지적하면서 공급과 관련된 노동과 생산 부분의 불균형으로 인해 빈부의 양극화가 심화되어 대중의 삶의 질이 오히려 낮아질 가능성에 대해 우려하고 있다.[264]

---

[264] 클라우스 슈밥, 『제4차 산업혁명』, 송경진 옮김 (서울: 새로운 현재, 2016), 32.

이와 더불어 무한진보와 혁신적인 발전을 추구하는 제4차 산업혁명 시대를 맞이하여 개선되기는커녕 더욱 심각해지는 것이 기후의 급속한 변화와 생태계 파괴의 문제다. 생태계 붕괴의 위협에 직면한 지구 공동체의 위기는, 단지 과학기술의 무분별한 남용이 초래한 물리적인 자연 생태계 파괴의 문제이기만 한 것이 아니라 인간의 욕망에 의한 고도의 산업화에 따른 인간성 소외와 차별의 문제와 경제적 불평등에 따른 정의와 관련한 총체적이고 통합적인 윤리적 이슈라고 할 수 있다. 이를 근거로 생태계의 위기와 관련한 윤리적인 과제들을 해결하기 위해 역사적으로 인종, 젠더, 경제적 지위, 그리고 인간 이외의 생물체와 연관된 차별의 문제를 다루어온 생태윤리의 사회학적인 접근법인 사회생태윤리가 유효할 것으로 보인다. 왜냐하면 이러한 주제들과 관련하여 역사적으로 공유되어온 윤리적인 문제점들과 그에 따른 대안들이 상보적인 대화를 통해 하나의 통합적인 해법으로 작용할 수 있다고 보기 때문이다.[265]

　앞선 글을 통해 무등신학의 신학적인 원리로 사회생태윤리를 제시하고 그 기원과 특징을 살펴보았다. 이 개념은 2021년 필자의 저서 『기독교 사회생태윤리』를 통해 한국에 처음으로 소개된 내용이라서 대중에게 생소할 뿐만 아니라 아직 대부분의 신학자들에게도 익숙하지 않은 용어이기 때문에 앞으로 더 많은 연구가 필요하다. 그럼에도 불구하고 무등신학의 이론적인 기반으로 이것을 제시한 이유는 기존의 어떤 것보다 사회생태윤리가 가장 적합하다고 보기

---

265) 박용범, 『기독교 사회생태윤리』, 184.

때문이다. 한편으로 어쩌면 사회생태윤리의 한국 버전이 무등신학이 될 수 있지 않을까 하는 생각을 해본다. 왜냐하면 사회정의와 생태정의가 어느 면으로 치우침이 없이 교차적으로 균형 있게 이루어지는 세상을 전망한다는 점에서 양자가 맥을 같이한다고 볼 수 있기 때문이다.

사회생태윤리는 계층, 성별, 인종, 민족성, 자생성(indigeneity)과 같은 전통적인 사회분석 개념과 관련된 다양한 관심이 그리스도교의 녹색실천(green praxis)을 어떻게 심화할 수 있는지, 또한 시대의 변화에 부응하는 방식으로 어떻게 더욱 고양시킬 수 있는지 모색한다. 즉, 구체적으로 오늘날 그리스도인들의 공동체에 의해 수행되는 프로그램의 주도권이 급변하는 기후의 도전에 대응하기 위해 어떻게 연합할 것인가와 관련이 깊다. 이처럼 대규모로 오늘날 신학의 지형도를 새롭게 매핑하는 작업은 기후 변화에 의해 위협받는 지구 공동체의 창조적 기능을 위한 그리스도교 녹색실천이 당면한 문제를 해결할 뿐만 아니라 그리스도교 신학의 잠재적인 가치를 더욱 선명하게 보여줄 수 있을 것이다. 기후위기를 비롯하여 현재의 심각한 지구 생태계를 향한 도전은 창조보전이나 인간의 존엄성을 존중하지 않은 지금까지 인류의 관행에 의한 산물로 인해 생태적이며 동시에 윤리적인 문제들을 생산해냈다.

하트의 설명에 따르면 사회생태윤리는 특정한 장소와 역사적인 시기 내에서 통합된 사회적이고 생태적인 이슈들에 의해 고무된 반성과 행동을 포함한다. 그는 맥락이라는 관점에서 실천 윤리(praxis ethics)를 구별하는데, 그는 실천 윤리를 맥락화된 윤리(contextual ethics)가 아니라 최근의 경험들에 기초한 맥락 안에서의 윤리(ethics-in-context)로 해석한다. 다시 말해 어떤 규범적이거나 의무론적인 윤리가 아니라 맥락 안에서 시행된 윤리라는 것이다.[266] 따라서 제4차 산업혁명 시대를 위한 윤리가 단지 실용적이거나 현실 적응을 위한 것이 아니라 보다 참여적이고 실천적인 것이 되도록 사회생태윤리가 효율적으로 기여할 수 있을 것이라고 기대한다. 이러한 이유로 광주와 전라권을 중심으로 형성된 무등영성의 전통을 신학적으로 구성하는 작업에도 유효할 것이다.

또 사회생태윤리는 인간의 공동선과 창조세계의 보전과 관련한 지속성을 증진하기 위해 다양한 문화의 개념과 맥락에서 제4차 산업혁명의 특징이라고 할 수 있는 대화적 관계성(dialogic relationship)을 위한 일종의 시작점을 제공한다. 다시 말해 창조의 돌봄과 공동체의 돌봄을 촉진하는데, 하트에 의하면 그 과정은 맥락 안에서의 관계적 의식(relational consciousness), 관계적 실행(relational conduct), 그리고 관계적 공동체(relational community)를 조성하며 이루어진다.[267] 즉, 의식이 실행으로 이어지며 공동체로 열매를 맺는 모든 단계에 대화적 관계성이 효율적으로 작용하기 위해 사회생태윤리가 의미 있는 역할을 할 수 있다는 것이다. 이러한 면에서 볼 때 사회생태윤리는 사회정의와 생태정의를 "지금 여기 우리 가운데"(now and here among us)의 상황에서 상호관련성(interrelationship)과 상호작용(interaction)을 통해 구체적이고도 역동적으로 이루어가는 상당히 변

---

266) John Hart, *Cosmic Commons: Spirit, Science, & Space* (Eugene, OR: Cascade Books, 2013), 188.
267) 박용범, 『기독교 사회생태윤리』, 168.

혁적인 학문 분야라고 할 수 있다.

　제4차 산업혁명의 장밋빛 미래의 이면에 존재하는 기후붕괴와 생태계 파괴의 총체적인 위기에 직면한 현실과 관련하여 한국 사회의 여러 분야에서 그동안 산발적으로 참여적인 실천을 강조해왔음에도 불구하고, 기존의 제안과 시도들이 사회구조의 근본적인 변혁이나 거시적이고 패러다임적인 전환을 만족할 만한 정도로 성취하지 못하고 있는 것이 사실이다. 이는 여전히 "큰 것과 성장의 미덕"을 우선으로 추구하는 소비중심의 자본주의적 폐해의 영향으로 인해 거대 종교의 형태를 지향하고 있는 일부 한국 교회의 상황에서는 더욱 그러하다고 볼 수 있으며 무등신학은 이에 대한 의미 있는 대안이 될 수 있을 것이다.[268]

　양극화와 인간 소외의 심화를 비롯한 제4차 산업혁명 시대의 윤리적인 문제들을 해결하는 일은 앞으로 무등신학의 중요한 과제이다. 사회생태윤리에 기초한 무등신학의 생태적 감수성 증진 및 상호관계성 회복에 의한 청빈, 절제, 참여, 낮아짐, 나눔의 의식과 신행일치가 제4차 산업혁명 시대의 윤리적인 문제를 해결하는 해법이 될 것이다.

38) 대멸종의 시대에 응답하는 무등신학

　언론의 보도에 따르면 국내에 반려동물과 함께 사는 인구가 이미

---

268) 위의 책, 201.

천오백만을 넘어섰고, 반려동물의 죽음으로 심적인 고통을 호소하는 "반려동물 상실 증후군"(petloss syndrome) 환자가 늘고 있다고 한다. 반려인에게 있어 반려동물은 가족과 같으며, 삶의 동반자이고, 무조건적 사랑의 대상이다. 인간은 무슨 일을 남들보다 잘해야 칭찬하고, 특별하고 대단한 일이 있어야 축하하고 즐거워하지만, 반려동물은 환경의 변화나 조건과 상관없이 해맑은 애교와 교감으로 인간을 대한다. 이러한 반려동물을 상실하면 반려인은 정신적, 감정적, 신체적 고통을 겪는데, 이는 가족을 사별한 아픔을 겪은 사람들의 반응과 유사하다. 연구에 따르면 이러한 고통은 보통 2-3개월 정도 지나면 사라지지만 때로는 1년 이상 지속되기도 하는데, 그런 경우 복합 비애와 외상후 스트레스 장애로 발전할 수 있다고 한다.[269]

그런데 이처럼 증가하는 반려동물의 개체수와는 반대로 지구 전역에 걸쳐 각종 생물의 멸종이 대규모로 진행되고 있다. 참으로 역설적인 현상이다. 이것은 지구 역사상 이미 존재했던 몇 차례의 대규모 멸종 중 가장 최근의 것이지만, 호모 사피엔스라는 동물이 결정적인 원인을 제공하고 있다는 점에서 독특하다. 연구에 따르면 매년 약 10,000여 종의 생물종이 멸종한다고 한다. 생물종의 다양성은 삼림 벌채, 심해 어업, 산호초 파괴, 살충제 남용 등으로 급격히 감소해왔다. 기후 변화는 가속화되어 위기의 단계를 넘어 재앙 수준에 이르러 지구 전체가 비상사태에 직면해 있는데, 인류의 난방, 운송, 전기 생산을 위한 화석 연료의 사용이 여전히 증가하고 있다.

---

269) 박용범, 『기독교 사회생태윤리』 (서울: 새물결플러스, 2021), 170.

이것은 해수면 상승, 태풍이나 허리케인 또는 사이클론의 증가, 남극 빙하의 붕괴로 이어지고 있다. 오염은 바다, 강, 공기, 토양, 그리고 우주에까지 널리 퍼져 있으며, 지표종인 개구리 개체수와 나무 성장률의 급격한 감소 등은 오염이 가져올 영향에 대한 분명한 경고가 되고 있다. 토양 침식과 사막화가 가속화되고 있으며, 이는 목초지와 산업 및 경작지의 과도한 사용, 그리고 산비탈과 같이 경작에 부적절한 토지의 이용과 관련되어 토양의 악순환으로 이어진다.[270]

이러한 위기에 응답하여 2018년 영국에서는 '멸종저항'(Extinction Rebellion)이라는 명칭의 생태운동단체가 결성되어 파국에 직면한 기후위기 시대에 비폭력 불복종의 적극적인 저항으로 비상행동을 선포하기 시작했다. 그들은 공공장소를 점거하여 경범죄를 범하는 방법으로 기후위기의 심각성을 전하며 인류가 직면한 멸종의 긴박한 상황을 정치적인 방법으로 알려왔다. 국내에도 지부가 결성되어 기후악당 국가라는 오명 가운데 있는 한국의 상황을 개선하기 위해 적극적인 운동을 벌이고 있다. 사태의 긴급한 변화요구에 집중하기 위해 "기후위기 비상행동"이라는 이름으로 2019년에는 개신교, 천주교, 불교, 원불교, 천도교의 공동 참여로 이루어진 대규모의 연합기도회가 열리기도 했다. 무등신학이 기후위기와 생태계 붕괴의 시대적인 과제를 공통의 관심사로 하여 동학과 그리스도교의 학제 간 연구를 진행하려는 것도 이러한 교류가 행동과 실천뿐만 아니라 학문적으로도 충분히 가능할 것으로 전망하기 때문이다.

---

270) 위의 책, 86.

지구의 역사를 연구하는 과학자들에 의하면 지금까지 다섯 번에 걸친 대멸종의 시기가 있었고 현재 지구는 인류세(Anthropocene)로 지칭되는 여섯 번째 대멸종의 시기를 보내고 있다. 엘리자베스 콜버트는 생물계에서 자연적으로 일어나는 멸종을 배경멸종률에 따른 멸종이라고 부르는데, 그에 따르면 이를 초과하는 속도로 일어나는 대멸종의 시대를 지금까지 다섯 번 정도 거쳤다고 한다. 과학자들이 추측하는 다섯 번의 대멸종의 역사는 이렇다.

첫 번째 대멸종은 오르도비스기인 4억 4천3백만 년 전에 발생한 것으로 27%의 과와 57%의 속이 멸종했으며, 두 번째 대멸종은 데본기인 3억 7천만 년 전에 발생한 것으로 19%의 과와 50%의 속이 멸종했다. 세 번째 대멸종은 페름기인 2억 4천5백만 년 전에 발생한 것으로 57%의 과와 83%의 속이 멸종했으며, 네 번째 대멸종은 트라이아스기인 2억 1천5백만 년 전에 발생한 것으로 23%의 과와 48%의 속이 멸종했다. 다섯 번째 대멸종은 백악기인 6천6백만 년 전에 발생한 것으로 17%의 과와 50%의 속이 멸종했다고 한다.[271]

물론 수명이 100여 년 정도에 불과한 인간의 시간 개념으로는 머나먼 일이긴 하지만 인간의 과도한 활동과 이기적인 욕망이 멸종을 앞당기는 방향으로 가고 있다는 것이 문제이다. 더구나 그 과정에서 인간사회가 재앙 수준의 고난을 겪으리라는 것은 현재의 기후위기 상황을 고려할 때 거의 확실하다. 그러므로 어느 시기보다 자연과 인간의 공존과 상생의 필요성에 대한 자각과 윤리의식의 전환이 요청된다.

---

271) 위의 책, 88.

미국의 역사학자 린 화이트 주니어(Lynn White Jr.)는 1967년에 그의 유명한 논문에서 서양의 중세 그리스도교를 인류 역사상 가장 인간중심적인 종교라고 비판했다. 이것은 "화이트의 논지"(White's Thesis)라고 불리며 오늘날 생태계 파괴와 기후위기의 상황을 초래한 서구 자본주의 사회의 대표 종교인 그리스도교에 대해 가장 널리 행해지고 있는 신랄한 평가다. 그에 의하면 서구 그리스도교의 인간중심주의가 인간 이외의 세계에 대한 지배적이고 착취적인 태도를 강조했고, 그리스도교의 선형적 역사 진보에 대한 아이디어가 지구의 생태적 순환의 리듬에 대한 적응보다는 기술적 진보를 높이 평가하도록 이끌었다는 것이다. 화이트는 인간의 기술력이 너무나 강해져서 이제는 고갈을 초래하게 되었고 자연환경이 더 이상 감당할 수 없을 정도로 파괴적인 압박을 생태계에 가하고 있다고 생각했다.[272]

그의 논문에서 우리가 한 가지 주목할 점이 있는데, 신앙인이었던 화이트는 우리가 자연과의 가장 근본적인 관계인 신학적 관계를 재고하지 않고서는 이 문제를 해결할 수 없다고 여겼다는 사실이다. 우리는 어떻게든 우리가 누구인지, 자연이 무엇인지, 기술력이 무엇에 사용되어야 하는지, 그리고 자연과의 관계가 어떠해야 하는지에 대한 이해의 지평을 재구성할 필요가 있다. 과학기술을 다루는 역사학자였던 화이트의 입장에서는 이러한 차원에서 서구의 신학에 대한 면밀하고 깊은 탐구 없이는 그러한 재구성을 이룰 수 없었을 것이다.

우리는 화이트가 단순히 지구상의 생태계 파괴의 문제 때문에 그

---

[272] 위의 책, 89.

리스도교, 즉 신학을 탓하는 것이 아니라는 점을 인식할 필요가 있다. 왜냐하면 화이트는 문화적으로 내재된 신학을 선택적인 요소로 간주하지 않았기 때문이다. 실제로 화이트의 신학 전반에 대한 이해, 특히 그리스도교 신학에 대한 이해는 진지하면서도 희망적인 내용을 담고 있다. 화이트는 인류가 생태계 위기의 원인을 신학적인 뿌리에서 찾아내기 위해 그리스도교 신학의 풍부한 자원을 이용하면 이것은 또한 우리에게 유용한 일종의 준비된 도구를 제공할 수 있다고 생각했고, 실제로 생태계의 위기를 극복하는 하나의 긍정적인 모델로 아시시의 프란체스코의 생태친화적 삶을 그의 논문 후반부에서 제시하고 있다.

화이트의 간결하면서도 논쟁적인 이 논문은 엄청난 반향을 불러 일으켰다. 그것은 신학의 영역에서 생태신학(ecotheology)이라는 현대의 새로운 학문 분야가 탄생하는 중요한 계기였으며, 이것은 환경과학, 사회문화적 연구들, 신학, 페미니즘, 역사학, 철학, 성서학, 종교학 등과 결합할 수 있는 주목할 만한 학제 간 연구의 핵심 분야가 되었다.[273]

근본주의 성향의 보수적인 그리스도인들은 현 지구가 역사의 마지막 순간에 하늘에서 내리는 신성한 불에 의해 파괴되고 하나님에 의해 다시 무로부터(ex nihilo) 창조될 것이라고 주장하며 화이트의 비판에 대해 별로 관심을 기울이지 않는다.

하지만 일부 그리스도교 신학자들은 서구 그리스도교 전통에 대

---

273) 위의 책, 90.

한 이러한 비판과 서구 세계의 생태계에 대한 그의 예리한 분석에 일부 공감하며 도전을 받았다. 특히 소외된 약자의 정의 문제에 신학적인 관심을 기울이는 학자들은 그리스도교의 전통 안에서 정의와 해방이라는 차원 자체가 인간의 억압뿐 아니라 인간에 의한 지구 시스템의 억압에도 적용될 수 있다는 점을 발견하면서 화이트의 주장에 좀 더 가까이 다가설 수 있었다.

그럼에도 화이트의 이러한 지적에 대해 우리는 몇 가지 측면에서 비판할 수 있을 것이다.

첫째, 그의 성서 해석은 관점에 따라 다르게 적용될 수 있다는 것이다. 특히 창조세계에서 인간의 역할을 다루는 창세기 1장과 2장에 대한 해석은 분명한 차이를 보여준다.

둘째, 역사를 살펴보면 그리스도교 세계 이전의 인류 사회에도 삼림의 대규모 벌목이나 거대동물의 사냥에 의한 멸종과 같은 생태계 파괴가 존재했다는 것이다.

셋째, 그리스도교가 아닌 다른 종교 세계에서도 서구 그리스도교 사회에서와 유사하게 다양한 생태계 파괴가 발생했었다는 증거들이 존재한다.

넷째, 생태계 위기가 19세기 산업혁명이 일어나기 전까지는 화급한 문제가 아니었다는 것이다.[274]

그럼에도 그리스도교의 일부 인간중심적인 성서 해석과 자본주의 소비문화에 편승한 두 마음을 품은(약 1:8) 부정적인 영향은 서구 사회에서 생태계 파괴의 주요 원인이라는 비난에서 완전히 자유로

---

274) 위의 책, 91.

워지기는 어려워 보이며, 단순함과 자기 절제를 추구하는 무등신학이야말로 실효성 있는 시대적인 대안으로 작용할 수 있을 것이다.

39) 인류세 담론의 양면성과 무등신학

지구상에서 인류만큼이나 집과 거주지에 관심이 많은 존재는 없다. 농경사회 이후 점차 특정한 곳에 정착하는 생활 패턴에 적응하면서 집은 삶의 터전으로 안정과 행복을 도모하는 구심점이 되었다. 유목 생활에서 벗어나면서 지구 전체를 모든 생명과 더불어 거주하는 곳으로 인식하는 것에서 멀어졌고 개별적인 특정한 거주지로서의 집이 더 중요해진 것이다.

그런데 「뉴욕매거진」의 칼럼리스트인 데이비드 월러스 웰즈(David Wallace-Wells)에 의하면 급격한 기후재난과 생태계의 붕괴로 인해 지구가 더 이상 거주가 불가능한 행성이 될 수도 있다고 한다. 지구가 모든 생명체의 집과 거주지가 아닌 인류의 특정 계층과 일부 지역 주민의 탐욕과 이기심을 충족하기 위한 소모품과 대상이 되고 있는 현실에 대해 가이아의 경고가 묵시적인 종말의 메시지로 다가오기 시작한 것이다.

과학자들은 지구의 지층을 연구하면서 신생대의 마지막 시기로 여기는 홀로세(Holocene)가 끝나고 새로운 시대로 대체되었다고 인정할 수 있을 만큼의 큰 변화가 발생한 현재를 지칭하는 인류세(Anthropocene)라는 개념을 소개한다. 그들에 의하면 대륙 빙하가 마지막으로 물러나기 시작한 11,700년 전에 시작된 홀로세는 온화한 기후 덕분에 생물종의 수가 가장 많았던 시기였지만 지금은 인간의 지나친 활동으로 인해 대멸종이란 새로운 국면을 맞이하고 있다는 것이다. 만일 먼 미래에 인류가 우리 시대의 지층을 탐사한다면 어떤 결론을 내리게 될까? 인류세로 명명된 시대의 과잉 채굴과 과도한 상품화와 과잉 생산과 낭비, 그리고 이기적인 인류의 본성이 결합되어 만들어낸 참혹한 상황을 보고하며 불행한 과거의 한 단면으로 평가하지는 않을까 상상해본다.

관건은 과연 자본주의 시장중심이라는 극도로 경쟁적인 구도의 소비중심사회에서 어떻게 패러다임의 전환을 이룰 것인가 하는 점이다. 무등신학의 관심사인 큰 것보다는 작은 것을 아름답게 여기고, 대량 생산과 소비보다는 나눔과 절제, 검약과 불편함을 미덕으로 삼으며, 그 같은 덕목들이 현대인들에게 상대적으로 더욱 매력적인 시대정신이 되려면 필요한 것은 무엇일까? 인류세에 대한 관심과 그로 인한 지구 시스템에 대한 경각심이 그러한 역할을 할 수 있지 않을까?

인류세라는 용어 자체가 가지는 의미에는 지구에 대한 인간의 만행을 자성적인 입장에서 바라보는 측면이 있는 반면에, 지금까지 지구에 저지른 인류의 잘못된 행위를 개선하고 변화시킬 수 있는 존재도 결국 인류 이외에 존재하지 않는다는 다소 오만한 입장이 공존하는 것은 사실이다. 그렇다면 인류세 담론이 지구 시스템에 현실적으로 기여하는 패러다임으로 작용하기 위해 어떠한 조정이나 절충, 또는 현실적인 변형이 필요할까?

이러한 패러다임으로서의 인류세는 20세기 후반과 21세기에 접어들면서 비로소 부상한 지구 시스템에 대한 새로운 사고체계로서의 인식으로 작용할 수 있으며, 이는 통합적, 초학문적, 전체론적 접근이라고 볼 수 있기 때문에 무등신학이 지향하는 연구방향과도 흡사하다. 지구 시스템 개념은 기존의 연구 대상들을 포괄하는 역동적이고 통합적인 접근이다. 이를 통한 인류세에 대한 관심은 생태계 파괴의 문제에 대해 우려를 제기하는 것으로만 그치지 않고 인간 사회와 지구를 아우르는 공동의 담론이므로 약자우선권의 사회윤리와 상호관계성의 생태윤리를 통섭하는 무등신학의 구성에 적절하게 사용될 수 있을 것이다.

그동안 일부 그리스도인들은 마치 성서가 인간사회만을 위하여 기록되었고, 인간의 구원, 그것도 영혼의 영원한 존재 가능성에 대한 내용에 집중된 것처럼 편협하게 생각해 왔다. 하지만 성서의 처음과 중간과 마지막은 온통 창조세계에 대한 내용으로 이루어져 있고, 그 주제도 인간만이 아닌 창조세계 전체의 온전한 회복과 완성이라고 볼 수 있다. 이와 관련된 성서의 본문을 몇 군데 제시하면 다음과 같다.

성서의 서론에 해당하는 창세기 1장의 결론인 31절은 "하나님이 손수 만드신 모든 것을 보시니, 보시기에 참 좋았다"(새번역)라고 기록하고 있고, 성서의 내용 가운데 가장 널리 알려진 구절인 요한복음 3장 16절에서는 "하나님께서 세상을 이처럼 사랑하셔서 외아들을 주셨으니"라는 내용으로 세상을 위해 오신 예수의 정체성을 명확하게 드러내고 있다. 성서의 마지막 부분인 요한계시록 21장 5절은 "보아라, 내가 모든 것을 새롭게 한다"로 결론을 맺고 있다. 모든 것을 손수 만드시고 그 세상을 사랑하신 하나님이 결국 모든 것을 새롭게 하시는 창조세계의 파노라마가 성서의 중심 내용이고 거기엔 인간의 역사와 우주의 역사가 결코 분리되어 있지 않다는 사실을 발견하게 된다.

인류세에 대한 논의와 관심은 결국 오늘날 인간의 역사에서 그 어느 시기보다 더욱 심도 있게 창조세계에 대한 관심이 고조되었음을 의미한다. 또 지금까지 지구 시스템에 대한 인간의 태도가 잘못되었음을 통감할 뿐만 아니라 인류와 지구가 공동의 운명 가운데 놓여 있음을 인식하면서 인간의 책임감을 자각하고 최대한 그 의식을 고취시킬 것을 촉구하는 것이다. 다시 말해 종교와 과학의 전 영역이 합력하여 지구와 인간의 공멸이 아닌 상생을 위해 지금까지의 패러다임과는 다른 차원에서의 획기적인 변화를 시도하는 일이 시급하다.

그렇다면 무등신학을 구성하는 방랑하는 사람의 여정에서 인류세는 어떤 의미가 있는가? 그것은 무엇보다 인류사를 통해 관찰할 수 있듯이 인간중심주의가 가져올 수 있는 심각한 위해성에 대한 경각심을 갖자는 데 있다. 창조세계의 시작과 마지막을 중심 내용으로 하는 성서의 세계관은 인간중심적인 것이 아니라 창조세계를 구성하는 원리인 관계적인 삼위일체 중심적(relational Trinitarian-centric)이며 창조 중심적(creation-centered)이다. 하나님과 인간 사이의 무지개 언약과 아울러 삼위일체의 존재론적인 상호관계성이야말로 생태적으로, 또한 사회적으로 인간과 더불어 "모든 피조물이 상호의존적인 관계 속에서 참으로 조화를 누릴 것을 기대하는" 사회생태적 비전이다. 이처럼 무등신학의 형성 과정에서 인류세는 인간의 역할에 대해 반성할 수 있는 새로운 차원의 기회를 제공한다.

인류세의 시대적인 요청은 이 용어가 갖는 의미처럼 이전보다 더욱 인간을 중심으로 하는 인본주의적인 사고와 그에 따른 역할이나 책임을 강조한다거나 인간의 가능성에 대해 무비판적으로 긍정하는 것이 아니다. 그보다는 오히려 지금까지 인류가 지구 시스템에 저질러온 무자비하고 억압적이며 착취적인 활동을 즉각 중단하고, 대신 지구와 인류가 더불어 생존할 수 있는 미래를 향해 지혜롭게 나아가자는 일종의 제안이라고 볼 수 있다. 한마디로 인류세의 의미는 지금까지의 인간중심주의를 넘어서는 새로운 윤리를 요청하는 것이며, 이에 대하여 본서는 어떠한 계급이나 등급에 의한 차별이 없는 사회생태윤리에 기초한 무등신학을 통한 새로운 세상을 열자는 것이다.

이는 슈바이처가 강조한 생명에 대한 경외가 지구 시스템 전체에서 정의롭게 실현되도록 모든 존재하는 것들이 지닌 가치와 권리를 진지하게 고려하자는 요청이기도 하며, 또한 그가 언급한 바와 같이 우리는 "우리가 어떠한 문제를 일으켰을 때 사용한 것과 동일한 사고방식으로는 우리의 문제들을 해결할 수 없다"는 인정이기도 하다. 이는 공동체적인 합의와 체계를 이루어내자는 도전이기도 하며, 때로는 이 시대의 교회와 그리스도인들이 자신들의 사고방식을 탈피하여 예수를 따라 십자가를 짊어지는 길을 택하더라도 거기에 새로운 창조를 향한 소망이 있음을 확인하는 겸허한 자각이기도 하다. 즉 한마디로 정의롭고 지속가능한 미래의 생존을 위해 인간의 역할을 그리스도교적인 시각에서 재조명하자는 것이다.

인류세의 의미는 이러한 인류의 존재론적인 각성과 함께 창조세계의 통합적인 구원의 필요성을 모두에게 호소하는 하나의 도구가 아닐까? 삼위일체 하나님과 인간, 그리고 창조세계 전체에 대해 유기적으로 책임을 지되 약자우선권과 상호관계성을 통한 창조중심적인 사회생태윤리의 차원에서 교회와 신학을 조망하는 것이 시급히 요청된다. 오늘날 인류의 힘이 지구 전체에 충분히 영향력을 행사할 수 있을 만큼 강해졌다면 무등신학의 추구하는 신행일치와 케노시스적 영성이 우리에게 더 긴급히 필요하다. 하나님이 지으시고 보기에 좋아서 감탄했던 창조세계가 종말을 맞이하지 않도록 인류세의 경고에 모두가 귀를 기울여야 할 것이다.

방랑하는 사람의 무등산 정상부 등반기

　국립공원 중에서 유일하게 군사 지역이 있어 평소엔 정상부 접근을 통제하는 곳이 있다. 광주의 중심에 우뚝 서 있는 무등산이 바로 그곳이다. 보통 매년 2-4회 개방하던 것이 코로나19로 인해 한동안 막혀 있다가 지난 2022년 10월 8일 3년 만에 다시 예약제에 의한 입장이 가능해졌다. 방랑하는 사람(sojourner)도 설레는 마음으로 등반할 수 있었다. 평소에 5천 명 이내로 입장 인원수를 제한했으나 이번엔 원효사 입구를 통해 올라가는 목교 구간 7천 명과 증심사를 거쳐 등반하는 장불재 구간 7천 명을 더하여 모두 1만 4천 명의 예약을 받았다. 현장에 가보니 등산객이 너무 많아 제대로 통제가 이루어지지 않는 상황이었다. 언론 보도에 의하면 이날 전국 각지에서 방문한 2만 명이 넘는 사람들이 무등산을 등반했다고 한다.

　등산을 하는 이들이 산에서 누리는 즐거움은 다양하겠지만 대표적으로 등산객들의 복장만큼이나 다채로운 사람들이 산에 오르면서 산의 변함없는 포근함을 통해 치유를 경험하며, 아울러 빈부, 성별, 인종, 출신 지역, 지위 등을 막론하고 다 함께 산의 정상부나 특정한 목표 지점을 향해 같은 길을 걷는다는 것이다. 등반하면서 모두를 같은 마음으로 반기는 나무와 꽃과 계곡과 바위들은 오랜 세월 한 자리를 지키며 수많은 사람을 차별이나 구분이 없이 묵묵히 맞아왔다.

사실 모든 산에는 양면성이 있다. 오를 때는 힘이 들고 내려갈 때는 위험하다는 점이다. 이것이야말로 우리 인생의 사계와 많이 닮지 않았는가! 또 너무 크거나 작아서 발에 잘 맞지 않는 신발을 신은 채 산에 오르면 올라갈 때는 불편함을 크게 느끼지 못하다가 내려올 때 발가락과 발톱에 고통을 가중한다. 이를 통해 나와 어울리지 않는 곳, 적합하지 않은 자리에 오래 머물면 이런 아픔은 점점 더 커질 것이라는 깨달음을 얻는다.

무등산은 광주광역시, 담양군, 그리고 화순군에 걸쳐 경계를 공유하는 산으로 높이를 헤아리기 어렵고 견줄 상대가 없어서 등급조차 매길 수 없다는 의미와 함께, 어떤 계급이나 등위가 사라져서 차별이 없는 평등한 세상을 꿈꾸는 이상을 품은 산이다. 지금으로부터 약 8,700만 년에서 7,000만 년 이전의 중생대 백악기에 세 번 이상의 화산 폭발에 의해 생겨난 지질구조라고 하며, 2018년에 유네스코 세계지질공원으로 인증된 국립공원이다.

　해발 1,187m로 정상부에는 최고봉인 천왕봉과 나란히 선돌 형태의 바위로 이루어진 지왕봉과 인왕봉이 마주하고 있다. 이번 개방행사는 지왕봉 전망대를 최종 목표 지점으로 하여 이루어졌으며 그곳에서 광주광역시와 인근 전남북 여러 지역의 조망이 가능했다. 정상을 중심으로 여러 곳에는 세계지질공원으로 지정된 규봉, 입석대, 서석대 등의 주상절리대의 특징을 잘 보여주는 이름난 기암괴석들이 분포하고 있고, 정상부를 향해 등반하는 도중에 증심사, 원효사, 약사사 등의 오래된 사찰들을 만날 수 있다.

　특히 무등산의 정상부는 천지인(天地人)을 모티브로 봉우리들을 명명하였는데, 이는 하늘과 땅을 중심으로 하는 우주운행의 과정에 인간을 포함하고 있는 동양철학의 보편적인 특징을 잘 드러낸다. 이 사상은 음양오행(陰陽五行)과 더불어 고대 중국 사상의 근간을 이루는 주역의 기본 원리로 작용하였다. 조선시대에는 성리학의 영향으로 훈민정음을 창제하는 과정에서 모음을 만드는 기본원리로 채택되었고, 조선 후기 실학자들에 의해 실용적인 이론으로 재정립되었다고 한다. 동양의 철학과 종교 사상에서는 본래 인간과 우주 사이의 관계를 대립과 정복이 아니라 서로 조화를 이루며 인간을 자연의 원리에 순응하는 존재로 인식하였다.

그러다가 공자에 이르면서 인간을 단순히 인간 공동체의 문제에만 집중하는 사회윤리의 중심이 아닌 천지와 더불어 우주를 창조하고 운행하는 주체로 격상시키게 되었는데, 천지인은 이러한 인식의 변화에 따라 형성된 것이라고 할 수 있다.

2016년에 조사하고 연구한 결과에 따르면 천지인왕봉에 콘크리트로 군사시설을 구축할 시기에 환경영향 평가를 배제한 채 공사한 결과로 발생한 훼손이 심각한 수준이며 천연기념물이자 세계지질공원인 주상절리대를 포함한 그곳의 지질학적인 가치도 상당히 저하되었다는 아쉬운 보고가 있다. 수천만 년에 걸쳐 형성된 세계적인 자연유산이 영원히 복원될 수 없게 된 일은 큰 아쉬움으로 남는다.

무등산에 오르는 길은 사방으로 뻗어 있으며 지나는 고개와 능선에 따라 다양하다. 가장 일반적인 출발 지점은 두 곳인데 하나는 국립공원 증심사 지구에서 출발해 증심사를 지나 500년 수령의 느

티나무가 있는 지점에 오른 뒤에 중머리재와 장불재를 거쳐 정상에 오르는 코스이고, 다른 하나는 원효사 지구인 원효분소에서 등반을 시작하여 서석대에 오른 뒤 정상을 향하거나 장불재를 돌아서 내려오는 코스다. 이번에 방랑하는 사람은 대중교통을 이용해 접근하기 쉬운 증심사 지구의 코스를 선택했다.

 이 길로 오르다 보면 증심교를 지나 원주민이 거주하던 신림마을에 대한 유래가 설명된 표지석이 왼편에 서 있고 곧바로 의재(毅齋)미술관을 만나게 된다. 이곳은 의재 허백련(1891-1977) 화백이 중년 이후의 평생을 활동하며 동양화의 한 분파인 남종화를 일군 장소로 유명하다. 그는 특히 오방 최흥종 목사와의 친분이 깊었던 것으로 알려져 있는데 두 인물이 의기투합하여 가난한 아이들을 농촌지도자로 키우기 위해 삼애학원인 광주농업고등기술학교를 설립하기도 했다.

 지금의 미술관이 위치한 곳은 일제강점기에 일본인이 경영하던 다원이었던 곳을 허백련이 인수하여 최흥종 목사와 함께 1947년에 농촌근대화의 지도자를 양성하던 이 학교를 시작한 장소다. 여기에서 계곡을 사이에 두고 다리를 건너 맞은편의 산길로 조금만 올라가면 작은 집이 보인다. 그곳은 본래 3·1 운동의 도화선이었던 2·8 독립운동을 주도했던 민족운동가로 알려진 석아 최원순이 지병을 요양하기 위해 지은 별장으로, 처음엔 자신의 호를 따서 석아정이라고 했다.

그 후에 이곳을 최흥종에게 양도하자 이름을 자신의 호에 맞춰 오방정이라고 변경하였고, 그곳에 은거하면서 도교에 능통했던 허백련과 종교를 넘어 교류하며 생활한 장소이기도 하다. 이를 오방이 다시 의재에게 양도했는데 1958년 지금의 건물로 개축해 '춘설헌'이라고 명명했다. 이처럼 무등산은 광주와 전라권을 중심으로 활동했던 무등신학의 주요 인물과 여러 거장들을 품고 배출한 영적인 요람과도 같은 곳이다.

이곳을 지나 증심사를 거쳐 중머리재로 향하는 길에 신림교회이자 오방수련원을 만나게 된다. 최흥종 목사가 신림마을 주민들에게 복음을 전하기 위해 1950년에 설립한 교회로 한센병과 결핵 퇴치, 빈민 구제, 자주 독립과 민족 교육을 위해 일생을 헌신한 그의 노고를 기념하고 있다.

계속 오르다 보면 보호수가 있는 첫 번째 쉼터에 도착한다. 이 느

티나무는 수령 500년의 둘레 5m가 넘는 무등산과 가장 오랜 세월을 함께한 생태 역사의 증인이다. 보호수에서 계곡의 숲길과 너덜지대와 돌계단을 거쳐 한 시간 정도 오르면 시야가 열리는 넓은 공간과 마주한다. 고갯마루가 마치 스님의 머리를 닮았다고 하여 이름을 붙인 중머리재다. 해발 617m인 이곳부터 무등산의 특징인 억새가 능선을 이루며 본격적으로 펼쳐지기 시작한다.

중머리재에서 계속 진행하면 광주천의 발원지인 샘골이 나오며 조금 가파른 돌길과 계단을 걸어 해발 919m의 장불재에 도달하게 된다. 장불재는 정상 등반의 마지막 쉼터이자 넓은 벌판으로 무등산의 대표적인 장관인 봄의 철쭉과 가을의 억새를 감상하기에 최적의 장소다.

장불재에서 억새 숲을 가로질러 오르다 보면 입석대의 돌기둥들이 기다리고 있다. 다면체의 각석들이 10-15m의 높이로 무리를 지어 선 돌들의 향연이다. 조금 더 올라가면 높이 약 30m, 너비 1-2m의 다각형 돌기둥 200여 개가 마치 병풍처럼 펼쳐져 있는 해발 1,050m의 서석대와 마주하게 된다. 평소엔 이곳이 방문 가능한 무등산의 최고 지점이다. 이곳을 지나 계속 오르면 철조망으로 막아 놓은 흔적이 있는 군부대의 통제 지역으로 들어서게 된다. 이곳부터는 군인들이 곳곳에 서서 감시하고 있었으며, 신분증을 확인받은 후에 철제 펜스를 넘어 군부대가 자리한 천지인왕봉의 품에 마침내 안길 수 있었다.

정상부에 1966년 공군의 미사일 기지인 방공포대가 주둔한 이후 45년 동안 8부 능선까지 민간인 출입이 통제되었다가 시민들의 지속적인 요구로 2011년 5월부터 매년 수차례의 탐방 행사가 진행됐다. 사실 무등산에는 군 시설만 있는 것이 아니다. 방송 3사와 KT가 넓은 면적을 점유해 송신탑 6개와 관련 건물 8동을 두고 있다. 무등산의 생태계 보존을 위한 관련단체들과 시민들의 요구로 송신탑을 없애거나 최소화하기 위한 논의가 있었지만 이전 비용 등의 이유를 들어 실제로 추진되지는 못하고 있다. 남북의 대치 상황과 과학기술문명의 거대화로 인해 찢기고 망가진 무등산의 상처가 치유되어 무등신학이 추구하는 하나님의 창조세계를 중심으로 하는 의식의 전환이 이루어지길 꿈꿔본다.

맺는말

무등신학이 우리에게 주는 교훈

그동안 방랑하는 사람은 본서를 통한 여정에서 광주와 전라권의 독창적인 영성을 구축한 여러 인물들을 만나 그들의 보편적이면서도 독특한 신앙과 삶을 살펴보는 기회를 가졌다. 이것은 하나의 작은 시작에 불과하지만 전대미문의 기후위기와 대멸종에 의한 혼돈과 변화의 시기에 신학과 윤리가 우선적으로 추구해야 할 가치관과 동력의 근원을 발견하고 미래를 꿈꾸게 되었다. 설렘과 기대로 출발한 하나님 나라의 지상 버전인 무등 세상을 향하여 가는 길에서 발견한 시대와 공간을 초월하여 발휘된 신행일치와 자기비움의 케노시스적 인생을 살았던 믿음의 사람들이 남긴 그리스도의 향기는 여전히 그 자리에 남아서 감동과 도전을 주기에 충분했다.

무등신학이 형성된 기간의 시작 지점이라고 할 수 있는 동학과 그리스도교 신앙 전통인 성례전적 공유지와의 비교종교학적인 연구는 지금까지 우리나라의 자생적인 전통 종교로만 여겼던 동학의 형성 과정에 영향을 주었을 것으로 추정할 수 있는 성서의 중심 사상과의 관련성을 더욱 구체화시키는 계기가 되었다. 비록 서학으로 불렸던 가톨릭과의 차별성을 중요한 출발점으로 여겼던 동학이었지만 양 진영의 유일신을 중심으로 하는 신관이나 인간의 가치를 평등하게 여기는 인간관과 만물을 소중하게 생각하는 사상은 매우 흡사하다.

동학의 창시자인 수운 최제우의 중심 사상인 시천주(侍天主)는 우주에 가득한 기운에 의해 만물이 존재하게 되었고 그 기운은 인간과 만물에 내재하여 활동을 가능하게 하는 일종의 영(spirit)과 같다고 설명한다. 이것은 우주 시작의 주체인 삼위일체 하나님의 창조 섭리를 떠올리게 하는 부분이다. 물론 구도 과정에서 수운은 당시에 이미 서도(西道) 또는 서학(西學)이라고 불리던 천주교에 대해 학문적인 관심을 가지고 심취했던 것으로 보인다.

김용휘의 연구에 따르면 수운은 우리나라에 서학을 전한 선교사들의 가르침과 실제의 삶이 분리된 모습을 보고 오히려 그들의 가르침을 극복해야 할 대상으로 여기게 되었다고 한다.[275] 그는 서학이 개인 구원에만 치중하고 정작 만물의 근원인 하느님을 진심으로 위

---

275) 김용휘, 『우리 학문으로서의 동학』, 54.

하지 않기 때문에 세상을 구원할 만한 가르침이 아니라고 보았다는 것이다.[276] 실제로 가톨릭의 선교 과정에서 선교사들을 앞세워 군사적 침략을 서슴지 않았던 역사적인 사건들은 수운이 보국안민을 내세워 서학을 경계하도록 만든 원인이 되었다. 유불선의 동양 종교들과 그리스도교 신앙의 가르침이 통합적으로 작용한 동학의 형성 과정에 대하여 더 구체적인 자료 조사와 연구가 필요하다. 앞으로 기회가 생기는 대로 동학의 특징인 수행과 실천이 그리스도교 전통, 특히 한국의 개혁 교회와 무등신학의 형성에 미친 영향에 대해 체계적으로 살펴보려고 한다.

이러한 동학의 정신을 계승하였고 우리나라 최초의 본격적인 시민운동이라고 할 수 있는 동학농민혁명은 1894년에 봉건제와 제국주의에 대항하여 민중들이 자발적으로 권리를 찾고자 연대하여 일어난 근대화의 분기점이었다. 전라권을 중심으로 시작된 이 운동은 비록 미완의 혁명이었지만 지배 권력의 폭정에 항거하여 무등의 새로운 세상을 형성하는 가치들인 평등, 생명존중, 그리고 자치의 정신

---
276) 위의 책, 55-56.

으로 불의한 세상에서 개혁을 실현하려는 역사적인 운동이었다.

그런데 같은 해 전북 지역에 의료 선교사로 파송되어 왔던 알렉산드로 드루(Alessandro Drew)와 윌리엄 전킨(William Junkin) 선교사는 전쟁으로 부상당한 동학 농민군들을 치료했다는 내용이 전해지고 있다. 일부는 현실적인 이유로 선교사들이 세운 교회의 교인이 되어 동학과 그리스도교 신앙이 자연스럽게 교류하는 계기가 되었을 것이다. 이를 시작으로 3·1만세운동에서 동학의 정신을 종교적인 형식으로 계승한 천도교와 그리스도교의 지도자들이 연대하여 주도적으로 독립운동을 이끄는 일이 가능했을 것이다.

일제 강점기와 6·25전쟁 등 역사적으로 어려운 시기에 광주와 전라권을 중심으로 펼쳐진 그리스도교 사랑의 적극적인 실천을 나타내는 무등신학의 영성적 흐름은 이 부분과 밀접하게 맞닿아 있을 것이라는 추측이 가능하다. 광주를 중심으로 전남 지역에 최초로 여러 선교 본부들을 개척하여 복음을 전하기 시작했던 미국 남장로회 선교사인 유진 벨과 함께 활동했던 클레멘트 오웬은 목사이자 의사의 신분으로 넓은 지역을 순회하며 다양한 조선인들과 만났을 것이다. 1898년 11월에 그는 목포에 도착하여 의료 선교를 시작했으며, 1904년 12월에 유진 벨과 함께 광주 선교를 시작했으니 동학농민혁명이 일어난 해와 불과 5년에서 10년의 간격을 두고 있다. 그가 주로 전라도 지역에서 의사이자 목사로서 환자들을 우선 대상으로 하는 선교를 진행했을 것이기에 그 과정에서 동학농민혁명에 직접 가담했던 사람들을 다수 만나서 치료하며 대화를 나누었을 것이라고 짐작할 수 있다.

더구나 오웬이 미국에서 의학 공부를 하는 가운데 후원한 의료선교사가 바로 1893년 4월 한국에 입국하여 1895년에 군산지부를 윌리엄 전킨과 함께 개척한 알렉산드로 드루였다. 그는 오웬의 의과대학 선배이기도 했다.

또 오웬이 과로로 인해 위급한 상황에 이르자 그를 치료하기 위해 목포에서 광주로 오는 도중에 어느 한센병 환자를 도와 광주 최초의 목사인 최흥종을 각성시킨 사람이 바로 윌리 포사이드 선교사였고, 그가 1905년에 처음 파송되었다가 강도의 습격을 받았던 지역도 전주 근방이었다. 이 사건도 동학농민혁명에 가담했던 사람들과 관련이 있다는 기록이 전해진다.[277] 그의 헌신적인 봉사와 희생

---

277) 차종순, 『손양원-애양원과 사랑의 성자』 (서울: KIATS, 2008), 55-62.

은 무등신학을 형성한 인물들의 공통적인 특징인 신행일치와 케노시스 및 디아코니아의 본이 되었다.

이는 1912년에 간호선교사로 광주에 파송되어 22년간 사역했던 서서평, 51년간 한국 선교의 어머니로 봉사한 유화례, 그리고 1925년 한국에 파송되어 오늘날 광주기독병원의 전신인 제중병원에서 원장을 역임하며 25년간 아낌없는 사랑을 실천했던 허버트 카딩턴 선교사에게로 이어지며 무등신학의 영적인 강물이 멈추지 않고 흐르도록 만들었다.

선교사들이 뿌린 복음의 씨앗은 다양하게 퍼져갔는데 무등신학을 구성하는 과정을 통하여 크게 두 부류로 나누어 고찰해 보았다. 우선으로 고려한 인물들은 최흥종 목사, 강순명 목사, 그리고 조아라 장로 등이다. 이들은 모두 제도권 교회에서 신앙생활을 시작했고 목사나 장로로 활동했다. 그러나 공적 신앙으로 교단과 교회의 경계를 넘어 지역의 사회적 약자와 소외되고 고통을 겪는 이웃을 위해 사회의 구조적인 불의와 억압에 저항하여 적극적인 실천을 추구했던 사람들이었다. 때로는 주변의 사람들로부터 오해를 받거나 극단적인 수행과 실천으로 인해 이단이라는 비난을 받기도 했다. 하지만 성서의 가르침에 입각한 그리스도의 사랑을 누구보다 헌신적으로 실천한 이들을 후대의 사람들은 마치 성인과 같이 존경하여 그들을 위한 기념관들을 건립하기도 했다.

또 다른 부류는 처음부터 제도권 교회와는 거리가 있으면서 자생적인 토착 신앙을 형성하며 독자적으로 활동했던 영성가들이었다. 이세종과 이현필 선생을 중심으로 시작되었던 이 그룹은 극단적인 자기부정과 고행의 강도 높은 수행과 사랑의 혁명적인 실천을 추구했던 사람들이었다. 오늘날까지도 기독교동광원수도회와 사회복지재단 귀일원으로 남아 그리스도교 사랑의 실천을 수도와 사회봉사의 방법으로 이어가고 있다.

방랑하는 사람은 본서에서 무등신학이 형성된 시기를 동학이 창시된 1860년의 19세기 중반부터 20세기의 후반기로 접어든 1980년 5·18광주민주화운동으로 한정하였다. 약 120년간 광주와 전라권에서 발생했던 중요한 사건들에 직면하여 주로 개혁 교회 전통을 바탕으로 행동하는 사랑을 실천하고 정의를 수립하기 위해 평생을 헌신했던 인물들을 중심으로 구성신학의 방법에 입각하여 기술하였다.

그들을 통해 확인한 무등신학은 한마디로 케노시스와 디아코니아가 이상적으로 조화를 이룬 창조세계의 영성이자 삶의 현장에서의 그리스도 사랑의 열매였다. 이 기간에 그리스도교 신앙을 기초로 하여 면면히 이어진 생명존중과 신행일치, 자기비움과 나눔의 헌신적인 희생과 사랑은 다양한 인물들을 통해 열매를 맺어왔는데, 5·18광주민주화운동에 이르러 에큐메니컬 화합과 일치의 현장으로 하나가 되었다. 고난과 핍박의 현장에서 여러 교회들이 종파와 교단을 초월하여 해방과 치유를 위한 선도자 역할을 감당했던 것이다.

지금도 무등신학의 정신은 "영혼을 거슬러 싸우는 육체의 정욕을 멀리"(벧전 2:11)하려고 단순하고 소박한 인생을 묵묵히 살아가는 나그네(sojourner)와 같은 사람들을 통해 이어져가고 있다. 우리가 인간 세상 속에 있으면 종종 새로운 것을 하도록 요구받곤 한다. 새로운 성취를 해내고, 새로운 도전을 하며, 새로운 사람을 만나 새로운 일을 시작하라고 한다. 하지만 때로는 그러한 새로움이 우리에게 변화와 성장을 이루지 못해 강박이 되기도 하고 밤잠을 이루지 못하는 원인으로 작용하기도 한다.

그런데 인간 세상과는 달리 무등산의 나무와 풀들은 늘 그 자리에 있으면서 철을 따라 잎을 내고 꽃을 피우다가 시들어 낙엽으로

스러지면서도 예고된 희망을 노래한다. 이제 세상에서 살면서 무등을 가슴에 품고 약해지거나 가난해지는 것을 두려워하지 말자. 이것이야말로 그리스도를 따르는 아름다운 길임을 명심하자. 때로는 '나'를 내려놓고 새로움보다는 현재의 익숙함에서 하나님의 경이(욥 37:16)를 회복하고 발견하는 일이 독자들에게 많아지기를 기대한다.

참고문헌

- 고 문용동 전도사 추모비 건립위원회.『새벽길을 간 이』. 광주: 푸른인쇄사, 2001.
- 광주YWCA소심당기념사업회.『소심당 조아라 도록』. 광주: 금호문화, 2020.
- 기독교동광원수도회.『나는 온전함을 따라 다르게 살기로 했다-김금남 동광원 수도원장의 꿈과 사랑 이야기』. 서울: 좋은땅, 2020.
- 김금남.『동광원 사람들』. 서울: 도서출판 사색, 2011.
- 김용휘.『우리 학문으로서의 동학』. 서울: 책세상, 2007.
- 김재현.『풍요의 시대에 다시 찾은 영적 스승』. 서울: 한국고등신학연구원, 2014.
- 남부원 편.『씨알 함석헌, 다석 유영모, 무위당 장일순, 오방 최흥종의 생애와 사상을 돌아보다』. 광주: (사)오방기념사업회, 2009.
- 농어촌선교연구소.『이세종의 삶과 신앙 그리고 지역사회의 변화』. 서울: 한들출판사, 2020.
- 문순태.『낮은 땅의 어머니』. 광주: 책가, 2013.
- 박용범.『기독교 사회생태윤리』. 서울: 새물결플러스, 2021.
- 백춘성.『천국에서 만납시다 선교사 서서평 일대기』. 서울: 대한간호협회 출판부, 1980.
- 베리, 토마스.『지구의 꿈』. 맹영선 옮김. 서울: 대화문화아카데미, 2013.
- 본회퍼, 디트리히.『제자도의 대가』. 최예자, 백요한 옮김. 서울: 프리셉트, 2021.
- _____,『윤리학』. 정현숙 옮김. 서울: 복있는 사람, 2022.

» 볼프, 미로슬라브, 라이언 매커널리린츠.『행동하는 기독교』. 김명희 옮김. 서울: IVP, 2017.
» (사)오방기념사업회 광주YMCA 편. 오방 최흥종 서거 50주년 기념예배 및 세미나 자료집. "오방 최흥종 선생의 생애와 사상", 2016.
» 소로, 헨리 데이비드.『월든』. 강승영 옮김. 서울: 은행나무, 2011.
» _____.『시민의 불복종: 야생사과』, 강승영 옮김. 서울: 은행나무, 2011.
» _____.『월든-〈시민 불복종〉 수록』. 서울: 웅진씽크빅, 2010.
» _____.『시민 불복종』. 조애리 역, 서울: 민음사, 2020.
» 소심당 희수기념문집 발행위원회.『소심당 조아라 장로 희수기념문집』. 광주: 도서출판 광주, 1989.
» 슈밥, 클라우스.『제4차 산업혁명』. 송경진 옮김. 서울: 새로운 현재, 2016.
» 엄두섭.『호세아를 닮은 성자』. 서울: 도서출판 은성, 1987.
» _____.『순결의 길, 초월의 길』. 서울: 도서출판 은성, 1993.
» _____.『좁은 길로 간 믿음의 사람들』. 서울: 도서출판 소망, 1994.
» _____.『한국적 영성』. 서울: 은성출판사, 2006.
» 연규홍.『해방 공간에서 하나님 나라를 꿈꾼 5인 5색』. 서울: 생명의 씨앗, 2007.
» _____.『생명나무에 이르는 길-한국 그리스도교 영성사』. 오산: 한신대출판부, 2009.
» 양창삼.『조선을 섬긴 행복: 서서평의 사랑과 인생』. 서울: Serving the People, 2012.
» 오방기념사업회.『화광동진의 삶』. 광주: 전일실업(주)출판국, 2000.

- 오일팔기념재단 편.『구술생애사를 통해 본 5·18의 기억과 역사 7: 개신교편』, 2015.
- 유화례.『유화례, 한국 선교와 전라도 선교의 어머니』. 안영로 엮음. 서울: 쿰란출판사, 2013.
- 이경숙 외.『한국 생명 사상의 뿌리』. 서울: 이화여자대학교 출판부, 2001.
- 이기섭.『거지 대장 닥터 카딩턴』. 서울: 좋은씨앗, 2019.
- 이덕주.『한국 기독교 문화유산을 찾아서 6광주 선교와 남도 영성 이야기』. 서울: 진흥, 2008.
- 이현필.『나는 너를 사랑하고야 말 것이다』. 서울: 키아츠, 2019.
- 임희모.『서서평, 예수를 살다』. 서울: 도서출판 케노시스, 2015.
- 워거만, 필립.『기독교 윤리학의 역사』. 임성빈 옮김. 서울: 한국장로교출판사, 2006.
- 조현.『울림-우리가 몰랐던 이 땅의 예수들』. 서울: 시작, 2008.
- 차종순.『손양원—애양원과 사랑의 성자』. 서울: KIATS, 2008.
- _____.『성자 이현필의 삶을 찾아서』. 광주: 대동문화재단, 2010.
- 차종환, 김인철 편.『5·18 민주화운동의 왜곡과 진실: 5·18 광주민주화운동』. 서울: 프라미스, 2020.
- 최정원.『첫 발자국을 찾아-한국 교회의 이정표 16인』. 서울: 예배와설교 아카데미, 2011.
- 카슨, 레이첼.『침묵의 봄』. 김은령 옮김. 서울: 에코리브르, 2011.
- 키아츠 엮음.『이세종의 명상 100가지』. 서울: 한국고등신학연구원, 2011.
- 폭스, 매튜.『원복』. 황종렬 옮김. 서울: 분도출판사, 2001.
- 하우어워스, 스탠리.『십자가 위의 예수』. 신우철 옮김. 서울: 새물결플러스, 2004.
- _____.『평화의 나라』. 홍종락 옮김. 서울: 비아토르, 2021.

- 한인수. 『호남교회 형성인물』. 서울:도서출판 경건, 2000.
- 황석영, 이재의, 전용호, 『죽음을 넘어 시대의 어둠을 넘어』, 파주: 창비, 2017.
- 히켈, 제이슨. 『적을수록 풍요롭다 - 지구를 구하는 탈성장』. 김현우, 민정희 옮김. 파주: (주)창비, 2021.

- Fox, Matthew. *Breakthrough: Meister Eckhart's Creation Spirituality in New Translation.* New York: Image Books, 1977.
- Hart, John. *The Spirit of the Earth: A Theology of the Land.* Ramsey, NJ: Paulist Press, 1984.
- _____. *Sacramental Commons: Christian Ecological Ethics.* NY: Rowman & Littlefield, 2006.
- _____. *Cosmic Commons: Spirit, Science, & Space.* Eugene, OR: Cascade Books, 2013.
- McFague, Sallie. *A New Climate for Theology.* MN: Fortress Press, 2008.
- Nash, James. *Loving Nature: Ecological Integrity and Christian Responsibility.* Nashville, TN: Abingdon, 1991.
- Park, Yongbum. "Chondogyo and a Sacramental Commons: Korean Indigenous Religion and Christianity on Common Ground." in *The Wiley Blackwell Companion to Religion and Ecology,* John Hart ed. UK: John Wiley & Sons Ltd., 2017.
- Rasmussen, Larry. "From Social Justice to Creation Justice", John Hart ed., *The Wiley Blackwell Companion to Religion and Ecology* (UK: John Wiley & Sons Ltd., 2017), 239-255.
- Tinker, George. *Spirit and Resistance.* MN: Fortress Press, 2004.

- Troeltsch, Ernst. *The Social Teaching of the Christian Churches*. London: George Allen and Unwin Ltd., 1931.
- Weyer, Robert Van de. *On Living SimplyThe Golden Voice of John Chrysostom*. Missouri: Liguori/Triumph, 1996.
- Wilson, Edward O. *The Creation: A Plea to Save Life on Earth*. New York: W.W. Norton, 2006.
- 김명수. "[나의 목회 수기] 맨발의 사제 이현필의 예수살기 운동과 나의 신학 역정 (1)."「기독교사상」, 721호, 2019, 47-60.
- 김상일. "'2중 문명충돌론'과 '동학'의 선택."「민족21」, 2005, 136-146.
- 엄두섭. "영성은 욕심을 다스리는 것,"「한겨레신문」. 2004년 3월 17일자.
- 양국주.『남자 좀 삶아주시오—유화례의 사랑과 인생』. 서울: Serving the People, 2015.
- 이영호. "동학과 개신교, 그 갈등과 소통의 이야기."「기독교사상」. 2014년 3월호, 22-29.
- 차경춘. "약무호남(若無湖南) 시무국가(是無國家) 만약 호남이 없으면 국가가 없을 것입니다."「한글+한자 문화」. 270권 0호 (2022): 52-55.
- 한규무. "5·18 민중항쟁과 1980년대 광주·전남 개신교계 동향."「한국기독교와 역사」39(2012. 9).
- 황필호. "종교학은 비교종교학이다-제14차 국제종교학회에 다녀와서"「종교학연구」vol 4, 1981, 5-10.
- Karen Baker-Fletcher, "그럼 누구의 지구란 말입니까?"「기독교사상」, 2010년 7월호. http://www.gisang.net/bbs/board.php?bo_table=gisang_preach&wr_id=537&main_visual_page=gisang

자기비움과 사회봉사의 영성
무등신학(無等神學, Theology of No-Rank)

1판 1쇄 인쇄 _ 2023년 2월 17일
1판 1쇄 발행 _ 2023년 2월 24일

지은이 _ 박용범
펴낸이 _ 이형규
펴낸곳 _ 쿰란출판사

주소 _ 서울특별시 종로구 이화장길 6
편집부 _ 745-1007, 745-1301~2, 743-1300
영업부 _ 747-1004, FAX 745-8490
본사평생전화번호 _ 0502-756-1004
홈페이지 _ http://www.qumran.co.kr
E-mail _ qrbooks@daum.net / qrbooks@gmail.com
한글인터넷주소 _ 쿰란, 쿰란출판사
페이스북 _ www.facebook.com/qumranpeople
인스타그램 _ www.instagram.com/qrbooks
등록 _ 제1-670호(1988.2.27)
책임교열 _ 송지은·최진희

ⓒ 박용범 2023 ISBN 979-11-6143-808-5 93230

책값은 뒤표지에 있습니다.
이 출판물은 저작권법에 의해 보호를 받는 저작물이므로 무단 복제할 수 없습니다.
파본(破本)은 구입처에서 교환해 드립니다.